高等院校经管类专业"十三五"规划教材

国际商法教程

主编　张文彬　　　副主编　朱　红

WUHAN UNIVERSITY PRESS
武汉大学出版社

图书在版编目(CIP)数据

国际商法教程/张文彬主编 . —武汉:武汉大学出版社,2018.8(2021.1
重印)
高等院校经管类专业"十三五"规划教材
ISBN 978-7-307-20450-8

Ⅰ.国… Ⅱ.张… Ⅲ. 国际商法—高等学校—教材 Ⅳ.D996.1

中国版本图书馆 CIP 数据核字(2018)第 183277 号

责任编辑:胡 荣 责任校对:汪欣怡 整体设计:汪冰滢 罗 π

出版发行:**武汉大学出版社** (430072 武昌 珞珈山)
(电子邮箱:cbs22@whu.edu.cn 网址:www.wdp.com.cn)
印刷:武汉图物印刷有限公司
开本:787×1092 1/16 印张:17 字数:390 千字 插页:1
版次:2018 年 8 月第 1 版 2021 年 1 月第 2 次印刷
ISBN 978-7-307-20450-8 定价:38.00 元

前　言

国际商事活动自古有之、源远流长，譬如起于中国连接中亚、西亚直至欧洲部分地区的"丝绸之路"，古代地中海、波罗的海、北海和黑海沿岸各国之间频繁的贸易往来等。15 世纪末—16 世纪初的地理大发现，推动了国际贸易的发展，此后随着生产力的不断提高，国际贸易迅速发展。为了规避风险、解决纠纷，国际商事活动的规则也逐渐发展起来。第二次世界大战以后，基于经济全球化的发展和国际组织作用的加强，国际商事和经济条约法有了长足而全面的进步，出现了一大批直接涉及国际商事交易的，具有全球影响的国际条约，如《联合国国际货物买卖合同公约》、《联合国海上货物运输公约》等。这些统一的国际商事法律在形成和发展过程中也受到了国内法的影响，因而国内法也是国际商法的渊源。

本书共分为 14 章，包括国际商法导论、商事组织法、国际商事代理法、合同法、国际货物买卖法、国际货物运输法、国际货物运输保险法、国际服务贸易法、知识产权保护法、国际技术贸易法、票据法、产品责任法、国际贸易管制法、国际商事仲裁等内容。本书在编写上以注重启发学生思考、便于教师教学为目标，贴近真实实践，引导学生关心社会、关注经济前沿，具备国际视野，可使读者掌握国际商事法律的基本理论、概念和知识框架，具备解决国际商事纠纷的法律思维。

本书编写虽然力求善美，但是国际商事法律体系庞杂，加之编者水平有限，书中疏漏、不妥之处在所难免，敬请读者批评指正，以资修订。

编者

2018 年 6 月

目　　录

第一章　国际商法导论

☞【学习目标】
1. 掌握国际商法的概念、内容及主要的法律渊源
2. 理解两大法系的形成及其主要区别
3. 了解我国涉外商法的形成和发展

第一节　国际商法的概念和渊源

一、国际商法的概述

(一)国际商法概念

国际商事法简称国际商法(International Commercial Law)，是调整国际商事交易与商事组织间各种关系的法律规范的总和。通过概念我们可以有以下两点理解：第一，国际商法是法律规范的总和。法律规范即由国家制定或认可，依靠国家强制力保障实施的社会行为规范。第二，国际商法是调整跨越国界的国际商事关系的法律规范的总和。"跨越国界"意味着国际商法的国际性，"国际商事关系"则是指处于不同国家的商事主体之间发生的商事关系，而不是国家和国家之间的商事关系。

(二)国际商法的内容和主体

国际商法的内容主要包括国际商事组织和国际商事交易两部分。其中国际商事组织的主体主要是指个人、合伙和公司这三种商事组织形式。商事交易则是指国际货物的买卖和交易活动等。

其内容主要包括调整跨国投资、商事组织规则，特别是以规范商事组织设立、变更、终止、清算等商事活动，并调整组织内外部关系的公司法；主要涉及合同法、国际货物买卖法、海上运输法、海上保险法、国际支付结算法、国际商事仲裁法等。

由于第二次世界大战后国际经济贸易迅速发展，国际商事交易呈现出多样性的发展趋势，国际商法的内容也有了很大变化。这种法律规范的调整对象随着世界经济全球化进程的加快和知识经济的到来，早已突破传统的商事法范围(传统的商事法主要包括公司法、代理法、票据法、海商法、保险法等)，增加了许多新领域，既涉及有形货物交易，也涉及无形技术、资金和服务交易，例如服务贸易、技术转让、知识产权等。此外，国际商法中的商事主体不仅包括了一般的商事主体比如个人、合伙企业、公司、个人独资企业等，更重要的是还包括大量的跨国经营的涉外企业，例如跨国公司等。

二、国际商法的历史沿革

随着经济与全球化的不断发展，国际商法也在历史的演进中逐步完善，纵观整个国际商法的发展历程，国际商法的发展主要经历了以下四个阶段：

第一阶段：古代商法阶段。古代商法的主要特点是围绕集市的需要形成一些集市交易习惯和集市管理法律制度。古希腊时期，由于古希腊重要的城邦国家如雅典、克林斯都是半岛上的国家，居民与地中海沿岸地区通航方便，破产农民常常迁徙国外，因而海外交往极为广泛，商业往来十分繁荣。工商业奴隶主的出现及其对政权的控制推动了工商业的改革发展。一些调整贸易活动的法律规范也相应出现，如古希腊人的《海洋法》中已有关于海商信贷、共同海损、风险融资的规定。其中影响最大的还是《罗马法》，罗马法中的《万民法》是从罗马的外国人法中发展而来的，内容十分广泛，它大致相当于现在的国际公法、国际贸易法、海商法与国际商事仲裁法，虽然罗马法仍是诸法合体，民商不分，但它的价值在于提供了法律术语和责任概念。由此可见，古代商法的主要特点为：在法律形式上以逐渐形成的商事惯例为主；在内容上主要是调整对集市的管理，并表现出较强的国际性；商法在产生之初既崇尚自由，又注重公平，从而为其厚实发展确立了基本理念。

第二阶段：中世纪商人法阶段。中世纪商人法是指 11 世纪至 16 世纪在欧洲，特别是地中海沿岸、亚得里亚海沿岸、波罗的海和北海沿岸，由于商业复兴而在一些自治城邦中普遍发展起来的商人法。中世纪是现代商法的起源时期。11 世纪晚期，广泛的商业活动随着商人合法身份的确认得以蓬勃发展。商人法在这样如火如荼的商业实践活动中逐渐产生并得以完善，近代西方商法的基本概念和制度得以形成，商法在西方第一次逐渐被人们看作一种完整的、不断发展的体系，新出现的商法体系与教会法、王室法、采邑法、城市法相并列，彼此相互独立、相互作用、相互影响。总结这段时期商人法发展的特征，可归纳如下：(1)中世纪商人法建立在商人共同体的实践和习惯基础之上，即具有习惯法的本质特征。但是，商人法并非完全是不成文的习惯和惯例，还有一些成文法的形式，如商事法规汇编、公证商业文件以及商事法院的裁决等。(2)它是商人自我规范的不受国家立法和司法干预的具有自治法的特性习惯法体系。(3)商人法上各种权利和义务规范在各个贸易集市上的适用更加普遍化和趋同化。(4)它是独立的法律体系，是商人自我发展起来的并自己执行的法律体系。(5)中世纪欧洲的商事活动常常超越国家界限，从而使当时的商法与海商法呈现出比较鲜明的国际性，并逐渐发展成各国商人通用的习惯法，而其背后的根源在于整个商人阶层利益的一致性。

☞【案例】

卢 卡 斯 案

1292 年，一个叫卢卡斯的伦敦商人，从一个德国商人处购买了 31 英镑的货物，没有付钱，就离开了里恩集市。德国商人对卢卡斯的行为诉诸里恩集市法院，卢卡斯没有按照商法回应他的指控，而是选择逃走。

卢卡斯从里恩逃到圣博托尔夫、林肯、赫尔，最后逃回了伦敦。那个德国商人则一路追来。卢卡斯的行为造成了这样一个严重的后果，即任何其他国家的商人都不愿意在伦敦市民未付足货款的情况下，就把货物卖给他们，这使得英国商人蒙受了弄虚作假的巨大耻辱。为维护伦敦商人的商业信誉，在众多伦敦商人的要求之下，卢卡斯最终被关进了伦敦塔，受到了应有的制裁。

该案反映了中世纪商法的上述两个理论：自治机制和诚实信用。

第三阶段：商法的国内化阶段。当历史的车轮驶入 16 世纪，商人法的发展又进入了另一个阶段。法国思想家让·博丹首先把主权同国家联系起来，提出了近代资产阶级主权学说。在民族主义和国家学说的支配下，习惯法逐渐被国家法所代替，国家法在本质上属主权法，它是通过制法机制精心策划出的一种造法行为。在社会学中属于"精英文化"的"大传统"，在法学理论中属"强制性规范"，国家法多体现为各国国内法。

第四阶段：现代商人法阶段。第二次世界大战以后，随着国际政治、经济格局的剧变和社会生产力与科学技术的迅猛发展，国际经济一体化趋势不断加强，统一的世界市场正在逐渐形成，国际商事贸易关系得到了蓬勃的发展。这种新的发展趋势使调整国际性商事关系的法律逐渐摆脱国内法的桎梏，而朝着国际法律协调、一致和统一的方向发展。正如施米托夫教授于 1957 年在赫尔辛基大学演讲时所指出的，"我们正在开始重新发现商法的国际性，国际法—国内法—国际法这个发展圈子已经自行完成；各地商法的总趋势是摆脱国内法的限制，朝着普遍性和国际性概念的国际贸易法的方向发展"。

三、国际商法的基本渊源

所谓法律渊源是指法的各种具体表现形式，也称法律形式。国际商法的渊源主要有三个：国际商事条约、国际商事惯例和各国国内商事法。

（一）国际商事条约

国际条约是指国家间遵照国际法缔结的规定彼此权利和义务的书面协议，条约对缔约国有约束力，这是根据"约定必须遵守"的国际法原则得出的结论，一般情况下条约对非缔约国无约束力，但是当事人可以通过约定使条约对其具有约束力。

国际商事条约是作为国际商事主体的国家和国际组织缔结的调整国际商事活动的条约或公约。总体上可以分为两类：一类是调整国际商事活动的实体规范，如 1980 年联合国国际贸易法委员会主持制定的《联合国国际货物销售合同公约》（CISG）、1978 年由联合国贸易和发展会议交由联合国国际贸易法委员会制定的《联合国海上货物运输公约》（《汉堡规则》）等；另一类属于程序法规范，如 1954 年颁布实施的《国际民事诉讼程序公约》、1976 年颁布实施的《联合国国际贸易法委员会仲裁规则》等。

（二）国际商事惯例

国际商事惯例一般没有正式文件明文规定，而是在国际商事活动长期实践的基础上逐渐形成和发展起来的商事规则，所以它不是法律，不具有强制性，也不具有法律约束力，因此国际商事惯例的履行需要以双方之间的自愿为基础。它的适用规则是：只有双方当事人共同选用某项国际商事惯例，那么该国际商事惯例才对其具有法律约束力。目前通行的国际商事惯例主要有：《2010 年国际贸易术语解释通则》（INCOTERMS 2010）、《跟单信用证统一惯例》(UCP600)、《托收统一规则》(URC522)以及《国际保理惯例规则》等。

(三)各国国内商事法

现代国际商事交易关系具有多样性和复杂性,现有的国际公约和惯例不可能满足实践的需求,有些时候跨越国境的商事交易中,也可能选择国内法作为准据法。部分学者对国内法能否成为国际商法的渊源存在争议。其实,不论从国际商法的内涵,还是国际商法的调整对象来看,国内法毫无疑义都应该成为国际商法的重要渊源。目前商事纠纷处理仍需适用有关国内商事法,国内商事法在大陆法国家和英美法国家有不同的表现形式。

☞【知识拓展】

商法与相邻部门法的关系

1. 商法与民法

商法对民法而言是特别法。

商法和民法共同调整商品经济关系,都属私法,两者有着密切的联系。商法大量使用民法的某些原则、制度、规范;同时,属于商法的一些原则、制度和规范也不断地被民法所吸收。众所周知,民法是调整平等主体之间财产关系和人身关系的法律规范。它是伴随着商品经济的发展而发展的。而商法主要是由商事交易习惯形成的商品交换规则,完全可以视为民法的特别法。

商法的规定,有些是民法规定的补充(如商事买卖),有些是民法中的一般制度特殊化(如经理、代办商),有些是创设民法中没有的制度(如商业登记、商业账簿、共同海损等)。此外,商事法律关系完全是财产关系,而且均属于双务有偿关系。民事法律关系既有财产关系,又有人身关系;财产关系中既有有偿的又有无偿的,既有双务的又有单务的。

2. 商法与经济法

在西方国家,有的国家(英美)没有所谓的经济法,有的国家(德日)有经济法这个名称,但对于经济法的概念和内容,并无确定一致的见解。一般说来,商法以各个经济主体(企业)的利益为基础,以调整企业相互间的利益为目的,是一种横向的调整;而经济法是以整个国民经济的利益为基础,以调整企业与整个国民经济间的关系为目的,既从横向也从纵向调整社会经济关系。它们虽然是各自独立的法律部门,但并非纯然无涉,而是相互配合、相互辅助,从社会生活的各个方面来保障社会经济的发展。

此外,商法与经济法的另一个重要区别在于商法以当事人意思自治为主导性原则,经济法则强调国家意志和政府职能的介入,并以国家政策为主导。

第二节　世界两大法系的形成及其特点

随着国际商法的不断完善和发展,就西方国家而言,按照其内容、形式以及文化历史的差异等逐步形成了著名的两大法系，即大陆法系和英美法系。这里所讲的法系是指比较法学家按照法的历史传统和形式上的特点所做的分类。

一、大陆法系

（一）大陆法系的简述

大陆法系（continental law family）又称民法法系，它是指 19 世纪初以来欧洲大陆大部分国家以罗马法为基础建立起来的、以 1804 年《法国民法典》和 1896 年《德国民法典》为代表的法律制度以及其他国家或地区效仿这种制度而建立起来的法律制度。即以罗马法为基础，以法国法和德国法为代表，融合相关法律因素逐步形成的世界性法律体系。

（二）大陆法系的特点

第一，从法律渊源传统来看，大陆法系具有制定法的传统，制定法为其主要法律渊源，判例一般不被作为正式法律渊源（除行政案件外），对法院审判无拘束力。

第二，从法典编纂传统看，大陆法系的一些基本法律一般采用系统的法典形式。

第三，从法律结构传统来看，大陆法系法律的基本结构是在公法和私法的分类基础上建立的。传统意义上的公法指宪法、行政法、刑法以及诉讼法；而私法主要指民法和商法。

第四，从运用法律的推理方法来看，大陆法系的法官通常采用的是演绎法，即将蕴涵于法典中的高度概括的法律原理进行演绎和具体化，然后适用于具体个案。

第五，从诉讼程序传统来看，大陆法系倾向于职权主义，因而法官在诉讼中起积极主动的作用。

（三）大陆法系的法律结构

大陆法各国都把全部法律分为公法和私法两大部分。公法是与国家状况有关的法律，主要包括宪法、行政法、刑法、诉讼法和国际法等；而私法则是与个人利益有关的法律，包括所有权法、债权法、家庭与继承法等。除此之外，大陆法各国都主张编纂法典。

（四）大陆法系的法律渊源

大陆法系的法律渊源主要来源于成文法和条例，当然习惯法和判例随着社会经济的不断发展也逐步成为其重要的补充，但是习惯法和条例并不能与成文法和条例相背离。

其中大陆法系中的成文法的法律效力原则上由上至下依次分为宪法、法律和条例三个层次。其中宪法具有最高的权威性，并处于法律体系的最顶层；法律则是指由立法机关（一般为国会）制定的成文法律，且法律内容不能与宪法相抵触；而判例主要是指行政机关制定的相关的条例规则。大陆法系国家相对应的法院组织体系一般分为普通法院和专门法院。

德国由于是联邦制国家，所以其法院由联邦和州两大法院系统组成，主要分为普通法院和专门法院。普通法院有地方法院、州法院、州高级法院和联邦最高法院四级体系。地方法院一般审理一些基层案件；州法院审理不服地方法院判决的案件和其他一些初审案件；州高级法院只对相关的法律问题作出裁决，不审理事实问题；联邦最高法院审理一些不服州高级法院判决而上诉的案件，由此构成了普通法院的四级三审制的法律审判和上诉程序。

二、英美法系

(一)英美法系简述

英美法系又称普通法系、海洋法，是指英国中世纪以来的法律，特别是以它的普通法为基础发展起来的法律制度的体系。英美法系以英国法和美国法为代表，融合相关法律因素逐步形成的世界性法律体系。

普通法是与衡平法、教会法、习惯法和制定法相对应的概念。由于其中的普通法对整个法律制度的影响最大，所以，英美法系又称为普通法系。美国的法律源于英国传统，但从19世纪后期开始独立发展，已经对世界的法律产生了很大的影响。英美法系的分布范围主要包括英国(苏格兰除外)、美国(路易斯安那州除外)、加拿大(魁北克除外)、澳大利亚、新西兰、印度、巴基斯坦、新加坡、南非等国和中国的香港。英国法传统的传播主要是通过殖民扩张实现的。

(二)英美法系的法律结构

英美法系的法律结构主要分为普通法和衡平法，其中普通法是指不成文法，以法官判决为基础，主要以判例汇编的形式为主，即所谓的判例法。其特点是注重先例和重视程序，这也导致了普通法的保守和复杂，进而使得一些案件的判决有失公平，因为法官最初在使用普通法时为了不违背先例使得很多案件的诉求难以达成，造成有些案件的判决刻板，失去了公平和公正。衡平法是指以判例为主要的法律渊源，主要的作用是补充和匡正不完善的普通法，是普通法的解释和补充，成为英美法系法律结构的重要组成部分，相对于普通法，其特点主要是程序简单灵活，一般采用书面形式审理，判决的执行由衡平法院予以强制执行。随着经济的不断发展，普通法院和衡平法院的双轨法制造成了较多的不便，为了简化司法制度，会议于1873年颁布、1875年生效的《最高法院审判法》统一适用于两种法院。

(三)英国法

英国是英美法系的发源地，其法律制度具有独特的历史传统和发展道路。目前施行于英格兰、威尔士和北爱尔兰的法律制度，仍为英美法系的代表；苏格兰的法律制度具有大陆法系的许多特征，属于混合性质的法律制度，但其最高立法和司法机关仍为英国议会。

英国的法律渊源主要是以判例为主，即不成文法，以成文法或制定法为重要补充，例如1893年制定的《货物买卖法》等成文法。判例的约束力原则效力高低根据其法院体系中的不同法院等级差别确定，按照等级的不同可以将其分为高级法院和低级法院，其中高级法院包括上议院、上诉法院和高等法院；低级法院包括郡法院和治安官法庭。按照调整范围的不同可以分为民事和刑事两大系统，都分为四级体系，也因此形成了四级三审制。

(四)美国法

美国法来源于英国法，又根据美国政治、经济和文化特点作了较多的改变。美国建国初期就制定了成文的联邦宪法，但联邦和各州都自成法律体系。联邦除在国防、外交和州际商业等方面外，无统一的立法权；刑事和民商事方面的立法权基本上属于各州。

美国的法律渊源主要为判例法，即由法院以判例的形式所确立的法律原则，成文法作为其重要的补充和完善部分，例如 1974 年美国国会通过的《贸易法》，1988 年修订通过的《综合贸易与竞争法》，著名的"301 条款""特别 301 条款"和"超级 301 条款"均出自这两部成文法律。美国是一个联邦制国家，这决定了其法律体系结构和法院组织体系的独特性，无论是判例还是成文法都由联邦和州两大系统构成，法院组织体系亦是如此。

三、两大法系的区别及发展趋势

(一)两大法系的主要区别

两大法系在法律历史传统方面或者也可以说是它们两者在宏观方面的差别如下：

第一，从法律渊源传统来看，大陆法系具有制定法的传统，制定法为其主要法律渊源，判例一般不被作为正式法律渊源(除行政案件外)，对法院审判无约束力。而英美法系具有判例传统，判例法为其正式法律渊源，即上级法院的判例对下级法院在审理类似案件时有约束力。

第二，从法典编纂传统来看，大陆法系的一些基本法律一般采用系统的法典形式。而英美法系一般不倾向法典形式，其制定法一般是单行的法律和法规。当代英美法系虽然学习借鉴了大陆法系制定法传统，但也大多是对其判例的汇集和修订。

第三，从法律结构传统来看，大陆法系的基本结构是在公法和私法的分类基础上建立的，传统意义上的公法指宪法、行政法、刑法以及诉讼法，私法主要是指民法和商法；而英美法系的基本结构是在普通法和衡平法的分类基础上建立的。从历史上看，普通法代表立法机关(协会)的法律，衡平法主要代表审判机关(法官)的法律(判例法)，衡平法是对普通法的补充规则。

第四，从法律适用传统来看，大陆法系的法官在确定事实以后首先考虑制定法的规定，而且十分重视法律解释，以求制定法的完整性和适用性；英美法系法官在确定事实之后，首先考虑的是以往类似案件的判例，将本案与判例加以比较，从中找到本案的法律规则或原则，这种判例运用方法又称为"区别技术"。

第五，从诉讼程序传统来看，两大法系也存在一些传统的差别，如大陆法系倾向于职权主义，即法官在诉讼中起积极主动的作用；英美法系倾向于当事人主义，即控辩双方对抗式辩论，法官的作用是消极中立的。

(二)两大法系的主要发展趋势

随着世界文化、经济的交流日益加强，两大法系在保持各自特性的前提下也在相互借鉴，甚至在个别领域出现了融合，主要表现为：

1. 大陆法系开始注重判例的作用

实践证明，法院的判决对于弥补立法空白，克服立法缺陷具有重要作用。"二战"以后，大陆法系各国开始关注司法判例的作用。例如在法国，行政法院的判决已经具有了法律约束力。甚至有学者认为，法国行政法的最重要原则不在法律规定之中，而在判例之中。此外，德国宪法法院一系列判例所确立的重要宪政原则也被认为是德国宪政体制的重要组成部分。

2. 英美法系加强了成文法的制定

以议会立法为主的制定法体现了民主的要求，同时也以其逻辑的严密性、体系的完整性和理解的便宜性而成为现代法律的主要载体。当前，英美法系国家的制定法正呈现出大膨胀的趋势，一些领域的立法，如美国对于行政程序的立法(《联邦行政程序法》，简称 APA)甚至走在了大陆法系国家的前面。

3. 法律的国际化趋势加快了两大法系的融合

近几十年来，随着经济全球化的加速发展，各种类型的国际组织，如世界贸易组织(WTO)和欧盟(EU)的造法功能不断加强，出现了法律的国际化趋势。在这种大背景下，不同法系国家之间的制度移植活动不断深入，客观上加快了法律融合。当然，由于各国的法律文化是千百年来沉淀和积累的产物，因此很难在短时间内彻底改变，很多差异还将在相当长的时期内继续保存甚至进一步发展。

第三节　中国的涉外商法概述

一、中国涉外商法的形成和发展

随着中华人民共和国的成立以及改革开放的高速发展，我国法律体系也在逐步完善和发展，形成了以宪法为统帅，以法律为主干，由宪法及其相关法、民商法、行政法、经济法、社会法、刑法、诉讼与非诉讼程序法等多个法律部门组成的有机统一整体。

在众多的法律法规中，涉外商事法律制度是指一国用以调整涉外商事交易中所发生的各种涉外商事关系的法律规范的总称。我国商事法律由于历史等原因起步较晚，发展过程较为曲折和复杂。由于我国古代重农抑商的思想导致商事交易在我国古代并没有得到重视，更不必说完善合理的商事法律。较早的商事法出现于我国的清朝末年。中华人民共和国成立初期，计划经济体制的实施使得商事交易受到打击，所以商事法的完善仍然没有得到重视；直到改革开放以来，随着市场经济体制的完善，商事法的立法重要性才逐步得以凸显，商法才迎来了新的发展机遇，借此出现了一大批商事法律，比如《中华人民共和国海商法》《中华人民共和国公司法》《中华人民共和国保险法》《中华人民共和国证券法》《中华人民共和国仲裁法》等相关商事法律。之后，随着我国的经济不断融入全球以及加入世贸组织，为了更好地适应全球化的发展，各国新的商法得以出现并且还对已有的商法作出了完善和修订，加入世贸组织后新颁布的商事法律包括 2001 年颁布的《中华人民共和国信托法》、2003 年颁布的《中华人民共和国证券投资基金法》和 2006 年颁布的《中华人民共和国企业破产法》等。在这期间，随着国际贸易的不断发展，我国还签订了或加入了诸多双边或多边的国际条约或协议。尽管我国的商事法律仍然存在许多不完善之处，但是经过改革开放 40 年的发展和完善，已经初步形成了以尊重国家主权、维护国际利益、坚持平等互利、信守国际条约和尊重国际惯例为原则的较为完善的商法体系。

二、中国涉外商法的主要法律渊源

我国涉外商法的法律渊源同国际商法一样也主要来源于两方面：国际渊源和国内渊源。

（一）国际渊源

国际渊源主要是指我国签订和加入的相关的国际条约和国际协议，比如《联合国国际货物销售合同公约》、《保护工业产权巴黎公约》，以及亚太周边各国所签订的双边或多边贸易、保护投资以及各种避免双重征税的协议。除了相关的保留条款外，我国必须严格遵守这些协议和条约，所以这些国际条约也是我国涉外商法重要的法律渊源。

（二）国内渊源

国内渊源主要是指我国所制定的相关涉外商事法律制度。随着我国经济的发展和法律制度的不断完善，我国也制定了一大批不同领域的涉外商事法律，作为我国主要的涉外商法的法律渊源。一是对于商事主体进行约束的商事主体法，如《中华人民共和国公司法》《中华人民共和国外资企业法》《中华人民共和国合伙企业法》《中华人民共和国商业银行法》等；二是对于商事主体行为进行法律约束的商事行为法，如《中华人民共和国对外贸易法》《中华人民共和国合同法》《中华人民共和国海商法》《中华人民共和国专利法》等；三是关于国际商事争端争议解决的法律法规，如《中华人民共和国仲裁法》《中国国际经济贸易仲裁委员会仲裁规则》《中国海事仲裁委员会仲裁规则》等。

第二章　商事组织法

☞【学习目标】

1. 掌握个人独资企业和合伙企业的概念、特征
2. 熟悉个人独资企业、合伙企业的设立条件，外商投资企业的设立条件程序、组织机构设置
3. 理解并掌握普通合伙企业与有限合伙企业的法律特征

第一节　个人独资企业法

一、个人独资企业的概念和特征

(一) 个人独资企业的概念

个人独资企业，是指依照《中华人民共和国个人独资企业法》的规定在中国境内设立，由一个自然人投资，财产为投资人个人所有，投资人以其个人财产对企业债务承担无限责任的经营实体。

(二) 个人独资企业的特征

1. 投资主体要求

个人独资企业是由一个自然人投资设立的。设立个人独资企业只能是一个自然人投资设立，这里的自然人为具有中国国籍的自然人。国家机关、企事业单位等组织以及法律、行政法规禁止从事营利活动的人，不得作为个人独资企业的投资人。

2. 产权关系和组织管理方面的要求

个人独资企业的全部财产为投资人个人所有，投资人是企业财产的唯一所有者。在组织管理方面，个人独资企业的内部机构设置简单，经营管理方式灵活。

3. 投资人承担无限责任

投资人对个人独资企业债务承担无限责任。当个人独资企业的财产不足以清偿债务时，投资人应当以其个人财产进行清偿。

4. 法律地位

个人独资企业不具有法人资格。个人独资企业虽然有资金、名称或商号，并以企业名义从事民事行为和参加诉讼活动，但它不具有独立的法人地位，只是自然人进行商业活动的一种特殊形态。

二、个人独资企业法

(一)个人独资企业法的概念

个人独资企业法是调整在国家协调经济运行过程中发生的关于个人独资企业的法律关系的法律规范的总称。为了规范个人独资企业这一市场主体的行为，保护个人独资企业投资人和债权人的合法权益，维护社会经济秩序，1999 年 8 月 30 日通过了《中华人民共和国个人独资企业法》(以下简称《个人独资企业法》)，自 2000 年 1 月 1 日起施行。该法是我国第一部规范个人独资企业的法律。

(二)《个人独资企业法》的立法宗旨和适用范围

1.《个人独资企业法》的立法宗旨

(1)规范个人独资企业的行为。

(2)保护个人独资企业投资人和债权人的合法权益。

(3)维护社会经济秩序，促进社会主义市场经济的发展。

2.《个人独资企业法》的适用范围

个人独资企业法只适用于一个自然人依法设立的个人独资企业，不适用于具有独资特征的全民所有制企业、国有独资企业和外商独资企业等商业主体。

三、个人独资企业的设立

(一)个人独资企业设立的条件

1. 投资人为一个自然人

个人独资企业的投资人只能是自然人且只能是一个自然人，该自然人应该理解为"中国人"，不包括港澳台同胞和外国国籍的自然人。

2. 有合法的企业名称

个人独资企业的名称应当与其责任形式及营业相符合，遵守企业名称登记管理规定。个人独资企业只能使用一个名称，在个人独资企业名称中不得使用"有限"、"有限责任"、"公司"等字样。

3. 有投资人申报的出资

投资人可以个人财产出资，也可以家庭共有财产出资。以家庭共有财产出资的，投资人应当在设立或者变更申请书中予以说明。投资人可以货币、实物、知识产权、土地使用权或者其他财产权利出资。个人独资企业没有最低注册资本金要求，仅要求投资人有自己申报的出资即可。

4. 有固定的生产经营场所和必要的生产经营条件

个人独资企业虽然内部机构设置简单，经营管理方式灵活；但是必须要有固定的生产经营场所和必要的生产经营条件，这些是个人独资企业开展经营活动的物质基础。

5. 有必要的从业人员

要求个人独资企业有与其生产经营范围、规模相适用的从业人员；但是，对从业人员的具体数量、从业素质，《个人独资企业法》没有具体规定。

（二）个人独资企业设立的程序

个人独资企业设立的程序包括提出申请、核准登记等程序。

1. 提出申请

申请设立个人独资企业，应当由投资人或者其委托的代理人向个人独资企业所在地的登记机关提交下列文件：

（1）设立申请书，应当载明下列事项：①企业的名称和住所；②投资人的姓名和居所；③投资人的出资额和出资方式；④经营范围。

（2）投资人身份证明。

（3）生产经营场所使用证明等文件。委托代理人申请设立登记时，应当出具投资人的委托书和代理人的合法证明。个人独资企业不得从事法律、行政法规禁止经营的业务；从事法律、行政法规规定须报经有关部门审批的业务，应当在申请设立登记时提交有关部门的批准文件。

2. 核准登记

登记机关应当在收到设立申请文件之日起 15 日内，对符合《个人独资企业法》规定条件的，予以登记，发给营业执照；对不符合《个人独资企业法》规定条件的，不予登记，并应当给予书面答复，说明理由。个人独资企业的营业执照的签发日期，为个人独资企业成立日期。在领取个人独资企业营业执照前，投资人不得以个人独资企业名义从事经营活动。

个人独资企业设立分支机构，应当由投资人或者其委托的代理人向分支机构所在地的登记机关申请登记，领取营业执照。分支机构经核准登记后，应将登记情况报该分支机构隶属的个人独资企业的登记机关备案。分支机构的民事责任由设立该分支机构的个人独资企业承担。

☞【思考】

2016 年 8 月，某公安局工作人员秦某出资 30 万元，设立一家个人独资企业，取名为味之味餐饮有限责任公司。开业经营 3 个月后取得了良好的经济效益，秦某决定再开设两个分店经营，以总店的名义开展经营活动，分店没有再办理任何登记手续。请问：

1. 秦某是否符合开办个人独资企业的主体资格？

2. 秦某为企业起的名称是否符合规定？

3. 假如秦某具备开办个人独资企业的主体资格，其是否有权开分店？开设分店应履行什么程序？

四、个人独资企业的变更

个人独资企业的变更，是指个人独资企业存续期间登记事项发生的变更，如企业名称、住所、经营范围、经营期限等方面发生的改变。个人独资企业存续期间登记事项发生变更的，应当在作出变更决定之日起的 15 日内依法向登记机关申请办理变更登记。个人独资企业登记事项发生变更时，未按《个人独资企业法》规定办理有关变更登记的，责令限期办理变更登记；逾期不办理的，处以 2000 元以下的罚款。

☞【知识拓展】

个人独资企业与个体工商户

个人独资企业与个体工商户存在着诸多相似之处，但也有明显的区别：

1. 出资人不同

个人独资企业的出资人只能是一个自然人；个体工商户既可以由一个自然人出资设立，也可以由家庭共同出资设立。

2. 承担责任的财产范围不同

个人独资企业的出资人在一般情况下仅以其个人财产对企业债务承担无限责任，只是在企业设立登记时明确以家庭共有财产作为个人出资的才会依法以家庭共有财产对企业债务承担无限责任。根据《中华人民共和国民法总则》的规定，个体工商户的债务如属个人经营的，以个人财产承担，家庭经营的，则以家庭财产承担。

3. 适用的法律不同

个人独资企业适用《中华人民共和国个人独资企业法》；个体工商户主要适用《中华人民共和国民法总则》。

4. 法律地位不同

个人独资企业是以企业的形态存在于市场主体之中，而个体工商户是以公民的形式；区分两者的关键在于是否进行了独资企业登记，并领取独资企业营业执照。

五、个人独资企业的事务管理

(一)个人独资企业事务管理的方式

(1)个人独资企业事务管理有以下三种方式：

①自行管理。由个人独资企业投资人本人对个人独资企业的经营事务直接进行管理。

②委托管理。由个人独资企业投资人委托其他具有民事行为能力的人负责企业的事务管理。

③聘任管理。由个人独资企业投资人聘用其他具有民事行为能力的人负责企业的事务管理。

(2)投资人委托或者聘用他人管理个人独资企业事务，应当与受托人或者被聘用的人签订书面合同，明确委托的具体内容和授予的权利范围。

受托人或者被聘用的人员应当履行诚信、勤勉义务，按照与投资人签订的合同负责个人独资企业的事务管理。投资人委托或聘用人员管理个人独资企业事务时违反双方订立的合同，给投资人造成损害的，应承担民事赔偿责任。

(3)投资人对受托人或者被聘用的人员职权的限制，不得对抗善意第三人。个人独资企业的投资人与受托人或者被聘用的人员之间有关权利义务的限制，只对受托人或者被聘用的人员有效，对善意第三人并无约束力，受托人或者被聘用的人员超出投资人的限制与善意第三人进行的有关业务交往，应当对个人独资企业有效。

（二）受托人或者被聘用人员的义务

根据《个人独资企业法》的规定，投资人委托或者聘用的管理个人独资企业事务的人员不得有下列行为：

（1）利用职务上的便利，索取或者收受贿赂。

（2）利用职务或者工作上的便利侵占企业财产。

（3）挪用企业的资金归个人使用或者借贷给他人。

（4）擅自将企业资金以个人名义或者以他人名义开立账户储存。

（5）擅自以企业财产提供担保。

（6）未经投资人同意，从事与本企业相竞争的业务。

（7）未经投资人同意，同本企业订立合同或者进行交易。

（8）未经投资人同意，擅自将企业商标或者其他知识产权转让给他人使用。

（9）泄露本企业的商业秘密。

（10）法律、行政法规禁止的其他行为。

六、个人独资企业的权利、义务

（一）个人独资企业的权利

根据《个人独资企业法》的规定，个人独资企业存续期间享有下列权利：

（1）个人独资企业可以依法申请贷款。

（2）个人独资企业可以依法取得土地使用权。

（3）个人独资企业拒绝摊派权。任何单位和个人不得违反法律、行政法规的规定，以任何方式强制个人独资企业提供财力、物力、人力；对于违法强制提供财力、物力、人力的行为，个人独资企业有权拒绝。

（4）法律、行政法规规定的其他权利。

（二）个人独资企业的义务

根据《个人独资企业法》的规定，个人独资企业的主要义务有：

（1）个人独资企业从事经营活动须遵守法律、行政法规，遵守诚实信用原则，不得损害社会公共利益。

（2）个人独资企业应当依法设置会计账簿，进行会计核算。

（3）个人独资企业招用职工的，应当依法与职工签订劳动合同，保障职工的劳动安全，按时、足额发放职工工资。

（4）个人独资企业应当按照国家规定参加社会保险，为职工缴纳社会保险费。

七、个人独资企业投资人的权利和责任

根据《个人独资企业法》的规定，个人独资企业投资人的权利主要有：个人独资企业投资人对本企业的财产享有所有权，其有关权利可以依法进行转让或继承。这表明个人独资企业的财产与投资人个人财产没有明确的界限。

个人独资企业财产不足以清偿债务的，投资人应当以其个人的其他财产予以清偿。个人独资企业投资人在申请企业设立登记时明确以其家庭共有财产作为个人出资的，应当依法以家庭共有财产对企业债务承担无限责任。

八、个人独资企业的解散

个人独资企业的解散是指个人独资企业终止活动使其民事主体资格消灭的行为。个人独资企业有下列情形之一时，应当解散：

（1）投资人决定解散。

（2）投资人死亡或者被宣告死亡，无继承人或者继承人决定放弃继承。

（3）被依法吊销营业执照。

（4）法律、行政法规规定的其他情形。

九、个人独资企业的清算

个人独资企业解散时，应当进行清算。《个人独资企业法》对个人独资企业的清算有如下规定：

（一）清算人的产生

个人独资企业解散，由投资人自行清算或者由债权人申请人民法院指定清算人进行清算。原则上，个人独资企业的清算由投资人作为清算人自行清算；但经过债权人申请，人民法院可以指定投资人以外的人为清算人。

（二）通知和公告债权人

投资人自行清算的，应当在清算前 15 日内书面通知债权人，无法通知的，应当予以公告。债权人应当在接到通知之日起 30 日内，未接到通知的应当在公告之日起 60 日内，向投资人申报其债权。

（三）财产清偿顺序

个人独资企业解散的，财产应当按照下列顺序清偿：（1）所欠职工工资和社会保险费用；（2）所欠税款；（3）其他债务。

清算期间，个人独资企业不得开展与清算目的无关的经营活动。在按上述规定清偿债务前，投资人不得转移、隐匿财产。个人独资企业财产不足以清偿债务的，投资人应当以其个人的其他财产予以清偿。

（四）责任消灭制度

个人独资企业解散后，原投资人对个人独资企业存续期间的债务仍应承担偿还责任，但债权人在 5 年内未向债务人提出偿债请求的，该责任消灭。

（五）注销登记程序

个人独资企业清算结束后，投资人或者人民法院指定的清算人应当编制清算报告，并于 15 日内到登记机关办理注销登记。注销登记一旦完成，个人独资企业主体资格即告消灭。

十、个人独资企业的法律责任

(一)个人独资企业违反《个人独资企业法》的法律责任

(1)提交虚假文件或采取其他欺骗手段,取得企业登记的,责令改正,处以5000元以下的罚款;情节严重的,并处吊销营业执照。

(2)个人独资企业使用的名称与其在登记机关登记的名称不相符合的,责令限期改正,处以2000元以下的罚款。

(3)涂改、出租、转让营业执照的,责令改正,没收违法所得,处以3000元以下的罚款;情节严重的,吊销营业执照。伪造营业执照的,责令停业,没收违法所得,处以5000元以下的罚款。构成犯罪的,依法追究刑事责任。

(4)个人独资企业成立后无正当理由超过6个月未开业的,或者开业后自行停业连续6个月以上的,吊销营业执照。未领取营业执照,以个人独资企业名义从事经营活动的,责令停止经营活动,处以3000元以下的罚款。

(5)侵犯职工合法权益,未保障职工劳动安全,不缴纳社会保险费用的,按照有关法律、行政法规予以处罚,并追究有关责任人员的责任。

(二)投资人、委托人或聘用人员违反《个人独资企业法》的法律责任

(1)投资人委托或者聘用的人员管理个人独资企业事务时违反双方订立的合同,给投资人造成损害的,承担民事赔偿责任。

(2)侵犯个人独资企业财产权益的,责令退还侵占的财产;给企业造成损失的,依法承担赔偿责任;有违法所得的,没收违法所得;构成犯罪的,依法追究刑事责任。

(3)个人独资企业及其投资人在清算前或清算期间隐匿或转移财产,逃避债务的,依法追回其财产,并按照有关规定予以处罚;构成犯罪的,依法追究刑事责任。

(4)应当承担民事赔偿责任和缴纳罚款、罚金,其财产不足以支付的,或者被判处没收财产的,应当先承担民事赔偿责任。

(三)登记机关及直接责任人员违反《个人独资企业法》的法律责任

(1)登记机关对不符合规定条件的个人独资企业予以登记,或者对符合规定条件的企业不予登记的,对直接责任人员依法给予行政处分;构成犯罪的,依法追究刑事责任。

(2)登记机关的上级部门的有关主管人员强令登记机关对不符合规定条件的企业予以登记,或者对符合规定条件的企业不予登记的,或者对登记机关的违法登记行为进行包庇的,对直接责任人员依法给予行政处分;构成犯罪的,依法追究刑事责任。

(3)登记机关对符合法定条件的申请不予登记或者超过法定时限不予答复的,当事人可依法申请行政复议或提起行政诉讼。

☞【思考】

2016年7月,马某大学毕业后决定自主创业,开设一家个人独资企业,主要经营房地产中介业务,投资6万元,聘请了3名员工。由于资金紧张,马某以为自己企业规

模小，没有给员工缴纳社会保险费。经营半年后该企业效益良好，于是丁某找到马某希望加入该个人独资企业，马某同意。丁某随后投入资金 6 万元。后来，由于个人独资企业经营不善负债 15 万元，马某决定解散该企业，但是因为企业财产不足清偿，被债权人、企业职工诉讼到法院。请问：

　　1. 该个人独资企业的设立是否合法？
　　2. 马某允许丁某作为合伙投资人加入企业是否合法？
　　3. 马某没有给员工签订劳动合同和缴纳社会保险费是否合法？为什么？如果不合法，应当承担怎样的法律责任？
　　4. 马某是否可以决定解散个人独资企业？
　　5. 马某是否需要以自己的其他财产偿还企业债务？

第二节　合伙企业法

一、合伙企业的概念与分类

　　合伙企业是指依法设立，由两个或两个以上合伙人订立合伙协议，共同出资、合伙经营、共享收益、共担风险的营利性组织。
　　合伙企业分为普通合伙企业与有限合伙企业。
　　普通合伙企业是指自然人、法人和其他组织通过订立合伙协议，依法在中国境内设立的，全体合伙人均为普通合伙人，各合伙人对合伙企业债务承担无限连带责任的营利性经济组织。
　　有限合伙企业是指由普通合伙人和有限合伙人组成，其中普通合伙人对合伙企业债务承担无限连带责任，有限合伙人以其认缴的出资额为限对合伙企业债务承担责任的营利性经济组织。

二、合伙企业的特征

　　合伙企业作为企业的一种组织形式，具有如下法律特征：
　　(一)合伙企业是不具备法人资格的营利性经济组织
　　合伙企业是非法人组织，不具有法人资格，这种法律属性构成了合伙企业与企业法人的根本区别；合伙企业的营利性又使得它与其他具有合伙形式但不以营利为目的的合伙组织相区别。
　　(二)全体合伙人订立书面合伙协议
　　合伙企业是由全体合伙人根据共同意志而自愿组成的经济组织。合伙人可以根据他们之间的合意，在合伙协议中规定各自的权利与义务关系。
　　(三)合伙人共同出资、合伙经营、共享收益、共担风险
　　合伙企业的资本是由全体合伙人共同出资构成。共同出资的特点决定了合伙人原则

上均享有平等的参与执行合伙事务的权利，也决定了对于合伙经营的收益和风险，由合伙人共享、共担。

（四）合伙人对合伙企业的债务承担具有特殊性

在合伙企业中，合伙企业分为普通合伙企业和有限合伙企业，所以二者在债务的承担上也有一定的区别。普通合伙人对合伙企业债务承担无限连带责任，有限合伙人则以其认缴的出资额为限对合伙企业债务承担责任。

三、合伙企业法概况

合伙企业法有狭义和广义之分。狭义的合伙企业法，是指由国家最高立法机关依法制定的，规范合伙企业合伙关系的专门法律，即《中华人民共和国合伙企业法》（以下简称《合伙企业法》），该法于 1997 年 2 月 23 日由第八届全国人民代表大会常务委员会第二十四次会议通过，2006 年 8 月 27 日第十届全国人民代表大会常务委员会第二十三次会议修订，自 2007 年 6 月 1 日起实施。广义的合伙企业法，是指国家立法机关或者其他有权机关依法制定的，调整合伙企业合伙关系的各种法律规范的总称。因此，除了《合伙企业法》外，国家有关法律、行政法规和规章中关于合伙企业的法律规范，都属于广义合伙企业法的范畴。

四、普通合伙企业的设立

普通合伙企业是指自然人、法人和其他组织通过订立合伙协议，依法在中国境内设立的全体合伙人均为普通合伙人，各合伙人对合伙企业债务承担无限连带责任的营利性经济组织。

（一）设立条件

根据我国《合伙企业法》的规定，普通合伙企业的设立应具备下列条件：

1. 有两个以上合伙人

合伙人可以是自然人、法人或其他组织。合伙企业合伙人至少为两人以上，对于合伙企业合伙人数的最高限额，我国《合伙企业法》未作规定，完全由设立人根据所设企业的具体情况决定。合伙人为自然人的，应当具备完全民事行为能力。法律、行政法规规定的禁止从事营利性活动的人，不得成为合伙企业的合伙人，同时《合伙企业法》还规定，国有独资公司、国有企业、上市公司以及公益性的事业单位、社会团体不得成为普通合伙人。

2. 有书面合伙协议

合伙协议是指两个以上合伙人签订的以各自提供资金、实物、技术，共同经营、共同劳动等为内容的合同。合伙协议应载明下列内容：

（1）合伙企业的名称和主要经营场所的地点。

（2）合伙目的和合伙企业的经营范围。

（3）合伙人的姓名及其住所。

（4）合伙人的出资方式、数额和缴付出资的期限。

（5）利润分配和亏损分担的办法。

（6）合伙企业事务的执行。

（7）入伙与退伙。

（8）争议解决办法。

（9）合伙企业的解散与清算。

（10）违约责任。

合伙协议必须采用书面形式。合伙协议经全体合伙人签名、盖章后生效。

3. 有各合伙人认缴或者实际缴付的出资

合伙协议生效后，合伙人应当按照合伙协议的规定缴纳出资。合伙人可以用货币、实物、知识产权、土地使用权或其他财产权利出资，也可以用劳务出资。合伙人以货币、实物、知识产权、土地使用权或者其他财产权利出资，需要评估作价的，可以由全体合伙人协商确定，也可以由全体合伙人委托法定评估机构评估。合伙人以劳务出资的，其评估办法由全体合伙人协商确定，并在合伙协议中载明。合伙人应当按照合伙协议约定的出资方式、数额和缴付期限，履行出资义务。以非货币财产出资的，依照法律、行政法规的规定，需要办理财产转移手续的，应当依法办理。

4. 有合伙企业的名称和生产经营场所

合伙企业作为市场主体，同自然人一样需要有一个自己的称谓，以便于各种经济往来。按照《合伙企业法》的规定，合伙企业的名称中应当标明"普通合伙"字样。企业名称在申请登记时，由企业名称的登记机关核定，经核准登记注册后方可使用，在规定的范围内享有使用权。

作为一个营利性的经济组织，开展经济活动必须有自己的立足之地，即经营场所和其他的经营条件，如办公设备、厂房、一定数量的从业人员等。只有这样，其他市场主体才能同其进行业务往来，才能认可其经营行为，也便于管理机关依法进行监督管理。

5. 法律、行政法规规定的其他条件

法律、行政法规对特定合伙企业设立有特殊规定的，依照其规定。

（二）设立登记

根据《合伙企业法》和国务院发布的《合伙企业登记管理办法》的规定，合伙企业的设立登记，应按如下程序进行：

1. 申请人向企业登记机关提交相关文件

申请人设立合伙企业，应向企业登记机关提交以下文件：全体合伙人签署的设立登记申请书；全体合伙人的身份证明；全体合伙人指定的代表或者共同委托的代理人的委托书；合伙协议；出资权属证明；经营场所证明；国务院工商行政管理部门规定提交的其他文件。

2. 企业登记机关核发营业执照

申请人提交的登记申请材料齐全，符合法定形式，企业登记机关应自受理申请之日起 20 日内，作出是否登记的决定。对符合《合伙企业法》规定条件的，予以登记，发给营业执照；对不符合规定条件的，不予登记，并应当给予书面答复，说明理由。

合伙企业的营业执照签发日期，为合伙企业成立日期。合伙企业领取营业执照前，合伙人不得以合伙企业名义从事合伙事务。

五、合伙企业的财产

（一）合伙企业财产的构成

根据《合伙企业法》的规定，合伙人的出资、以合伙企业名义取得的收益和依法取得的其他财产，均为合伙企业的财产。合伙企业的财产由三部分构成：

1. 合伙人的出资

这些出资形成合伙企业的原始财产。

2. 以合伙企业名义取得的收益

这些收益主要包括合伙企业的公共积累资金、未分配的盈余、合伙企业债权、合伙企业取得的工业产权和非专利技术等财产权利。

3. 依法取得的其他财产

根据法律、行政法规的规定合法取得的其他财产，如合法接受的赠与财产等。

（二）合伙人财产份额的转让

合伙人财产份额的转让，是合伙企业的合伙人之间或向合伙人以外的人转让其在合伙企业中的全部或者部分财产份额的行为。

除合伙协议另有约定外，合伙人向合伙人以外的人转让其在合伙企业中的全部或者部分财产份额时，必须经其他合伙人一致同意。如果合伙协议有另外的约定，则无须经其他合伙人一致同意，应按照合伙协议的规定。

合伙人之间转让合伙企业中的全部或者部分财产份额时，应当通知其他合伙人。

☞【思考】

甲、乙、丙三人分别出资 10 万元成立普通合伙企业。后甲因家中急需用钱，想把自己份额的一半 5 万元予以转让，甲通知了乙、丙后，乙表示愿意以 4 万元买下，丙未表态。丁知道后愿意以 5 万元买下甲的份额。丙见丁想买，随即向甲表示愿意以 5 万元买下甲的份额。请问：

1. 甲是否可以转让自己在合伙企业中的投资份额？

2. 甲能否在不告知乙和丙的情况下直接转让给丁？

3. 本案例中甲应将其份额转让给谁？

六、合伙企业的事务执行

（一）合伙事务执行的形式

合伙人对执行合伙事务享有同等的权利。合伙事务的执行可以采取灵活的方式，只要全体合伙人同意即可。根据《合伙企业法》的规定，合伙人对合伙事务的执行有三种方式：

1. 合伙人共同执行

合伙人对合伙企业事务的执行享有同等的权利，合伙人共同执行合伙企业的事务，是合伙事务执行的基本形式，尤其是涉及合伙企业重大事务时，更应由全体合伙人共同决定。

《合伙企业法》规定，除合伙协议另有约定外，合伙企业的下列事项应当经全体合伙人一致同意：

(1)改变合伙企业名称。

(2)改变合伙企业的经营范围、主要经营场所的地点。

(3)处分合伙企业的不动产。

(4)转让或处分合伙企业的知识产权和其他财产权利。

(5)向企业登记机关申请办理变更登记手续。

(6)以合伙企业名义为他人提供担保。

(7)聘任合伙人以外的人担任合伙企业的经营管理人员。

2. 一个或数个合伙人执行

合伙人可以按照合伙协议的约定或者经全体合伙人决定，委托一个或者数个合伙人对外代表合伙企业，执行合伙事务，其他合伙人不再执行合伙事务。不执行合伙事务的合伙人有权监督执行合伙事务合伙人执行合伙事务的情况。

3. 聘任合伙人以外的人执行合伙企业事务

合伙企业可以根据合伙协议或经全体合伙人同意，聘任合伙人以外的人执行合伙企业事务，担任合伙企业的经营管理人员。被聘任的管理人员不具有合伙人资格，其应当在合伙企业授权范围内履行职务，超越合伙企业授权范围履行职务，或者在履行职务过程中因故意或者重大过失给合伙企业造成损失的，依法承担赔偿责任。

(二)合伙人在执行合伙事务中的权利和义务

1. 合伙人的权利

根据《合伙企业法》的规定，合伙人在执行合伙事务的权利主要包括以下内容：

(1)合伙人对执行合伙企业事务享有同等的权利，各合伙人无论其出资多少，都有平等的执行合伙企业事务的权利。

(2)执行合伙事务的合伙人对外代表合伙企业。

(3)不执行合伙事务的合伙人有监督的权利。

(4)合伙人有查阅合伙企业会计账簿等财务资料的权利。

(5)合伙人有提出异议的权利和撤销委托的权利。《合伙企业法》还规定，合伙人分别执行合伙事务的，执行事务的合伙人可以对其他合伙人执行的事务提出异议。受委托执行合伙事务的合伙人不按照合伙协议或者全体合伙人的决定执行事务的，其他合伙人可以决定撤销该委托。

2. 合伙人的义务

根据《合伙企业法》的规定，合伙人在执行合伙事务的义务主要包括以下内容：

(1)合伙事务执行人向不参加执行事务的合伙人报告企业经营状况和财务状况。

(2)合伙人不得自营或者同他人合作经营与本合伙企业相竞争的业务。

(3)合伙人不得同本合伙企业进行交易。

(4)合伙人不得从事损害本合伙企业利益的活动。如果合伙人违反上述义务给合伙企业造成损失的，依法承担赔偿责任。

（三）合伙事务执行的办法

由合伙协议对决议办法作出约定。至于在合伙协议中所约定决议办法是采取全体合伙人一致通过，还是采取 2/3 以上多数通过，或者采取其他办法，由全体合伙人视所决议的事项而作出约定。

实行合伙人一人一票并经全体合伙人过半数通过的表决办法。对各合伙人，无论出资多少和以何物出资，表决权数应以合伙人的人数为准，即每一合伙人对合伙企业有关事项均有同等的表决权，使用经全体合伙人过半数通过的表决办法。

按照《合伙企业法》的规定作出决议。

（四）合伙企业的损益分配

合伙企业的利润分配，按照合伙协议的约定办理；合伙协议未约定的或者约定不明确的，由合伙人协商决定；协商不成的，由合伙人按照实缴出资比例分配；无法确定出资比例的，由合伙人平均分配。合伙协议不得约定将全部利润分配给部分合伙人。合伙企业年度的或者一定时期的利润分配的具体方案，由全体合伙人协商决定或者按合伙协议约定的办法决定。

合伙企业的亏损分担，按照合伙协议的约定办理；合伙协议未约定或约定不明确的，由合伙人协商决定；协商不成的，由合伙人按照实缴出资比例分担；无法确定出资比例的，由合伙人平均分担。合伙协议不得约定由部分合伙人承担全部亏损。

☞【思考】

甲、乙、丙 3 人各出资 10 万元组成一合伙企业，合伙协议中规定甲分配收益或分担风险 3/5，乙、丙各自分配收益或分担风险 1/5，争议由合伙人通过协商或调解解决。该合伙企业的负责人是甲，对外代表合伙企业，经营绿化苗木生产和销售，经营期限 3 年，名称为某某市远东绿化有限责任公司。请问：

1. 三人约定不按照投资比例分配收益及分担风险是否合法？
2. 合伙企业名称中某某有限责任公司字样是否合法？
3. 乙、丙在执行合伙企业事务时有什么权利？

七、合伙企业与第三人的关系

（一）合伙人对外行为的效力

合伙企业对合伙人执行合伙企业事务以及对外代表合伙企业权利的限制，不得对抗善意第三人。善意第三人又称善意取得人，是指不知道或不能知道自己取得的财产是无权让与人所让与并且是有偿取得的人。《合伙企业法》允许合伙人对外代表合伙企业执行合伙企业事务，但也规定了某一类合伙企业事务必须经全体合伙人一致同意。未经同意，任何一个合伙人不得单独决定并执行此类事务，如处分合伙企业的不动产、改变合伙企业名称、以合伙企业的名义为他人提供担保等。

（二）合伙企业的债务清偿与合伙人的关系

合伙企业清偿到期债务应先以合伙企业的全部财产进行清偿，合伙企业不能清偿到期债务的，合伙人承担无限连带责任。无限责任，是指当合伙企业的全部财产不足以清偿到期债务时，各合伙人承担合伙企业债务不以出资额为限。连带责任，是指合伙企业的债权人可以向任何一个合伙人主张债权，该合伙人不得拒绝。合伙人由于承担无限连带责任，有权向其他合伙人追偿，其他合伙人对已经履行了合伙企业全部债务的合伙人，承担按份之债。合伙企业的债权人向合伙人主张债权时，合伙人不得以其出资的份额大小、合伙协议的特别规定、合伙企业债务另有保证人或已经清偿其应当承担的数额相对抗。合伙人由于承担连带责任，所清偿数额超过《合伙企业法》规定的其亏损分配比例的，有权向其他合伙人追偿。

（三）合伙人的债务清偿与合伙企业的关系

合伙企业中某一个合伙人的债权人，不得以该债权抵销其对合伙企业的债务，即合伙人个人的债务与合伙企业的债权各自独立，不得相互抵销。

合伙人个人负有债务的，其债权人不得代为行使该合伙人在合伙企业中的权利。因为合伙企业是基于合伙人之间人身信任关系建立的，其权利不是单一的财产权。

合伙人个人财产不足以清偿其个人所负债务的，该合伙人只能以其从合伙企业中分取的收益用于清偿；债权人也可以依法请求人民法院依法强制执行，将该合伙人在合伙企业中的财产份额用于清偿。对该合伙人的财产份额，其他合伙人有优先购买权。其他合伙人未购买，并不同意将该财产份额转让给他人的，依照《合伙企业法》的规定为该合伙人办理退伙结算，或者办理削减该合伙人相应财产份额的结算。

八、入伙与退伙

（一）入伙

入伙，是指在合伙企业存续期间，合伙人以外的第三人加入合伙，从而取得合伙人资格。

1. 入伙的条件和程序

《合伙企业法》规定，新合伙人入伙，除合伙协议另有约定外，应当经全体合伙人一致同意，并依法订立书面入伙协议。订立入伙协议时，原合伙人应当向新合伙人如实告知原合伙企业的经营状况和财务状况。

2. 新合伙人的权利和责任

一般来讲，入伙的新合伙人与原合伙人享有同等权利，承担同等责任。但是，如果原合伙人愿意以更优越的条件吸引新合伙人入伙，或者新合伙人愿意以较为不利的条件入伙，也可以在入伙协议中另行约定。关于新合伙人对入伙前合伙企业的债务承担问题，《合伙企业法》规定，新合伙人对入伙前的债务承担无限连带责任。

（二）退伙

退伙，是指合伙人退出合伙企业，从而丧失合伙人资格。

1. 退伙形式

合伙人退伙，可以分为声明退伙和法定退伙两种情况。

（1）声明退伙又称自愿退伙，是指基于合伙人的自愿而退伙。声明退伙包括协议退伙和通知退伙。

关于协议退伙，《合伙企业法》规定，合伙协议约定合伙企业的经营期限的，有下列情形之一时，合伙人可以退伙：①合伙协议约定的退伙事由出现。②经全体合伙人同意退伙。③发生合伙人难以继续参加合伙企业的事由。④其他合伙人严重违反合伙协议约定的义务。

关于通知退伙，《合伙企业法》规定，合伙协议未约定合伙企业经营期限的，合伙人可以退伙，但必须在不给合伙企业的事务执行造成不利影响的情况下，并应当提前30天通知其他合伙人。合伙企业设立后应当保持相对稳定性，合伙人不得擅自退伙。否则，应当赔偿由此给其他合伙人造成的损失。

（2）法定退伙，是指并非基于合伙人的自愿而是由于法律明确规定的事由而退伙。法定退伙分为当然退伙和除名退伙。

关于当然退伙，合伙人有下列情形之一的，可以退伙：①作为合伙人的自然人死亡或者被依法宣告死亡。②个人丧失偿债能力。③作为合伙人的法人或者其他组织被依法吊销营业执照、责令关闭、撤销或者被宣告破产。④法律规定或者合伙协议约定合伙人必须具有相关资格而丧失该资格。⑤合伙人在合伙企业中的全部财产份额被人民法院强制执行。当然退伙以退伙事由实际发生之日为退伙生效日。

关于除名退伙，合伙人有下列情形之一的，经其他合伙人一致同意，可以决议将其除名：①未履行出资义务。②因故意或重大过失给合伙企业造成损失。③执行合伙企业事务时有不正当行为。④合伙协议约定的其他事由。对合伙人的除名决议应当书面通知被除名人。被除名人自接到除名通知之日起，除名生效，被除名人退伙。被除名人对除名决议有异议的，可以在接到除名通知之日起30日内，向人民法院起诉。

2. 退伙的法律效力

（1）财产继承。合伙人死亡或者被宣告死亡的，对该合伙人在合伙企业中的财产份额享有合法继承权的继承人，按照合伙协议的约定或者经全体合伙人一致同意，从继承开始之日起，取得该合伙企业的合伙人资格。

有下列情形之一的，合伙企业应当向合伙人的继承人退还被继承合伙人的财产份额：①继承人不愿意成为合伙人。②法律规定或者合伙协议约定合伙人必须具备相关资格，而该继承人未取得该资格。③合伙协议约定不能成为合伙人的其他情形合伙人的继承人为无民事行为能力人或限制民事行为能力人的，经全体合伙人一致同意，可以依法成为有限合伙人，普通合伙企业依法转为有限合伙企业。全体合伙人未能一致同意的，合伙企业应当将被继承合伙人的财产份额退还该继承人。

（2）退伙结算。合伙人退伙，其他合伙人应当与该合伙人按退伙时合伙企业的财产状况进行结算，退还退伙人的财产份额。退伙人对给合伙企业造成的损失负有赔偿责任的，相应扣减其应当赔偿的数额。退伙时有未了结的合伙企业事务的，待了结后进行结算。退还的具体办法，由合伙人协议约定或者由全体合伙人决定，可以退还货币，也可以退还实物。

退伙人对基于其退伙前的原因发生的合伙企业债务，承担无限连带责任。合伙人退伙时，合伙企业的财产少于合伙企业债务的，退伙人应当依法分担亏损。

九、特殊的普通合伙企业

(一)特殊的普通合伙企业的概念

特殊普通合伙企业是指以专门知识和技能为客户提供有偿服务的专业服务机构,这些服务机构可以设立为特殊的普通合伙企业,例如律师事务所、会计师事务所、医师事务所、设计师事务所等。特殊的普通合伙企业必须在其企业名称中标明"特殊普通合伙"字样,以区别于普通合伙企业。

特殊的普通合伙仅适用于以专门知识和技能(如法律知识与技能、医学和医疗知识与技能、会计知识与技能等)为客户提供有偿服务的机构,是因为这些专门知识和技能通常只为少数的、受过专门知识教育与培训的人才所掌握,而在向客户提供专业服务时,个人的知识、技能、职业道德、经验等往往起着决定性的作用,与合伙企业本身的财产状况、声誉、经营管理方式等都没有直接的和必然的联系,合伙人个人的独立性极强。

(二)特殊的普通合伙企业的责任形式

1. 责任承担

在特殊的普通合伙企业的合伙人中,一个合伙人或者数个合伙人在执业活动中因故意或者重大过失造成合伙企业债务的,应当承担无限责任或者无限连带责任,而其他合伙人以其在合伙企业中的财产份额为有限承担责任。合伙人在执业活动中非因故意或者重大过失造成的合伙企业债务以及合伙企业的其他债务,由全体合伙人承担无限连带责任。为了保护债权人利益,合伙企业法规定,特殊的普通合伙企业应当建立执业风险基金、办理职业保险。执业风险基金用于偿付合伙人执业活动造成的债务。执业风险基金应当单独立户管理。具体管理办法由国务院规定。

特殊的普通合伙企业的合伙人在因故意或者重大过失而造成合伙企业债务时,首先以合伙企业的财产承担对外清偿责任,不足时由有过错的合伙人承担无限责任或者无限连带责任,没有过错的合伙人不再承担责任。当以合伙企业的财产承担对外责任后,有过错的合伙人应当按照合伙协议的约定对给合伙企业造成的损失承担赔偿责任。特殊的普通合伙企业,是以专业知识和专门技能为客户提供有偿服务的专业服务机构。特殊的普通合伙企业名称中应当标明"特殊普通合伙"字样。

2. 责任追偿

合伙人执业活动中因故意或者重大过失造成合伙企业债务,以合伙企业财产对外承担责任后,该合伙人应当按照合伙协议的约定对给合伙企业造成的损失承担赔偿责任。

☞【思考】

甲、乙、丙三人各出资 50 万元成立一特殊普通合伙制律师事务所。甲在为一客户孙某提供投融资法律服务过程中,因重大过失导致客户将 800 万元资金投入到已经被注销的公司中,客户损失 800 万元。请问:

1. 该律师事务所是否应以注册资金 150 万元赔付孙某损失?

2. 剩余 650 万元损失应由谁赔付?

3. 事后乙和丙能否向甲要求偿还各自赔付的 50 万元?

十、有限合伙企业

(一)有限合伙企业的概念和特征

有限合伙企业,是指由有限合伙人和普通合伙人共同组成,普通合伙人对合伙企业债务承担无限连带责任,有限合伙人以其认缴的出资额为限对合伙企业债务承担责任的合伙组织。有限合伙企业与普通合伙企业相比较,具有以下显著特征:

(1)在经营管理上,有限合伙企业中,有限合伙人不执行合伙事务,而由普通合伙人从事具体的经营管理。

(2)在风险承担上,有限合伙企业中,不同类型的合伙人所承担的责任存在差异,其中有限合伙人以其各自的出资额为限承担有限责任,普通合伙人之间承担无限连带责任。

(二)有限合伙企业的设立

1. 有限合伙企业的人数

有限合伙企业由 2 个以上 50 个以下合伙人设立,但是法律另有规定的除外,有限合伙企业至少应当有 1 个普通合伙人。

2. 有限合伙企业协议

合伙协议除符合普通合伙企业合伙协议的规定外,还应当载明下列事项:

(1)普通合伙人和有限合伙人的姓名或者名称、住所。

(2)执行事务合伙人应具备的条件和选择程序。

(3)执行事务合伙人权限与违约处理办法。

(4)执行事务合伙人的除名条件和更换程序。

(5)有限合伙人入伙、退伙的条件、程序以及相关责任。

(6)有限合伙人和普通合伙人相互转变程序。

3. 有限合伙企业合伙人的出资

有限合伙人可以用货币、实物、知识产权、土地使用权或者其他财产权利作价出资。有限合伙人不得以劳务出资。有限合伙人应当按照合伙协议的约定按期足额缴纳出资;未按期足额缴纳的,应当承担补缴义务,并对其他合伙人承担违约责任。

4. 有限合伙企业名称

有限合伙企业的名称中应当标明"有限合伙"字样,而不能标明"普通合伙"、"特殊普通合伙"、"有限公司"、"有限责任公司"等字样。

5. 有限合伙企业的设立登记

有限合伙企业登记事项中应当载明有限合伙人的姓名或者名称及认缴的出资数额。

(三)有限合伙企业的事务执行

1. 有限合伙企业事务执行

有限合伙企业由普通合伙人执行合伙企业事务,执行事务合伙人可以要求在合伙协议中确定执行事务的报酬及报酬提取方式。有限合伙人不执行合伙企业事务,不得对外代表有限合伙企业。有限合伙人的下列行为，不视为执行合伙企业事务：

(1)参与决定普通合伙人入伙、退伙。

(2)对企业的经营管理提出建议。

(3)参与选择承办有限合伙企业审计业务的会计师事务所。

(4)获取经审计的有限合伙企业财务会计报告。

(5)对涉及自身利益的情况时，查阅有限合伙企业财务会计账簿等财务资料。

(6)在有限合伙企业中的利益受到侵害时，向有责任的合伙人主张权利或者提起诉讼。

(7)执行事务合伙人怠于行使权利时，督促其行使权利或者为了本企业的利益以自己的名义提起诉讼。

(8)依法为本企业提供担保。

(四)有限合伙人的权利

与普通合伙人不同，有限合伙人可以同本有限合伙企业进行交易；可以自营或者同他人合作经营与本有限合伙企业相竞争的业务。但是，合伙协议可以约定禁止有限合伙人的上述行为。

☞【思考】

朱某是一名从事加工销售的个体工商户，同时其也是一名餐饮合伙企业的有限合伙人。日常交易中朱某将自己生产的一些食品以市场价格销售给了合伙企业。有些合伙人认为朱某作为企业的合伙人不能与企业进行交易。朱某认为自己是以正常价格进行的交易，订立合伙协议时也并未禁止或限制合伙人与本企业交易。请问：

1. 本案中朱某的行为是否合法？

2. 假如朱某利用自己为合伙人的身份将自己生产的食品高价卖与合伙企业是否合法？其应承担什么责任？

(五)有限合伙企业的财产转让

有限合伙人可以按照合伙协议的约定向合伙人以外的人转让其在有限合伙企业中的财产份额，但应当提前30日通知其他合伙人。有限合伙人对外转让其在有限合伙企业的财产份额时，有限合伙企业的其他合伙人有优先购买权。

有限合伙人可以将其在有限合伙企业中的财产份额出质，但是合伙协议另有约定的除外。

在利润分配方面，有限合伙企业不得将全部利润分配给部分合伙人，但是合伙协议另有约定的除外。

(六)有限合伙企业的入伙与退伙

1. 入伙

有限合伙企业成立后，合伙人以外的人可以作为有限合伙人加入合伙企业。新入伙的有限合伙人入伙应当符合两个条件：一是全体合伙人的同意；二是新入伙的有限合伙人与原合伙人订立书面合伙协议。

《合伙企业法》规定，新入伙的有限合伙人对入伙前有限合伙企业的债务，以其认缴的出资额为限承担责任。

2. 退伙

(1)有限合伙人的当然退伙。《合伙企业法》规定，有限合伙人出现下列情形时当然退伙：①作为合伙人的自然人死亡或者被依法宣告死亡。②作为合伙人的法人或者其他组织被依法吊销营业执照、责令关闭、撤销或者被宣告破产。③法律规定或者合伙协议约定合伙人必须具有相关资格而丧失该资格。④合伙人在合伙企业中的全部财产份额被人民法院强制执行。

(2)有限合伙人丧失民事行为能力的处理。作为有限合伙人的自然人在有限合伙企业存续期间丧失民事行为能力的，其他合伙人不得因此要求其退伙。有限合伙人继承人的权利：作为有限合伙人的自然人死亡、被依法宣告死亡或者作为有限合伙人的法人及其他组织终止时，其继承人或者权利承受人可以依法取得该有限合伙人在有限合伙企业中的资格。

(3)有限合伙人退伙后的责任承担。有限合伙人退伙后，对基于其退伙前的原因发生的有限合伙企业债务，以其退伙时从有限合伙企业取回的财产承担责任。

(七)有限合伙人与普通合伙人的转变

《合伙企业法》规定，有限合伙人与普通合伙人的转变可以在下列情形中发生：

(1)除合伙协议另有约定外，普通合伙人转变为有限合伙人，或者有限合伙人转变为普通合伙人，应当经全体合伙人一致同意。

(2)有限合伙人转变为普通合伙人的，对其作为有限合伙人期间有限合伙企业发生的债务承担无限连带责任。

(3)普通合伙人转变为有限合伙人的，对其作为普通合伙人期间有限合伙企业发生的债务承担无限连带责任。

十一、合伙企业的解散

合伙企业的解散是指合伙企业因某些法律事实的发生而使其民事主体资格归于消灭的行为。根据《合伙企业法》的规定，合伙企业有下列情形之一时，应当解散：

(1)合伙期限届满，合伙人决定不再继续经营。

(2)合伙协议约定的解散事由出现。

(3)全体合伙人决定解散。

(4)合伙人已不具备法定人数满30天。

(5)合伙协议约定的合伙目的已经实现或者无法实现。

(6)依法被吊销营业执照、责令关闭或者被撤销。

(7)法律、行政法规规定的其他原因。

十二、合伙企业的清算

合伙企业的清算是指合伙企业宣告解散后，为了终结合伙企业现存的各种法律关系，依法清理合伙企业债权债务的行为。

（一）清算人的确定

清算人是在合伙企业解散过程中依法产生的专门负责清理合伙企业债权债务的人员。合伙企业解散，应当由清算人进行清算。清算人由全体合伙人担任，经全体合伙人过半数同意，可以自合伙企业解散事由出现后 15 日内指定一个或数个合伙人，或者委托第三人担任清算人；自合伙企业解散事由出现之日起 15 日内未确定清算人的，合伙人或者其他利害关系人可以申请人民法院指定清算人。

（二）通知和公告债权人

清算人自被确定之日起 10 日内，将合伙企业解散事项通知债权人，并于 60 日内在报纸上公告。债权人应当自接到通知书之日起 30 日内，未接到通知书的自公告之日起 45 日内，向清算人申报债权。债权人申报债权，应当说明债权的有关事项，并提供证明材料，清算人应当对债权进行登记。

（三）清算人职责

清算人在清算期间执行下列事务：清理合伙企业财产，分别编制资产负债表和财产清单；处理与清算有关的合伙企业未了结的事务；清缴所欠税款；清理债权债务；处理合伙企业清偿债务后的剩余财产；代表合伙企业参与民事诉讼活动。

（四）财产清偿顺序

清算人在明确合伙企业财产后，应当清偿债务。合伙企业财产按下列顺序清偿：

（1）支付清算费用。

（2）所欠职工工资、社会保险费用、法定补偿金。

（3）所欠税款。

（4）合伙企业的债务。清偿债务后的剩余财产，按照《合伙企业法》关于利润分配和亏损分担的规定进行分配。

（五）合伙企业注销登记

清算结束，清算人应当编制清算报告，经全体合伙人签名、盖章后，在 15 日内向企业登记机关报送清算报告，办理合伙企业注销登记。

☞【思考】

2016 年 1 月，甲、乙、丙共同设立一普通合伙企业。合同协议约定：甲以现金人民币 5 万元出资，乙以房屋作价人民币 8 万元出资，丙以劳务作价人民币 4 万元出资；各合伙人按相同比例分配盈利、分担亏损。合伙企业成立后，为扩大经营，于 2016 年 7 月向银行贷款人民币 5 万元，期限为 1 年。2016 年 9 月，甲提出退伙，鉴于当时合伙企业盈利，乙、丙表示同意。同月，甲办理了退伙结算手续。2016 年 10 月，丁入伙。丁入伙后，因经营环境变化，企业严重亏损。2017 年 1 月，乙、丙、丁决定解散合伙企业，并将合伙企业现有财产价值人民币 3 万元予以分配，但对未到期的银行贷款未予清偿。2017 年 7 月银行贷款到期后，银行找合伙企业清偿债务，发现该企业已经解散，遂向甲要偿还全部贷款，甲称自己早已退伙，不负责清偿债务。银行向丁要偿还全部贷款，丁称该笔贷款是在自己入伙前发生的，不负责清偿。银行向乙要偿还全部贷款，乙表示只按照合伙协议约定的比例清偿相应数额。银行向丙要求偿还全部贷款，丙则表示自己是以劳务出资的，不承担偿还贷款义务。请问：

1. 甲、乙、丙、丁各自的主张能否成立？并说明理由。
2. 合伙企业所欠银行贷款应如何清偿？
3. 在银行贷款清偿后，甲、乙、丙、丁内部之间应如何分担清偿责任？

第三节　外商投资企业法

一、外商投资企业和外商投资企业法

外商投资企业是指在中国境内依照中国法律设立的、由外国投资者和中国投资者共同投资或者由外国投资者单独投资的企业。外商投资企业主要包括中外合资经营企业（以下简称合营企业）、中外合作经营企业（以下简称合作企业）和外商独资企业，通称为"三资"企业。

外商投资企业法是调整国家协调经济运行过程中发生的关于外商投资企业的经济关系的法律规范的总称。我国的外商投资企业立法主要有《中华人民共和国外资企业法》、《中华人民共和国中外合作经营企业法》和《中华人民共和国中外合资经营企业法》。

二、中外合资经营企业与中外合资经营企业法的概念

(一)中外合资经营企业

中外合资经营企业是由外国公司、企业和其他经济组织或者个人按照平等互利的原则，经中国政府批准，依法在中国境内，同中国的公司、企业或者其他经济组织共同举办的，具有中国法人资格的企业。中外合资经营企业属于股权式的企业，中外投资者双方共同投资、共同经营，并按照出资比例来确定投资者的风险、责任和利润分配，各自的权利和义务十分明确。实践中，那些投资多、技术性强、合作时间长的项目多选择此种形式。

(二)中外合资经营企业法

中外合资经营企业法是调整中外合资经营企业在设立、管理、经营和终止过程中发生的经济关系的法律规范的总称。1979 年 7 月 1 日，第五届全国人民代表大会第二次会议通过了《中华人民共和国中外合资经营企业法》(以下简称《中外合资经营企业法》)，并于 1990 年 4 月 4 日第七届全国人民代表大会第三次会议、2001 年 3 月 15 日第九届全国人民代表大会第四次会议和 2016 年 9 月 3 日第十二届全国人民代表大会常务委员会第二十二次会议进行了三次修正。国务院于 1983 年 9 月 20 日发布了《中华人民共和国中外合资经营企业法实施细则》，并分别于 1986 年 1 月 15 日、1987 年 12 月 21 日、2001 年 7 月 22 日、2011 年 1 月 8 日、2014 年 2 月 19 日进行了 5 次修订。

（三）中外合资经营企业的设立

1. 中外合营企业的设立条件

申请设立中外合营企业，必须符合下列一项或多项要求：采用先进技术设备和科学管理方法，能增加产品品种，提高产品质量和产量，节约能源和材料；有利于企业技术改造，能做到投资少、见效快、收益大；能扩大产品出口，增加外汇收入；能培训技术人员和经营管理人员。

申请设立中外合营企业有下列情况之一的，不予批准：有损中国主权的；违反中国法律的；不符合中国国民经济发展要求的；造成环境污染的；签订的协议、合同、章程明显属不公平，损害合营一方权益的。

2. 设立中外合营企业的审批机关

设立中外合营企业的审批机关是中华人民共和国对外贸易经济合作部和国务院授权的省、自治区、直辖市人民政府或者国务院有关部门（以下简称审批机关）。

3. 中外合营企业的设立程序

（1）立项申请。由中国合营者向企业主管部门呈报拟与外国合营者设立合营企业的项目建议书和初步可行性报告，经企业主管部门审查同意并转报审批机构批准后，合营各方才能进行正式谈判，编制可行性研究报告，签订合营企业协议、合同和章程。

（2）洽谈签约。合营各方在平等互利、协商一致的基础上签订协议、合同和章程。合营企业协议是合营各方对设立合营企业的某些要点和原则达成一致意见而订立的文件。合营企业合同是合营各方为设立合营企业就相互权利、义务关系达成一致意见而订立的文件。合营企业章程是合营各方按照合营企业合同规定的原则，经合营各方一致同意，规定合营企业的宗旨、组织原则和经营管理方法等事项的文件。合营企业的合同和章程是合营企业设立的必备文件。

（3）审查批准。合营企业合同签字后，由中国合营者报送国家对外经济贸易主管部门审查批准。审查批准机关自接到文件之日起3个月内决定批准或不批准。经批准的，发给批准证书。

（4）登记注册。领取批准证书后，中外合营企业应在30日内按照国家有关规定，向工商行政管理机关办理登记手续。中外合营企业的营业执照签发日期，即为该合营企业的成立日期。

（四）中外合资经营企业的资本

1. 中外合营企业的注册资本和投资总额

中外合营企业的注册资本是指记载在合营企业合同、章程上并经有关主管机关核准登记的合营各方认缴的出资额之和。在中外合营企业的注册资本中，外国合营者的投资比例一般不低于25%，上限不限，允许外国投资者多占股权。中外合营企业的注册资本一般应当以人民币表示，也可以用合营各方约定的外币表示。合营一方向第三者转让其全部或部分出资，须经合营他方同意和审批机关批准，且合营他方在同等条件下有优先购买权。

中外合营企业的投资总额是指合营各方按照合营企业合同、章程规定的生产规模需要投入的基本建设资金和生产流动资金的总和。它由注册资本和借入资本两部分构成。

合营企业的注册资本与投资总额必须保持一个适当的、合理的比例。具体要求如下：

（1）中外合资经营企业的投资总额在 300 万美元以下（含 300 万美元）的，其注册资本至少应占投资总额的 5/10。

（2）中外合资经营企业的投资总额在 300 万美元以上至 1000 万美元（含 1000 万美元）的，其注册资本至少应占投资总额的 1/2，其中投资总额在 420 万美元以下的，注册资本不得低于 210 万美元。

中外合资经营企业的投资总额在 1000 万美元以上至 3000 万美元（含 3000 万美元）的，其（3）注册资本至少应占投资总额的 2/5，其中投资总额在 1250 万美元以下的，注册资本不得低于 500 万美元。

（4）中外合资经营企业的投资总额在 3000 万美元以上的，其注册资本至少应占投资总额的 1/3，其中投资总额在 3600 万美元以上的，注册资本不得低于 1200 万美元。

2. 中外合营企业的出资方式

合营各方可以下列方式出资：

（1）货币出资。货币出资是指中外合营者以人民币和外币出资。外国合营者出资的外币，按缴款当日中国人民银行公布的基准汇率折算成人民币或者套算成约定的外币。中国合营者出资的人民币现金，需要折算成外币的，按缴款当日中国银行公布的基准利率折算。

（2）实物出资。合营各方以自己所有的且未设立任何担保物权的建筑物、厂房、机器设备或其他物料折价投资。作为外国合营者出资的机器设备或其他物料，必须符合下列条件：

①为合营企业生产所不可缺少的；各方可以现金、实物、工业产权等进行投资。

②中国不能生产，或虽能生产，但价格过高，或在技术性能和供应时间上不能保证需要的。

③作价不得高于同类机器设备或其他物料当时的国际市场价格。

（3）工业产权、专有技术出资。合营各方以自己所有的专利、商标和专有技术的使用权作价投资。外国合营者出资的工业产权或专有技术，必须符合下列条件之一：

①能生产中国急需的新产品或出口适销产品的。

②能显著改进现有产品的性能、质量，提高生产效率的。

③能显著节约原材料、燃料、动力的。

（4）场地使用权出资。中国合营者可以以场地使用权作价投资。如果土地使用权未作为中国合营者出资的部分，合营企业应向中国政府缴纳土地使用费。

合营企业任何一方不得用以合营企业名义取得的贷款、租赁的设备或者其他财产以及合营者以外的他人财产作为自己的出资，也不得以合营企业的财产和权益或者合营他方的财产和权益为其出资担保。

3. 中外合营企业的出资期限

合营各方应当在合营合同中订明出资期限，并且应当按照合营合同规定的期限缴清各自的出资。合营合同规定一次缴清出资的，合营各方应当从营业执照签发之日起 6 个月内缴清；合营合同规定分期缴付出资的，合营各方第一期出资，不得低于各自认缴出资额的15%，并且应当在营业执照签发之日起3个月内缴清。

☞【思考】

中国甲企业与某国乙企业共同投资设立一家中外合资经营企业，注册资本为1000万美元，合营合同规定投资者采取分期出资方式，外方出资200万美元，外方投资应在取得营业执照后6个月内缴清。请问：

1. 本案合营中外方出资是否符合法律规定？
2. 合营合同规定的外方投资的缴清期限是否符合规定？

(五) 中外合资经营企业的组织机构

1. 中外合营企业的董事会

中外合营企业的组织形式是有限责任公司，最高权力机构是董事会，合营企业没有股东会。

董事会人数组成由合营各方协商，在合同、章程中确定，但不得少于3人。董事名额的分配由合营各方参照出资比例协商确定。董事任期4年，经合营各方继续委派可连任。董事会设董事长1人、副董事长1~2人，由合营各方协商确定或由董事会选举产生。中外合营者的一方担任董事长的，由他方担任副董事长。董事长是合营企业的法定代表人。

董事会的职权是按合营企业章程规定，讨论决定合营企业的一切重大问题。董事会会议每年至少召开一次，由董事长负责召集并主持。合营企业董事会不是依据投资比例、由投资占多数比例的一方作出决定，而是采用平等协商的方式对重大问题作出决策。下列事项由出席董事会会议的董事一致通过方可作出决议：合营企业章程的修改；合营企业的中止、解散；合营企业注册资本的增加、转让；合营企业与其他经济组织的合并。

2. 中外合营企业的经营管理机构

中外合营企业的经营管理机构，负责企业的日常经营管理工作。其经营管理机构设总经理1人，副总经理若干人。总经理、副总经理由董事会聘任，可以由中国公民担任，也可以由外国公民担任。总经理执行董事会的各项决议，组织领导合营企业的日常经营管理工作。在董事会授权范围内，总经理对外代表合营企业，对内任免下属人员，执行董事会授予的其他职权。

(六) 中外合资经营企业主要的经营管理制度

1. 中外合资经营企业的计划、购买和销售

中外合营企业按照合同规定的经营范围和生产规模所制定的生产经营计划，由董事会批准执行，报企业主管部门备案。企业主管部门和各级计划部门，不得对合营企业下达指令性生产经营计划。合营企业在批准的经营范围内所需的机器设备、原材料、燃料、配套运输工具等物资，按照公平合理的原则，有权自行决定在国内市场或者国际市场购买。合营企业在国内购买物资的价格，除国家另有规定外，应与国内企业同等看待，并以人民币支付。合营企业生产的产品，中国政府鼓励合营企业向国际市场销售，

也可在中国国内市场销售。

2. 中外合资经营企业的财务管理制度

合营企业的财务会计制度，应根据中国有关法律和财务会计制度的规定，结合合营企业的情况加以制定，并报当地财政部门、税务机关备案。

3. 中外合资经营企业的劳动管理

合营企业在用工方面享有自主权，同时也要遵守中国的法律和行政法规的规定。

4. 中外合资经营企业的纠纷解决

合营各方发生纠纷，董事会不能协商解决时，由中国仲裁机构进行调解或仲裁，也可由合营各方协议在其他仲裁机构仲裁。合营各方没有在合同中订立仲裁条款的或者事后没有达成书面仲裁协议的，可以向人民法院起诉。

(七)中外合资经营企业的期限、解散与清算

1. 中外合营企业的期限

中外合营企业的合营期限，可按不同行业、不同情况作不同的约定，一般项目的合营期限原则上为 10~30 年，投资大、周期长、利润低的项目可在 30 年以上。限制类的中外合资经营项目，必须约定企业经营期限。约定合营期限的企业，合营各方同意延长合营期限的，应当在距合营期限届满 6 个月前向审查批准机关提出申请。审查批准机关应自接到申请之日起 1 个月内决定批准或不批准。

2. 中外合营企业的解散

中外合营企业发生下列情况之一时解散：

(1)合营期限届满。

(2)企业发生严重亏损，无力继续经营。

(3)合营一方不履行合营企业协议、合同、章程规定的义务，致使企业无法继续经营。

(4)因自然灾害、战争等不可抗力遭受严重损失无法继续经营。

(5)合营企业未达到其经营目的，同时又无发展前途。

(6)合营企业合同、章程所规定的其他解散原因已经出现。

上述第(2)、(3)、(4)、(5)、(6)种情况发生，应由董事会提出解散申请书，报审批机构批准。上述第(3)种情况下，不履行合营企业协议、合同、章程规定的义务一方，应对合营企业由此造成的损失负赔偿责任。

3. 中外合营企业的清算

中外合营企业解散时要进行清算。中外合营企业应当按照《外商投资企业清算办法》的规定成立清算委员会，由清算委员会负责清算事宜。清算委员会的成员一般从合营企业的董事中选任，董事不能担任或不适合担任清算委员会成员时，中外合营企业可聘请中国的注册会计师或律师担任。清算期间，清算委员会代表该合营企业起诉和应诉。

中外合营企业以其全部资产对其债务承担责任。清偿债务后的剩余财产按合营各方的出资比例进行分配，但合营企业的协议、合同和章程另有规定的除外。

清算工作结束后，由清算委员会提出清算结束报告，提请董事会会议通过后，报告

原审批机构，并向原登记管理机构办理注销登记手续，缴销营业执照。中外合营企业解散后，各项账册及文件应由原中国合营者保存。

☞【思考】

某地一矿山企业欲引进国外先进技术生产多晶硅，经过与德国一公司协商达成中外合资经营协议。该协议的主要内容如下：投资总额为 1200 万美元，其中注册资本 450 万美元；甲方以货币、厂房、设备出资，总计出资额为 350 万美元，外方向银行贷款 100 万美元作为出资，该贷款由合营企业提供担保。请问：

　　1. 合资经营协议德方的出资比例是否合法？

　　2. 合资经营协议注册资本数额是否合乎规定？

　　3. 外方由合营企业提供担保向银行贷款 100 万美元作为出资是否合法？

三、中外合作经营企业法

中外合作经营企业法是指调整中外合作经营企业在设立、管理、经营和终止过程中发生的经济关系的法律规范的总称。1988 年 4 月 13 日第七届全国人民代表大会第一次会议通过了《中华人民共和国中外合作经营企业法》（以下简称《中外合作经营企业法》），并于 2000 年 10 月 31 日第九届全国人民代表大会常务委员会第十八次会议和 2017 年 11 月 4 日第十二届全国人民代表大会常务委员会第三十次会议进行了修正。国务院于 1995 年 8 月 7 日批准了《中华人民共和国中外合作经营企业法实施细则》，并根据 2014 年 2 月 19 日《国务院关于废止和修改部分行政法规的决定》进行修订。

（一）中外合作经营企业

中外合作经营企业是指中国合作者和外国合作者，依法在中国境内以合作企业合同为基础而共同举办的企业。中外合作经营企业属于契约式企业，双方通过合作经营企业合同约定各自的权利和义务，合作方式较灵活。

中外合作者的投资或者提供的合作条件，不折算成股份，即各方的投资不作价、不计股，中外合作者按何种比例进行收益或者产品的分配、风险和亏损的分担，由合作企业合同约定。中外合作企业称为契约式合营，而中外合资企业称为股权式合营。中外合作经营企业既可以是法人企业，也可以是非法人企业；而中外合资经营企业都具有法人资格。

中外合作经营企业的组织机构与管理方式灵活多样，可以是董事会制，也可以是联合管理委员会制，还可以委托第三方管理。

中外合作经营企业一般采取让外方先行回收投资的做法，外方承担的风险相对较小，但合作期满企业的资产均归中方所有。

（二）中外合作经营企业的设立

1. 中外合作企业的设立条件

国家鼓励举办产品出口的或者技术先进的生产型合作企业。有下列情形之一的，不予批准：有损国家主权或者社会公共利益的；危害国家安全的；对环境造成污染的；有违反法律、行政法规或者国家产业政策的其他情形的。

2. 设立中外合作企业的程序

(1)立项申请。由中国合作者向审批机关提出举办合作企业的申请。

(2)洽谈签约。申请获准后，由中外合作者进行可行性研究、谈判，在平等互利、协商一致的基础上签订合作经营合同。

(3)审查批准。中外合作者将签订的协议、合同、章程等报送主管部门审查批准。审查批准机关自接到文件之日起45日内决定批准还是不批准。

(4)登记注册。领取批准证书后，合作企业应在30日内向工商行政管理机关申请登记，领取营业执照。营业执照签发日期为合作企业成立日期。

(三)中外合作经营企业的投资、合作条件

1. 中外合作企业的注册资本

合作企业的注册资本，是指为设立合作企业，在工商行政管理机关登记的合作各方认缴的出资额之和。注册资本以人民币表示，也可以用合作各方约定的一种可自由兑换的外币表示。合作企业的注册资本在合作期限内不得减少。但是，因投资总额和生产经营规模等变化，确需减少的，须经审查批准机关批准。

2. 合作各方的出资方式

合作各方向合作企业的投资或者提供的条件可以是货币，也可以是实物或者工业产权、专有技术、土地使用权等财产权利。中国合作者的投资或者提供的合作条件，属于国有资产的，应当依照有关法律、行政法规的规定进行资产评估。在合作企业的约定合作期限届满时，合作企业的全部固定资产无偿归中国合作者所有，外国合作者可以在合作期限内先行收回投资。

3. 合作各方的出资比例和期限

在依法取得中国法人资格的合作企业中，外国合作者的投资一般不低于合作企业注册资本的25%。在不具有法人资格的合作企业中，对合作各方向合作企业投资或者提供合作条件下的具体要求，由国务院审批机关规定。

合作各方应当根据合作企业的生产经营需要，依照有关法律、行政法规的规定，在合作企业合同中约定合作各方向合作企业投资或者提供合作条件的期限。

(四)中外合作经营企业的组织与管理形式

中外合作经营企业的组织形式有两种：法人型的合作企业和合伙型的合作企业。申请具有法人资格的合作企业，其组织形式为有限责任公司。不具有法人资格的合作企业，其合作各方应根据其认缴的出资额或提供的合作条件，在合同中约定各自承担债务责任的比例，但不得影响合作各方连带责任的履行。

中外合作经营企业的组织机构主要有三种形式：董事会管理制、联合管理制和委托管理制。

1. 董事会管理制

具备法人资格的合作企业实行董事会制。董事会是合作企业的最高权力机构，决定合作企业的重大问题。董事会的组成和董事名额的分配由合作各方参照出资比例协商确定。董事长可以由中方或外方担任，是合作企业的法定代表人。合作企业实行董事会领导下的总经理负责制，董事会决定任命或聘用总经理负责合作企业的日常管理工作，总经理对董事会负责。

2. 联合管理制

不具有法人资格的合作企业常采用联合管理制。由中外合作各方选派代表，组成一个统一的联合管理机构，它是合作企业的最高权力机构，有权决定企业的重大问题。联合管理机构可以任命或聘用总经理负责合作企业的日常管理工作，总经理对联合管理机构负责。联合管理机构中的主任和副主任，分别由中外合作者担任。

3. 委托管理制

委托管理制是合作企业委托一方或合作者以外的第三方对合作企业进行管理的方式。合作企业成立后改为委托第三方经营管理的，须经董事会或者联合管理机构一致同意，报审查批准机关批准，并向工商行政管理机关办理变更登记手续。委托一方管理的，合作他方不参与经营管理活动；委托第三方管理的，须与受托方订立委托管理合同，由受托方独立行使企业经营管理权，合作各方只参加产品分配与利润分配。

(五)中外合作经营企业的经营管理

1. 中外合作经营企业的计划

中外合作企业按照经批准的经营范围和生产经营规模，自行制订生产经营计划。政府部门不得强令中外合作企业执行政府部门确定的生产经营计划。

2. 中外合作经营企业的物资购买

中外合作企业可在批准的经营范围内，进口本企业需要的物资，出口本企业生产的产品。所需的原材料、燃料等物资，可以在国内市场或者国际市场购买。

3. 中外合作企业的产品销售

中外合作企业可以在经批准的经营范围内，出口本企业生产的产品。国家鼓励中外合作企业向国际市场销售其产品。中外合作企业可以自行向国际市场销售其产品，也可以委托国外的销售机构或者中国的外贸公司代销或者经销其产品。

4. 中外合作经营企业的收益分配与投资回收

中外合作企业的合作各方，依照合作企业合同的约定，分配收益或产品，承担风险和亏损。在收益分配上，中外合作者可以采用分配利润、分配产品或合作各方共同商定的其他方式分配收益。

中外合作企业允许在一定条件下，外国合作者先行收回其投资。外方先行收回投资的条件是合作期满时，中外合作企业全部固定资产归中国合作者所有。双方在按照投资或提供合作条件进行分配的基础上，在合作合同中约定扩大外国合作者的利润、产品分成比例，或者加速固定资产折旧费的回收方法来使外国合作者先行收回投资。如果税前收回投资，须经财政税务机关按照国家有关税收的规定审查批准。中外合作企业的亏损未弥补前，外国合作者不得先行收回投资。

(六)中外合作经营企业终止与清算

1. 合作企业的解散

合作企业发生下列情况之一时解散：

(1)合作期限届满。

（2）企业发生严重亏损，或者因不可抗力遭受严重损失，无力继续经营。

（3）中外合作者一方或者数方不履行合作企业合同、章程规定的义务，致使企业无法继续经营。

（4）合作企业合同、章程中规定的其他解散原因已经出现。

中外合作企业违反法律、行政法规，被依法责令关闭。

上述第（2）、（4）项所列情况发生，应当由中外合作企业的董事会或者联合管理委员会做出决定，报审查批准机关批准。上述第（3）项所列情况下，不履行合作企业合同、章程规定义务者应对履行合同的他方因此遭受的损失承担赔偿责任。履行合同者有权向审查批准机关提出申请，解散合作企业。

2. 中外合作经营企业的清算

合作企业期满或者提前终止时，应当依照法定程序对资产和债权、债务进行清算。中外合作经营企业应当依照合作企业合同的约定，确定合作企业财产的归属。

第四节　外资企业法

一、外资企业与外资企业法的概念

（一）外资企业的概念

外资企业又称外商独资经营企业，是指依照中国法律在中国境内设立的全部资本由外国投资者投资的企业。外资企业不包括外国企业和其他经济组织在中国境内设立的分支机构。

外资企业具有如下法律特征：

（1）外资企业是依照中国有关法律在中国设立的企业，具有中国国籍。

（2）外资企业的全部资本由外国投资者（包括外国企业、其他经济组织或个人）投资，中国企业或其他经济组织不提供任何注册资本。

（3）外资企业的组织形式为有限责任公司。外国投资者以其认缴的出资额为限对企业承担责任，外资企业以其全部资产对其债务承担责任。

（4）外资企业是一个独立的经济组织或者法人实体，自主经营、自负盈亏，不同于外国的企业和其他经济组织在中国境内的分支机构。外资企业符合中国法律关于法人条件的规定的，依法取得中国法人资格。

（二）外资企业法

外资企业法是调整外资企业设立、管理、经营、终止过程中所发生的经济关系的法律规范的总称。1986 年 4 月 12 日第六届全国人民代表大会第四次会议通过《中华人民共和国外资企业法》（以下简称《外资企业法》），2000 年 10 月 31 日第九届全国人民代表大会第十八次会议对其进行了第一次修订，2016 年 9 月 3 日第十二届全国人民代表大会常务委员会第二十二次会议对其进行了第二次修订。国务院于 1990 年 10 月 28 日批准《中华人民共和国外资企业法实施细则》，于 2001 年 4 月 12 日对其进行了第一次修订，于 2014 年 2 月 19 日对其进行了第二次修订。

二、外资企业的设立

(一)设立外资企业的条件

外资企业设立的条件是必须有利于中国国民经济的发展。国家鼓励举办产品出口或者技术先进的外资企业。

(二)设立外资企业的程序

1. 申请

拟设立的外资企业向审批机关报送设立企业申请书、可行性研究报告、企业章程、资讯证明文件等。

2. 审批

设立外资企业的申请，一般由国家对外贸易经济合作部审查批准。审批机关应当在收到申请设立外资企业全部文件之日起 90 日内决定批准或者不批准。

3. 登记

设立外资企业的申请经审批机关批准后，外国投资者应自收到批准证书之日起 30 日内向工商行政管理机关申请登记，领取营业执照。外资企业的营业执照签发日期为该企业成立的日期。

(三)外资企业的注册资本

外资企业的注册资本是指为设立外资企业在工商行政管理机关登记的资本总额，即外国投资者认缴的全部出资额。外资企业的注册资本要与其经营规模相适应，注册资本与投资总额的比例应当符合中国法律的有关规定。外资企业在经营期内不得减少其注册资本。外资企业注册资本的增加、转让，须经审批机关批准，并向工商行政管理机关办理变更登记手续。

(四)外资企业的出资方式

外国投资者可以用可自由兑换的外币出资，也可以用机器设备、工业产权、专有技术等作价出资。经审批机关同意，外国投资者也可以用其从中国境内举办的其他外商投资企业获得的人民币利润出资。

外国投资者缴付出资的期限应当在设立外资企业申请书和外资企业章程中载明。外国投资者可以分期缴付出资。第一期应在营业执照签发之日起 90 日内缴清，出资不得少于认缴出资额的 15%；最后一期出资应在营业执照签发之日起 3 年内缴清。外国投资者缴付每期出资后，外资企业应当聘请中国的注册会计师验证，并出具验资报告，报审批机关和工商行政管理机关备案。

☞【思考】

外国某公司欲在中国设立一外商独资企业，该外商独资企业于 2014 年 8 月 8 日领取营业执照。请问：

1. 该公司第一期出资应最迟在什么时间缴付？

2. 最后一期出资应最迟在什么时间缴付？

三、外资企业的经营管理

外资企业的经营管理(包括生产计划、物资购买、产品销售、财会制度、劳动管理等)与中外合营企业的相关规定大致相同。

四、外资企业的期限、解散和清算

(一)外资企业的期限

外资企业的经营期限由外国投资者申报,由审查批准机关批准。经营期限需要延长的,应当在期满180日以前向审查批准机关提出申请。审查批准机关应当在接到申请之日起30日内决定批准或者不批准。

(二)外资企业的解散

外资企业有下列情形之一的应予解散:

(1)经营期限届满。(2)经营不善、严重亏损,外国投资者决定解散。(3)因自然灾害、战争等不可抗力而遭受严重损失,无法继续经营。(4)破产。(5)违反中国法律、法规,危害社会公共利益被依法撤销。(6)外资企业章程规定的其他解散事由已经出现。

外资企业如存在前面第(2)、(3)、(4)项所列情形,应当自行提交终止申请书,报审批机关批准。审批机关作出核准的日期为企业的终止日期。

(三)外资企业的清算

外资企业解散时应当进行清算。清算程序和相关规定与中外合营企业清算大致相同。

外资企业清算结束之前,外国投资者不得将企业的资金汇出或者携出中国境外,不得自行处理企业的财产。

外资企业清算结束,其资产净额和剩余财产超过注册资本的部分视同利润,应当依照中国税法缴纳所得税。

外资企业清算结束后应向工商行政管理机关办理注销登记手续。

第五节　我国公司法概述

一、公司的概念和特征

《中华人民共和国公司法》(以下简称《公司法》)规定,公司是指依法设立的,以营利为目的,由股东投资形成的企业法人。

公司是在企业发展过程中,为了适应社会化大生产和市场经济的发展需要而形成的一种企业组织形式,是以资本的联合为基本设立条件。

公司具有以下法律特征:

(一)依法设立

依法设定,是指公司必须依法定条件、法定程序设立。一方面要求公司的章程、资本、组织机构、活动原则等必须合法；另一方面要求公司设立必须经过法定程序，进行工商登记。公司通常依《公司法》设立，但还须依公司登记管理法定程序设立，特殊公司的设立还必须符合其他法律的规定。

（二）以营利为目的

以营利为目的，是指公司设立以经营并获取利润为目的，且股东出资设立公司的目的也是为了营利，即从公司经营中获得利润。因此，营利目的不仅要求公司本身为营利而活动，而且要求公司有利润时应当分配给股东。如果其经营利润不进行分配，而是用于社会公益等其他目的，则不属于以营利为目的的公司性质。

（三）以股东投资行为为基础设立

根据《公司法》的规定，公司设立必须具备的法定条件之一是达到法定的注册资本，而注册资本来源于股东的投资，即由股东按法定和章程约定的出资方式及约定比例出资形成，因此没有股东的投资行为就不能设立公司。

（四）具有法人资格

公司是企业法人，主要是独立的法人财产和独立承担民事责任。《公司法》规定的有限责任公司和股份有限公司都具有法人资格，股东以其认缴的出资额或者认购的股份为限对公司承担有限责任，公司要以全部财产对公司的经营活动包括法定代表人、工作人员和代理人代表公司进行的经营活动产生的债务承担责任。

二、公司的种类

按照不同的标准，从不同的角度可以对公司作不同的分类。

（一）有限责任公司、股份有限公司、无限公司、两合公司

这是以公司资本结构和股东对公司债务承担责任的方式为标准划分的。

有限责任公司是指股东以其认缴的出资额为限对公司承担责任，公司以其全部财产对公司的债务承担责任的公司。

股份有限公司是指将公司全部资本分为等额股份，股东以其认购的股份为限对公司承担责任，公司以其全部财产对公司的债务承担责任的公司。无限公司是无限责任公司的简称，它是由两个以上的股东组成的、全体股东对公司的债务负连带无限责任的公司。两合公司是指由无限责任股东与有限责任股东共同组成，无限责任股东对公司债务负连带无限责任，有限责任股东对公司债务仅以其出资额为限承担有限责任的公司。

我国《公司法》规定的公司形式为有限责任公司和股份有限公司。

（二）人合公司、资合公司与人合兼资合公司

这是以公司的信用基础为标准划分的。

人合公司是指以股东个人的财力、能力和信誉作为信用基础的公司，其典型的形式为无限公司。

资合公司是指以资本的结合作为信用基础的公司，其典型的形式为股份有限公司。

人合兼资合公司是指同时以公司资本和股东个人信用作为公司的信用基础的公司，其典型的形式为两合公司。

（三）母公司与子公司

这是以公司之间的控制与依附关系为标准划分的。

母公司是指拥有另一公司一定比例以上的股份，或通过协议方式能够对另一公司的经营实行实际控制的公司。母公司也称为控制公司。

子公司是指与母公司相对应，其一定比例以上的股份被另一公司所拥有或通过协议受到另一公司实际控制的公司。公司可以设立子公司，子公司具有法人资格，依法独立承担民事责任。

（四）总公司与分公司

这是以公司内部的管辖关系为标准划分的。

总公司是相对于其分支机构而言，有权管理公司的全部内部组织如各个分部门、分公司、科室、工厂、门市部等的总机构。

分公司实际上并不是法律意义上的公司，而只是公司的组成部分或业务活动机构，没有独立的法人资格，其民事责任由总公司承担。

（五）本国公司与外国公司

这是以公司的国籍为标准划分的。

凡是依照中国法律在中国境内登记设立的公司，都是中国公司。凡是依照外国法律在中国境外登记成立的公司，则是外国公司。外国公司在我国从事经营活动，须向我国主管机关提出申请，通过设立分支机构，以该外国公司法人身份进行活动及承担民事责任。

三、公司法

公司法是规定公司法律地位，调整公司组织关系，规范公司在设立、变更与终止的法律规范的总称。公司法的概念有广义和狭义之分。狭义的公司法，仅指《公司法》这一形式意义上的规范性文件；广义的公司法，则是调整公司组织关系、规范公司行为的法律规范的总称，其表现形式不仅包括《公司法》，还包括《公司登记管理条例》等。

我国《公司法》由第八届全国人民代表大会常务委员会第五次会议于 1993 年 12 月 29 日通过，自 1994 年 7 月 1 日起施行。全国人民代表大会常务委员会于 1999 年、2004 年对《公司法》进行了两次小的修改，2005 年 10 月 27 日第十届全国人民代表大会常务委员会第十八次会议对《公司法》进行了较大规模的修订并自 2006 年 1 月 1 日起施行。2013 年底，第十二届全国人民代表大会常务委员会第六次会议对《公司法》作出修改，修改后的《公司法》，于 2014 年 3 月 1 日起正式施行。

四、公司法的基本原则

公司法的基本原则反映了社会主义市场经济体制下公司的运行规律，是贯彻于公司运行始终、调整公司内外部关系的根本准则，其效力贯穿于公司法的始终。其具体种类包括：股东有限责任原则、利益均衡原则、分权制衡原则、自治原则、股东股权平等原则。

（一）股东有限责任原则

股东有限责任是指股东以投资（出资额或者股份）为限对公司承担责任，公司以其全部财产对外承担责任。股东有限责任是现代公司法律的基石，现代公司法律制度的形成与建立以及各项具体制度的完善，都与股东有限责任密切相关。

股东有限责任有利于鼓励和吸引投资，但是也存在被不良股东利用的制度漏洞。为了防止法人的资格权利被滥用造成他人或该法人利益、公共利益受损，公司法律规定了可以对法人资格进行否认的情形，即公司股东应当遵守法律、行政法规和公司章程，依法行使股东权利，不得滥用股东权利损害公司或者其他股东的利益；不得滥用公司法人独立地位和股东有限责任损害公司债权人的利益。公司股东滥用股东权利给公司或者其他股东造成损失的，应当依法承担赔偿责任。公司股东滥用公司法人独立地位和股东有限责任，逃避债务，严重损害公司债权人利益的应当对公司债务人承担连带责任。这就是学界所称的法人人格否认制度，也叫刺破公司面纱制度。

（二）利益均衡原则

围绕公司这一市场经济主体，存在着股东、债权人、职工以及其他社会公众的利益之分和不同的利益主体。利益均衡原则是指公司制度的安排及实现，是基于现代市场经济条件下对影响公司及社会发展的多种利益关系进行分析、均衡。通过制度化的规定确定各种利益的地位，使公司这一企业法律形态发挥出较佳的社会效益，抑制其负面作用。

（三）分权制衡原则

分权制衡原则是指公司有效运转的制度安排与实现，是以对公司各种权力合理分配、相互制衡为出发点而进行配置的原则。分权制衡会形成权责分明、管理科学、激励和约束相结合的内部管理体制，是公司运作的精髓。分权制衡是从权力层面认识公司法的基本原则，是利益均衡原则在制度层面的直接体现。

（四）自治原则

自治原则是指出资人自己进行重大决策，选择公司的管理者；公司作为独立的市场主体，依照公司章程自主经营、自负盈亏，不受非法干预。自治原则符合市场主体在市场中的运动规律，出资人对自己的决策、选择行为负责；公司以章程为基础，自主应对市场的变化，对由此产生的一切后果负责。自治原则充分体现了公司作为市场主体的主体特性。

（五）股东股权平等原则

股东股权平等是指股东基于自己的出资（出资额或者股份）为基础而享有平等待遇的原则。出资的性质一致、数额相同，在公司运转中得到平等对待。股东股权平等并不排除股权内容的不同。股东各按其交纳的出资额或所持的股份数额享有权利、承担义务。股权可以划分为普通股、特别股，享有不同股权的股东，享有的权利和承担的义务是有区别的。

☞【知识拓展】

公司的历史沿革

在公司出现以前个人独资企业是最典型的企业形式；与独资企业并存的是各种合伙组织，当时的合伙组织中最典型的就是家族经营团体。在公司产生以前，合伙组织都没有取得法人的地位。最早产生的公司是无限公司。但是，无限公司与合伙没有本质上的区别，只是取得了法人地位的合伙组织而已。1555 年，英国女皇特许与俄国公司进行贸易，从而产生了第一个现代意义上的股份有限公司。一般认为英国东印度公司和荷兰东印度公司就是最早的股份有限公司。1807 年，《法国商法典》第一次对股份有限公司作了完备、系统的规定。有限责任公司最早产生于 19 世纪末的德国。有限责任公司基本吸收了无限公司、股份有限公司的优点，避免了两者的不足，尤其适用于中小企业。最早的有限责任公司立法为 1892 年德国的《有限责任公司法》。之后 1919 年的法国、1938 年的日本也相继制定了《有限公司法》。在整个 19 世纪后半叶中国已经出现上百家类似公司的企业，但当时既没有近代的民商法，更没有专门的公司法，在法律上仍然沿用清初订立的"诸法合体，民刑不分"的《大清律例》。从清末变法修律到民国，中国先后出现了四部公司法，分别是清政府于 1904 年颁行的《公司律》、北洋政府于 1914 年颁行的《公司条例》、南京国民政府于 1929 年颁行的《公司法》，以及抗战胜利后的 1946 年，南京国民政府颁行的《公司法》。公司法的颁行为早期中国公司的发育、演进提供了一个基本规范的制度环境。

第六节　有限责任公司

一、有限责任公司的设立

(一)有限责任公司设立的条件

根据《公司法》的规定，设立有限责任公司，应当具备下列条件：

1. 股东符合法定人数

有限责任公司由 50 个以下股东出资设立。股东既可以是自然人，也可以是法人。

2. 有符合公司章程规定的全体股东认缴的出资额

(1)注册资本。是指公司向公司登记机关登记的出资额，即经登记公司登记确认的资本。有限责任公司的注册资本为在公司登记机关登记的全体股东认缴的出资额。法律、行政法规以及国务院决定对有限责任公司注册资本实缴、注册资本最低限额另有规定的，从其规定。

(2)股东出资方式。股东可以用货币出资，也可以用实物、知识产权、土地使用权等可以用货币估价并可以依法转让的非货币财产作价出资。但是，法律、行政法规规定不得作为出资的财产除外。对作为出资的非货币财产应当评估作价，核实财产，不得高估或者低估作价。股东以非货币财产出资的，应当依法办理其财产权的转移手续。

3. 股东共同制定公司章程

有限责任公司章程应当载明下列事项：

(1)公司名称和住所。

(2)公司经营范围。

(3)公司注册资本。

(4)股东的姓名或者名称。

(5)股东的出资方式、出资额和出资时间。

(6)公司的机构及其产生办法、职权、议事规则。

(7)公司法定代表人。

(8)股东会会议认为需要规定的其他事项。

4. 有公司名称，建立符合有限责任公司要求的组织机构

公司设立自己的名称时，必须符合法律、法规的规定，并应当经过公司登记管理机关进行预先核准登记。公司应当设立符合有限责任公司要求的组织机构，即股东会、董事会或者执行董事、监事会或者监事等。

5. 有公司住所

公司以其主要办事机构所在地为住所。经公司登记机关登记的公司住所只能有一个。

(二)有限责任公司设立的程序

1. 订立公司章程

公司章程由全体股东共同制定，并将要设立的公司基本情况以及各方面的权利义务加以明确规定。

2. 名称预先核准

设立有限责任公司，应当由全体股东指定的代表或共同委托的代理人向公司登记机关申请名称预先核准。申请名称冠以"中国"、"中华"、"国家"、"全国"、"国际"字词的，须提交国务院的批准文件复印件。名称经核准登记，发给《公司名称预先核准通知书》，保留期为6个月。预先核准的公司名称在保留期内，不得用于从事经营活动，不得转让。

3. 股东缴纳出资

股东应当按期足额缴纳公司章程中规定的各自所认缴的出资额。股东以货币出资的，应当将货币出资足额存入为设立有限责任公司而在银行开设的账户，以非货币财产出资的，应当依法办理其财产权的转移手续。股东不按照规定缴纳出资的，除应当向公司足额缴纳外，还应当向已按期足额缴纳出资的股东承担违约责任。

4. 申请设立登记

股东认足公司章程规定的出资后，由全体股东指定的代表或者共同委托的代理人向公司登记机关报送公司登记申请书、公司章程等文件，申请设立登记。公司经核准登记后，领取公司营业执照，公司企业法人营业执照签发日期为公司成立日期。

有限责任公司成立后，发现作为设立公司出资的非货币财产的实际价额显著低于公

司章程所定价额的，应当由交付该出资的股东补足其差额，公司设立时的其他股东承担连带责任。

二、有限责任公司的组织机构

（一）股东会

1. 股东会的性质和组成

股东会是由全体股东组成的非常设机构，是公司最高权力机关。股东会对外不代表公司，对内不执行业务，但公司的其他机构必须执行股东会的决议，对股东会负责。

2. 股东会的职权

（1）决定公司的经营方针和投资计划。

（2）选举和更换由非职工代表担任的董事、监事，决定有关董事、监事的报酬事项。

（3）审议批准董事会的报告。

（4）审议批准监事会或者监事的报告。

（5）审议批准公司的年度财务预算方案、决算方案。

（6）审议批准公司的利润分配方案和弥补亏损方案。

（7）对公司增加或者减少注册资本作出决议。

（8）对发行公司债券作出决议。

（9）对公司合并、分立、变更公司形式、解散和清算等事项作出决议。

（10）修改公司章程。

3. 股东会的会议制度

（1）股东会会议形式。股东会会议分为定期会议和临时会议。定期会议应当按照公司章程的规定按时召开。代表 1/10 以上表决权的股东，1/3 以上的董事，监事会或者不设监事会的公司的监事提议召开临时会议的，应当召开临时会议。

（2）股东会的召开。首次股东会会议由出资最多的股东召集和主持，依法行使职权。以后的股东会会议，公司设立董事会的，由董事会召集，董事长主持；董事长不能履行职务或者不履行职务的，由副董事长主持；副董事长不能履行职务或者不履行职务的，由半数以上董事共同推荐一名董事主持。公司不设董事会的，股东会会议由执行董事召集和主持。董事会或者执行董事不能履行或者不履行召集股东会会议职责的，由监事会或者不设监事会的公司的监事召集和主持；监事会或者监事不召集和主持的，代表 1/10 以上表决权的股东可以自行召集和主持。

（3）召开股东会会议，应当于会议召开 15 日前通知全体股东；但是，公司章程另有规定或者全体股东另有约定的除外。股东会应当对所议事项的决定作成会议记录，出席会议的股东应当在会议记录上签名。

（4）股东会议事方式和表决程序。股东会会议由股东按照出资比例行使表决权，但是，公司章程另有规定的除外。股东会的议事方式和表决程序，除《公司法》有规定的外，由公司章程规定。

（5）股东会会议作出修改公司章程、增加或减少注册资本的决议，以及公司合并、分立、解散或者变更公司形式的决议，必须经代表 2/3 以上表决权的股东通过。

（二）董事会

1. 董事会的性质和组成

董事会是由股东会选举产生的行使公司经营管理权的执行机关，对股东会负责。董事会是公司常设机关。

有限责任公司设董事会，其成员为 3~13 人。两个以上的国有企业或者其他两个以上的国有投资主体投资所设立的有限责任公司，其董事会成员中应当有公司职工代表，其他有限责任公司董事会成员中也可以有公司职工代表。董事会中的职工代表由公司职工通过职工代表大会、职工大会或者其他形式民主选举产生。

董事会设董事长 1 人，可以设副董事长。董事长、副董事长的产生办法由公司章程规定。

股东人数较少或者规模较小的有限责任公司，可以设 1 名执行董事，不设立董事会，执行董事可以兼任公司经理。执行董事的职权由公司章程规定。

董事任期由公司章程规定，但每届任期不得超过 3 年。董事任期届满，连选可以连任。

2. 董事会职权

（1）召集股东会会议，并向股东会报告工作。

（2）执行股东会的决议。

（3）决定公司的经营计划和投资方案。

（4）制订公司的年度财务预算方案、决算方案。

（5）制订公司的利润分配方案和弥补亏损方案。

（6）制订公司增加或者减少注册资本以及发行公司债券的方案。

（7）制订公司合并、分立、变更公司形式、解散的方案。

（8）决定公司内部管理机构的设置。

（9）决定聘任或者解聘公司经理及其报酬事项，并根据经理的提名决定聘任或者解聘公司副经理、财务负责人及其报酬事项。

（10）制定公司的基本管理制度。

（11）公司章程规定的其他职权。

3. 董事会的会议制度

（1）董事会的召开。董事会会议由董事长召集和主持；董事长不能履行职务或者不履行职务的，由副董事长召集和主持，副董事长不能履行职务或者不履行职务的，由半数以上董事共同推举 1 名董事召集和主持。

（2）董事会议事方式和表决程序。董事会的议事方式和表决程序，除《公司法》有规定的外，由公司章程规定。董事会应当对所议事项的决定作成会议记录，出席会议的董事应当在会议记录上签名。

（3）董事会决议的表决，实行一人一票。

（三）监事会

1. 监事会的性质和组成

监事会是对公司董事和高级管理人员的经营管理行为及公司的财务进行专门监督的常设机构。

有限责任公司设立监事会,其成员不得少于3人。股东人数较少或者规模较小的有限责任公司,可以设1~2名监事,不设立监事会。监事会应当包括股东代表和适当比例的公司职工代表,其中职工代表的比例不得低于1/3,具体比例由公司章程规定。监事会中的职工代表由公司职工通过职工代表大会、职工大会或者其他形式民主选举产生监事会设主席1人,由全体监事过半数的监事选举产生。监事会主席召集和主持监事会会议;监事会主席不能履行职务或者不履行职务的,由半数以上监事共同推举1名监事召集和主持监事会会议。董事、高级管理人员不得兼任监事。

监事的任期每届为3年。监事任期届满,连选可以连任。

2. 监事会的职权

监事会、不设监事会的公司监事行使下列职权:

(1)检查公司财务。

(2)对董事、高级管理人员执行公司职务的行为进行监督,对违反法律、行政法规、公司章程或者股东会决议的董事、高级管理人员提出罢免的建议。

(3)当董事、高级管理人员的行为损害公司的利益时,要求董事、高级管理人员予以纠正。

(4)提议召开临时股东会会议,在董事会不履行规定的召集和主持股东会会议职责时召集和主持股东会会议。

(5)向股东会会议提出提案。

(6)依照《公司法》的规定,对董事、高级管理人员提起诉讼。

(7)公司章程规定的其他职权。

监事可以列席董事会会议,并对董事会决议事项提出质询或者建议。监事会、不设监事会的公司监事发现公司经营情况异常,可以进行调查;必要时,可以聘请会计师事务所等协助其工作,费用由公司承担。

监事会、不设监事会的公司监事行使职权所必需的费用,由公司承担。

3. 监事会的会议制度

监事会每年度至少召开1次会议,监事可以提议召开临时监事会会议。监事会的议事方式和表决程序,除《公司法》有规定的外,由公司章程规定。监事会决议应当经半数以上监事通过。监事会应当对所议事项的决定作成会议记录,出席会议的监事应当在会议记录上签名。

三、一人有限责任公司的特别规定

(一)一人有限责任公司的概念

一人有限责任公司,是指只有一个自然人股东或者一个法人股东的有限责任公司。

一人有限责任公司是独立的企业法人,具有完全的民事权利能力、民事行为能力和民事责任能力,是有限责任公司中的特殊类型。

（二）一人有限责任公司的特别规定

《公司法》规定，一人有限责任公司的设立和组织机构适用特别规定，没有特别规定的，适用有限责任公司的相关规定。这些特别规定具体包括：

1. 再投资限制

一个自然人只能投资设立一个一人有限责任公司，该一人有限责任公司不能投资设立新的一人有限责任公司。

2. 对投资人的披露义务

一人有限责任公司应当在公司登记中注明自然人独资或者法人独资，并在公司营业执照中载明。

3. 股东决策的形式要求

一人有限责任公司不设股东会。法律规定的股东会职权由股东行使，当股东行使相应职权作出决定时，应当采用书面形式，并由股东签字后置备于公司。

4. 法定强制审计要求

一人有限责任公司应当在每一会计年度终了时编制财务会计报告，并经会计师事务所审计。

5. 法人人格否定制度

一人有限责任公司的股东不能证明公司财产独立于股东自己财产的，应当对公司债务承担连带责任。

四、国有独资公司的特别规定

（一）国有独资公司的概念

国有独资公司是指国家单独出资、由国务院或者地方人民政府委托本级人民政府国有资产监督管理机构履行出资人职责的有限责任公司。

（二）国有独资公司的特别规定

《公司法》规定，国有独资公司的设立和组织机构适用特别规定，没有特别规定的，适用有限责任公司的相关规定。这些特别规定具体包括：

1. 公司章程

国有独资公司章程由国有资产监督管理机构制定，或者由董事会制定报国有资产监督管理机构批准。

2. 股东权的行使

国有独资公司不设股东会，由国有资产监督管理机构行使股东会职权。国有资产监督管理机构可以授权公司董事会行使股东会的部分职权，决定公司的重大事项，但公司的合并、分立、解散、增减注册资本和发行公司债券，必须由国有资产监督管理机构决定，其中，重要的国有独资公司合并、分立、解散、申请破产的，应当由国有资产监督管理机构审核后，报本级人民政府批准。上述所称重要的国有独资公司，按照国务院的规定确定。

3. 董事会

国有独资公司设立董事会，依照法律规定的有限责任公司董事会的职权和国有资产监督管理机构的授权行使职权。董事会成员中应当有公司职工代表。董事会成员由国有资产监督管理机构委派，但是，董事会成员中的职工代表由公司职工代表大会选举产生。董事每届任期不得超过 3 年。董事会设董事长 1 人，可以设副董事长。董事长、副董事长由国有资产监督管理机构从董事会成员中指定。国有独资公司的董事长、副董事长、董事、高级管理人员，未经国有资产监督管理机构同意，不得在其他有限责任公司、股份有限公司或者其他经济组织兼职。

4. 经理

国有独资公司设经理，由董事会聘任或者解聘。国有独资公司经理的职权与一般有限责任公司经理的职权相同。经国有资产监督管理机构同意，董事会成员可以兼任经理。

5. 监事会

国有独资公司设监事会，其成员不得少于 5 人，其中职工代表的比例不得低于1/3，具体比例由公司章程规定。监事会成员由国有资产监督管理机构委派；但是，监事会中的职工代表由公司职工代表大会选举产生。监事会主席由国有资产监督管理机构从监事会成员中指定。

五、有限责任公司的股权转让

(一)股东的股权

公司股东是持有公司股份或者出资的人，股东的股权是基于股东资格而享有的权利，根据《公司法》的规定，公司股东依法享有资产受益、参与重大决策和选择管理者等权利。

1. 股东权分类

(1)以股东权行使的目的是为股东个人利益还是涉及全体股东共同利益为标准，可以将股东权分为共益权和自益权。共益权包括股东会或股东大会参加权、提案权、质询权，在股东会或股东大会的表决权等权利；自益权包括股利分配请求权、剩余财产分配权、新股认购优先权等。

(2)以股权行使的条件为标准划分，分为单独股东权和少数股东权。单独股东权是指每一单独股份均享有的权利，即只持有一股股份的股东也可单独行使的权利，如自益权、表决权等。少数股东权是指须单独或共同持有占股本总额一定比例以上股份方可行使的权利，如请求召开临时股东会或股东大会的权利等。

2. 股东滥用股东权的责任

股东滥用股东权利应承担以下责任：

(1)公司股东滥用股东权利给公司或者其他股东造成损失的，应依法承担赔偿责任。

(2)公司股东滥用公司法人独立地位和股东有限责任，逃避债务，严重损害公司债权人利益的，应当对公司债务承担连带责任。

《公司法》规定，公司的控股股东、实际控制人、董事、监事、高级管理人员不得利用其关联关系损害公司利益，违反规定给公司造成损失的，应当承担赔偿责任。

☞【知识拓展】

控股股东、实际控制人、高级管理人员、关联关系的界定

控股股东，是指其出资额占有限责任公司资本总额50%以上或者其持有的股份占股份有限公司股本总额50%以上的股东，以及出资额或者持有股份的比例虽然不足50%，但依其出资额或者持有的股份所享有的表决权已足以对股东会、股东大会的决议产生重大影响的股东。

实际控制人，是指虽不是公司的股东，但通过投资关系、协议或者其他安排，能够实际支配公司行为的人。

高级管理人员，是指公司的经理、副经理、财务负责人、上市公司董事会秘书和公司章程规定的其他人员。

关联关系，是指公司控股股东、实际控制人、董事、监事、高级管理人员与其直接或者间接控制的企业之间的关系，以及可能导致公司利益转移的其他关系。但是，国家控股的企业之间不因为同受国家控股而具有关联关系。

(二)有限责任公司股东转让股权

1. 股东之间转让股权

《公司法》规定，有限责任公司的股东之间可以相互转让其全部或者部分股权。

2. 股东向股东以外的人转让股权

《公司法》规定，股东向股东以外的人转让股权，应当经其他股东过半数同意。股东应就其股权转让事项书面通知其他股东征求同意，其他股东自接到书面通知之日起满30日未答复的，视为同意转让。其他股东半数以上不同意转让的，不同意的股东应当购买该转让的股权；不购买的，视为同意转让。但是，公司章程对股权转让另有规定的，从其规定。

经股东同意转让的股权，在同等条件下，其他股东有优先购买权。两个以上股东主张行使优先购买权的，协商确定各自的购买比例；协商不成的，按照转让时各自的出资比例行使优先购买权。

3. 人民法院强制转让股东股权

人民法院依照法律规定的强制执行程序转让股东的股权时，应当通知公司及全体股东，其他股东在同等条件下有优先购买权。其他股东自人民法院通知之日起满20日不行使优先购买权的，视为放弃优先购买权。人民法院依照法律规定的强制执行程序转让股东的股权，是指人民法院依照民事诉讼法等法律规定的执行程序，强制执行生效的法律文书时，以拍卖、变卖或者其他方式转让有限责任公司股东的股权。

(三)有限责任公司股东退出公司

1. 股东退出公司的法定条件

《公司法》规定，有下列情形之一的，对股东会该项决议投反对票的股东可以请求公司按照合理的价格收购其股权，退出公司：

(1)公司连续5年不向股东分配利润，而公司该5年连续盈利，并且符合《公司法》

规定的分配利润条件的。

（2）公司合并、分立、转让主要财产的公司章程规定的营业期限届满或者章程规定的其他解散事由出现，股东会会议通过决议修改章程使公司存续的。

2. 股东退出公司的法定程序

（1）请求公司收购其股权。股东要求退出公司时，首先应当请求公司收购其股权。股东请求公司收购其股权时，其所要求的价格应当是合理的价格，这样才能既满足股东的要求，保护要求退出公司的股东的权益，又不损害公司和其他股东的权益。

（2）依法向人民法院提起诉讼。股东请求公司收购其股权，应当尽量通过协商的方式解决。但如果协商不成，既有可能影响请求收购的股东的权益，又可能影响公司的生产经营活动。为此，《公司法》规定，自股东会会议决议通过之日起60日内，股东与公司不能达成股权收购协议的，股东可以自股东会会议决议通过之日起90日内向人民法院提起诉讼。

第七节　股份有限公司

一、股份有限公司的设立

（一）股份有限公司的设立方式

股份有限公司可以采取发起设立或募集设立的方式。发起设立，是指由发起人认购公司应发行的全部股份而设立公司。募集设立，是指由发起人认购公司应发行股份的一部分，其余股份向社会公开募集或者向特定对象募集而设立公司。

（二）股份有限公司的设立条件

1. 发起人符合法定人数

发起人是指依法筹办创立股份有限公司事务的人。发起人既可以是自然人，也可以是法人；既可以是中国公民，也可以是外国公民。

设立股份有限公司，应当有2人以上200人以下为发起人，其中须有半数以上的发起人在中国境内有住所。

股份有限公司发起人承担公司筹办事务。发起人应当签订发起人协议，明确各自在公司设立过程中的权利和义务。

2. 有符合公司章程规定的全体发起人认购的股本总额或者募集的实收股本总额

（1）注册资本。法律、行政法规以及国务院决定对股份有限公司注册资本实缴、注册资本最低限额另有规定的，从其规定。

①股份有限公司采取发起设立方式设立的，注册资本为在公司登记机关登记的全体发起人认购的股本总额。在发起人认购的股份缴足前，不得向他人募集股份。

②股份有限公司采取募集方式设立的，注册资本为在公司登记机关登记的实收股本总额，已由股东认购但实际并未缴纳的部分，不得计入公司的注册资本额中。全部发起人认购的股份不得少于公司股份总数的35%。

(2)出资方式。发起人可以用货币出资，也可以用实物、知识产权、土地使用权等可以用货币估价并可以依法转让的非货币财产作价出资。但是，法律、行政法规规定不得作为出资的财产除外。

(3)出资的缴纳。以发起设立方式设立股份有限公司的，发起人应当书面认足公司章程规定其认购的股份，并按照公司章程规定缴纳出资。以非货币财产出资的，应当依法办理其财产权的转移手续。

3. 股份发行、筹办事项符合法律规定

我国《公司法》和《证券法》对股份发行有严格的要求，这些要求有实体方面的要求，也有程序方面的要求。股份发行涉及社会利益，因此，是强行性规范，发起人必须遵守。股份发行、筹办的具体事项都要符合法律规定。

4. 发起人制定公司章程，采用募集方式设立的须经创立大会通过

对于以发起设立方式设立的股份有限公司，由全体发起人共同制定公司章程。对于以募集设立方式设立的股份有限公司，发起人制定的公司章程，还应当经有其他认股人参加的创立大会通过。

5. 有公司名称，建立符合股份有限公司要求的组织机构

公司名称，是公司设立的必要条件，公司对该名称享有专用权。股份有限公司是典型的企业法人，同时又是大企业的组织形式，因此法律对其组织机构要求比较严格。

6. 有公司住所

公司住所，是公司固定的地理位置。公司以其主要办事机构所在地为住所。

(三)股份有限公司的设立程序

1. 发起设立股份有限公司的程序

股份公司的发起设立程序与有限责任公司的设立程序相似，主要包括：

(1)发起人制订发起协议。

(2)发起人制定公司章程。

(3)法律、行政法规规定设立公司必须报经批准的，应在公司登记前依法办理批准手续。

(4)发起人认足公司章程规定的出资。

(5)选举董事会和监事会。

(6)依照公司章程规定，选举由董事长或经理担任的公司法定代表人。

(7)申请设立登记。

(8)领取营业执照。

2. 募集设立股份有限公司的程序

股份有限公司募集设立主要包括：

(1)发起人制订发起协议、认购股份。

(2)发起人制定公司章程，章程须经创立大会通过才有约束力。

(3)法律、行政法规规定设立公司必须报经批准的，应在公司登记前依法办理批准手续。

(4)向社会公开募集股份。发起人向社会公开募集股份，必须公告招股说明书，并

制作认股书。认股人按照所认购股数缴纳股款。公开募股应当由依法设立的证券公司承销，签订承销协议，同时与银行签订代收股款协议。

（5）召开创立大会。发起人应当自股款缴足之日起 30 日内主持召开公司创立大会。发行的股份超过招股说明书规定的截止期限尚未募足的，或者发行股份的股款缴足后，发起人在 30 日内未召开创立大会的，认股人可以按照所缴股款并加算银行同期存款利息，要求发起人返还。

发起人应当在创立大会召开 15 日前将会议日期通知各认股人或者予以公告。创立大会应有代表股份总数过半数的发起人、认股人出席，方可举行。

创立大会行使下列职权：①审议发起人关于公司筹办情况的报告。②通过公司章程。③选举董事会成员。④选举监事会成员。⑤对公司的设立费用进行审核。⑥对发起人用于抵作股款的财产的作价进行审核。⑦发生不可抗力或者经营条件发生重大变化直接影响公司设立的，可以作出不设立公司的决议。创立大会对前款所列事项作出决议，必须经出席会议的认股人所持表决权的半数以上通过。

发起人、认股人缴纳股款或者交付抵作股款的出资后，除未按期募足股份、发起人未按期召开创立大会或者创立大会决议不设立公司的情形外，不得抽回其股本。

（6）申请设立登记。董事会于创立大会结束后 30 日内，向公司登记机关申请设立登记。

（7）领取营业执照。

（四）股份有限公司发起人的责任

根据《公司法》的规定股份有限公司的发起人应当承担下列责任：

1. 公司成立后的资本补足责任

股份有限公司成立后，发起人未按照公司章程的规定缴足出资的，应当补缴；其他发起人承担连带责任。股份有限公司成立后，发现作为设立公司出资的非货币财产的实际价额显著低于公司章程所定价额的，应当由交付该出资的发起人补足其差额；其他发起人（不包括认股人）承担连带责任。

2. 公司成立后的损害赔偿责任

在公司设立过程中，由于发起人的过失致使公司利益受到损害的，应当对公司承担赔偿责任。

3. 公司不能成立的责任

公司不能成立时，发起人对设立行为所产生的债务和费用负连带责任，对认股人已缴纳的股款，负返还股款并加算银行同期存款利息的连带责任。

二、股份有限公司的组织机构

股份有限公司的组织机构由股东大会、董事会、监事会等组成。

（一）股东大会

1. 股东大会的性质和组成

股份有限公司的股东大会由全体股东组成，是公司的最高权力机构。公司的一切重大事项都须由股东大会作出决议。

2. 股东大会的职权

股份有限公司股东大会的职权与有限责任公司股东会的职权的规定基本相同。

此外，根据中国证券监督管理委员会发布的《上市公司章程指引》的规定，上市公司的股东大会还有权对公司聘用、解聘会计师事务所作出决议；审议代表公司发行在外有表决权股份总数的 5% 以上的股东的提案；审议法律、法规和公司章程规定应当由股东大会决定的其他事项。

3. 股东大会的形式

股份有限公司的股东大会分为年会和临时股东大会两种。

(1)年会是指依照法律和公司章程的规定每年按时召开的股东大会。《公司法》规定，股东大会应当每年召开 1 次年会。

(2)临时股东大会是指股份有限公司在出现召开临时股东大会的法定事由时，应当在法定期限 2 个月内召开的股东大会。《公司法》规定，有下列情形之一的，应当在 2 个月内召开临时股东大会：

①董事人数不足《公司法》规定人数或者公司章程所定人数的 2/3 时。

②公司未弥补的亏损达实收股本总额的 1/3 时。

③单独或者合计持有公司 10% 以上股份的股东请求时。

④董事会认为必要时。

⑤监事会提议召开时。

⑥公司章程规定的其他情形。

4. 股东大会的会议制度

(1)股东大会的召开。股东大会会议由董事会召集，董事长主持，董事长不能履行职务或者不履行职务的，由副董事长主持，副董事长不能履行职务或者不履行职务的，由半数以上董事共同推举 1 名董事主持。董事会不能履行或者不履行召集股东大会会议职责的，监事会应当及时召集和主持，监事会不召集和主持的，连续 90 日以上单独或者合计持有公司 10% 以上股份的股东可以自行召集和主持。

召开股东大会会议，应当将会议召开的时间、地点和审议的事项于会议召开 20 日前通知各股东。临时股东大会应当于会议召开 15 日前通知各股东。发行无记名股票的，应当于会议召开 30 日前公告会议召开的时间、地点和审议事项。

单独或者合计持有公司 10% 以上股份的股东，可以在股东大会召开 10 日前提出临时提案并书面提交董事会，董事会应当在收到提案后 2 日内通知其他股东，并将该临时提案提交股东大会审议。临时提案的内容应当属于股东大会职权范围，并有明确议题和具体决议事项。股东大会不得对上述通知中未列明的事项作出决议。无记名股票持有人出席股东大会会议的，应当于会议召开 5 日前至股东大会闭会时将股票交存于公司。

(2)股东大会的决议。股东出席股东大会会议，所持每一股份有一表决权。股东可以委托代理人出席股东大会会议，代理人应当向公司提交股东授权委托书，并在授权范围内行使表决权。公司持有的本公司股份没有表决权。

股东大会作出决议，必须经出席会议的股东所持表决权过半数通过。但是，股东大会作出修改公司章程、增加或者减少注册资本的决议，以及公司合并、分立、解散或者变更公司形式的决议，必须经出席会议的股东所持表决权的 2/3 以上通过。

为保护中小股东的合法权益，《公司法》规定，股东大会选举董事、监事，可以依照公司章程的规定或者股东大会的决议，实行累积投票制。累积投票制，是指股东大会选举董事或者监事时，每一股份拥有与应选董事或者监事人数相同的表决权，股东拥有的表决权可以集中使用。

股东大会应当对所议事项的决定作成会议记录，主持人、出席会议的董事应当在会议记录上签名。会议记录应当与出席股东的签名册及代理出席的委托书一并保存。

(二)董事会、经理

1. 董事会的性质和组成

股份有限公司的董事会是股东大会的执行机构，对股东大会负责。

股份有限公司设董事会，其成员为 5～19 人。董事会成员中可以有公司职工代表，董事会中的职工代表由公司职工通过职工代表大会、职工大会或者其他形式民主选举产生。

股份有限公司的董事任期由公司章程规定，但每届任期不得超过 3 年。董事任期届满，连选可以连任。

2. 董事会的职权

股份有限公司董事会的职权与有限责任公司董事会的职权的规定基本相同。

3. 董事会的会议制度

(1)董事会的召开。董事会设董事长 1 人，可以设副董事长。董事长和副董事长由董事会以全体董事的过半数选举产生。董事长召集和主持董事会会议，检查董事会决议的实施情况。副董事长协助董事长工作，董事长不能履行职务或者不履行职务的，由副董事长履行职务；副董事长不能履行职务或者不履行职务的，由半数以上董事共同推举 1 名董事履行职务。

董事会每年度至少召开 2 次会议，每次会议应当于会议召开 10 日前通知全体董事和监事。代表 1/10 以上表决权的股东、1/3 以上董事或者监事会，可以提议召开董事会临时会议。董事长应当自接到提议后 10 日内，召集和主持董事会会议。董事会召开临时会议，可以另定召集董事会的通知方式和通知时限。

(2)董事会的决议。董事会会议应有过半数的董事出席方可举行。董事会作出决议，必须经全体董事的过半数通过。董事会决议的表决，实行一人一票，即每个董事只能享有一票表决权。

董事会会议，应由董事本人出席；董事因故不能出席，可以书面委托其他董事代为出席，委托书中应载明授权范围。董事会应当对会议所议事项的决定作成会议记录，出席会议的董事应当在会议记录上签名。

董事应当对董事会的决议承担责任。董事会的决议违反法律、行政法规或者公司章程、股东大会决议，致使公司遭受严重损失的，参与决议的董事对公司负赔偿责任。但经证明在表决时曾表明异议并记载于会议记录的，该董事可以免除责任。

4. 经理

股份有限公司设经理，由董事会决定聘任或者解聘。股份有限公司经理的职权与有限责任公司经理的职权的规定基本相同。公司董事会可以决定由董事会成员兼任公司经理。

（三）监事会

1. 监事会的性质和组成

股份有限公司依法应当设立监事会，监事会为公司的监督机构。

股份有限公司监事会成员不得少于 3 人，应当包括股东代表和适当比例的公司职工代表，其中职工代表的比例不得低于 1/3，具体比例由公司章程规定。监事会中的职工代表由公司职工代表大会、职工大会或者其他形式民主选举产生。

董事、高级管理人员不得兼任监事。监事的任期每届为 3 年。监事任期届满，连选可以连任。

2. 监事会的职权

股份有限公司监事会的职权与有限责任公司监事会的职权的规定基本相同。

监事可以列席董事会会议，并对董事会决议事项提出质询或者建议。监事会发现公司经营情况异常，可以进行调查；必要时，可以聘请会计师事务所等协助其工作，费用由公司承担。

监事会行使职权所必需的费用，由公司承担。

3. 监事会的会议制度

监事会设主席 1 人，可以设副主席。监事会主席和副主席由全体监事过半数选举产生。监事会主席召集和主持监事会会议；监事会主席不能履行职务或者不履行职务的，由监事会副主席召集和主持监事会会议；监事会副主席不能履行职务或者不履行职务的，由半数以上监事共同推举 1 名监事召集和主持监事会会议。

监事会每 6 个月至少召开 1 次会议。监事可以提议召开临时董事会会议。监事会的议事方式和表决程序，除《公司法》有规定的外，由公司章程规定。监事会应当对所议事项的决定作成会议记录，出席会议的监事应当在会议记录上签名。

三、上市公司组织机构的特别规定

上市公司，是指其股票在证券交易所上市交易的股份有限公司。

（一）增加股东大会特别决议事项

上市公司在 1 年内购买、出售重大资产或者担保金额超过公司资产总额30％的，应当由股东大会作出决议，并经出席会议的股东所持表决权的 2/3 以上通过。

（二）上市公司设立独立董事

上市公司设立独立董事。独立董事是指不在公司担任除董事外的其他职务，并与其受聘的上市公司及其主要股东不存在可能妨碍其进行独立客观判断的关系的董事。独立董事除应履行董事的一般职责外，主要职责在于对控股股东及其选任的上市公司的董事、高级管理人员以及其与公司进行的关联交易等进行监督。

担任独立董事应当符合下列基本条件：

（1）根据法律、行政法规及其他有关规定，具备担任上市公司董事的资格。

（2）具有所要求的独立性。

（3）具备上市公司运作的基本知识，熟悉相关法律、行政法规、规章及规则。

（4）具有5年以上法律、经济或者其他履行独立董事职责所必需的工作经验。

（5）公司章程规定的其他条件。

下列人员不得担任独立董事：

（1）在上市公司或者其附属企业任职的人员及其直系亲属、主要社会关系（直系亲属是指配偶、父母、子女等；主要社会关系是指兄弟姐妹、岳父母、儿媳女婿、兄弟姐妹的配偶、配偶的兄弟姐妹等）。

（2）直接或间接持有上市公司已发行股份1%以上或者是上市公司前10名股东中的自然人股东及其直系亲属。

（3）在直接或间接持有上市公司已发行股份5%以上的股东单位或者在上市公司前5名股东单位任职的人员及其直系亲属。

（4）最近1年内曾经具有前三项所列举情形的人员。

（5）为上市公司或者其附属企业提供财务、法律、咨询等服务的人员。

（6）公司章程规定的其他人员。

（7）中国证监会认定的其他人员。

（三）上市公司设立董事会秘书

董事会秘书是指掌管董事会文件并协助董事会成员处理日常事务的人员，既不能代表董事会，也不能代表董事长。上市公司董事会秘书是公司的高级管理人员。

（四）增设关联关系董事的表决权排除制度

上市公司董事与董事会会议决议事项所涉及的企业有关联关系的，不得对该项决议行使表决权，也不得代理其他董事行使表决权。该董事会会议由过半数的无关联关系董事出席即可举行，董事会会议所作决议须经无关联关系董事过半数通过。出席董事会的无关联关系董事人数不足3人的，应将该事项提交上市公司股东大会审议。

☞【知识拓展】

股份制与股份有限公司的源流

从14、15世纪开始，随着商品经济的发展，在欧洲的一些采矿业中，出现了自由民之间或手工业者之间的以人、财、物各项生产要素的一项或几项为联合内容的合伙经营的经济形式。但在合伙内容、经营方式、分配办法等方面，都没有明确的规范，更没有形成严格的股份制度，这是股份经济的原始形式。当时，在德国南部、奥地利和捷克境内，有农奴和城市破产欠债的小手工业者聚集在一起，组织协作的合作社团，用简单的工具采矿，共同劳动，分享产品。后来有些商人以入股的形式参加进来，结果富裕的人把持了资产，使原来的合作发生质变。"原来由合伙的劳动者构成的矿业组合，几乎到处都变成了靠雇佣工人开采的股份公司。"（马克思《资本论》第3卷）

15—16世纪初，地理大发现，新航路的开辟，使世界贸易大为改观。西班牙、葡萄牙、荷兰、英国纷纷向海外发展，进行远航贸易，这需要较大数额的资本，在当时的经济条件下，靠单个资本家来经营是无法办到的。于是一种合股经营的叫做

"康梅达"的经济组织便产生了。康梅达从事海外贸易，负责筹集资本，由专人经营，利润在集资者与经营者之间协商分配。以后，这种组织发展到内陆城市，出现了入股的城市商业组织，如意大利的"大商业公司"，入股者有商人、贵族、教授、廷臣和平民。这种股份经济形式一般由自由城邦组织和官方进行业务监督。资产阶级国家为了鼓励商人和资本家积累资本向海外扩张，以攫取更多的财富，不仅为股份集资提供了法律保护，并且给予商业独占权和免税优惠等特权，这为股份制的产生创造了外部条件。

1554年英国成立了第一个以入股形式进行海外贸易的特许公司——"莫斯科公司"，它的成立标志着真正的股份制度的产生。该公司成立当年，即进行航行白海的冒险尝试，要发现新的地区和岛屿，深入俄国内地。最初把整个公司的资本分为240股，每股25金镑，每人投资一部分，由6人分担风险。开始时规定，公司营业只限一次行程，每次远航归来，按股份分配所有的利润。并连股本一起发还。后来随着贸易活动的频繁和规模扩大，就把原来投入的股份全部或一部分留在公司，作为下次航行使用。继之而起的，有1557年成立的西班牙公司、1579年成立的伊士特兰公司、1581年成立的勒凡特公司、1588年成立的几内亚公司，1600年又组织了东印度公司。这些贸易公司都是以股份制形式组建的，是英国向海外扩张殖民势力的工具。其中东印度公司势力最大，资本最雄厚。截至1680年底，英国建立的这类公司有49个，它们对推进该国商品经济发展和经济实力的增强，起了重要作用。其他欧洲国家也纷纷起而效仿。例如荷兰1602年成立东印度联合公司，1621年成立西印度公司，法国、德国、瑞典等国也先后成立了股份贸易公司。

党的十一届三中全会后，一些地方农民集资入股、合资办企业，这便是我国股份制的雏形。1984年7月25日中国第一家股份制企业北京天桥百货股份有限公司成立。各地也逐渐开始进行企业股份化的尝试。

第三章　国际商事代理法

☞【学习目标】

1. 掌握代理及国际商事代理的概念及法律特征
2. 掌握代理权的产生、无权代理及代理关系终止的相关知识
3. 了解代理制度的国际公约
4. 了解中国的代理法及外贸代理制

第一节　代理法概述

一、代理概述

(一)代理的概念

代理是指代理人以被代理人(又称本人)的名义,在代理权限内与第三人(又称相对人)实施民事行为,其法律后果直接由被代理人承受的民事法律制度。

在代理关系中主要涉及三方当事人,即代理人、被代理人与第三人。代理人,是指在代理权限内,以他人名义且为他人利益实施法律行为的人;被代理人,又称本人、委托人,是指委托他人为自己从事某种行为的人;第三人,也称相对人,是泛指一切与代理人进行法律行为的人。在代理关系中,本人与代理人之间的关系称为内部关系;本人与代理人对第三人的关系称为外部关系。

(二)国际商事代理的概念

所谓国际商事代理,是指在国际商事活动中作为代理人的商人为取得佣金,而依被代理人(另一商人)的授权,为被代理人的利益与第三人为商行为,其中一个或多个环节发生在国外,由此而发生在被代理人、代理人及第三人之间的一种特殊的民事法律关系。

国际商事代理,即代理人以营利为目的,依本人的授权,为本人的利益与第三人为商行为,由此在具有国际因素的本人、代理人及第三人之间产生权利、义务关系。这种国际或涉外因素的基本构成情况是:代理人和本人或者代理人和第三人具有不同国籍,或者住所在不同国家;代理人以本人的身份与第三人建立涉外民事法律关系;代理人根据本人的委托,代理本人在另一国家或地区实施代理行为。

(三)国际商事代理的特征

1. 国际商事代理关系的主体具有特殊性

　　国际商事代理的代理人必须是商人，包括商法人和个体商人。而且，在国际商事代理中，被代理人、代理人或者第三人中通常至少有一方的营业场所在不同的国家。

　　2. 国际商事代理的内容具有特殊性

　　在国际商事代理中，由于代理人与被代理人通常处在不同国家，对人的信任逐渐转化为对资本的信任。被代理人（委托人）是基于对代理人资金、技术、设备、专业知识等的信任而授予其代理权的。

　　3. 国际商事代理权的产生具有特殊性

　　一般民事代理包括法定代理、委托代理和指定代理，代理人代理权的产生分别是因法律规定、当事人委托和有关机关指定。而商事代理均为委托代理，其代理权产生的原因只有一个：当事人的授权委托。国际商事代理也是如此。

　　4. 国际商事代理人在承担责任方面具有特殊性

　　一般民事代理中，代理人通常不向第三人承担责任，只在有过错的情况下，向第三人或被代理人承担责任。而商事代理中，由于代理人是一类独立的商人，从事专门的营利活动，所以在与第三人发生的民事法律关系中，应承担比一般民事代理人更大的风险和责任，即使他没有过错，也可能承担某些特殊责任。而且随着国际商事代理人逐步涉足当事人业务，在这种情况下往往会因为其当事人的身份和行为而承担超出代理人的责任。

　　5. 国际商事代理具有涉外因素

　　如上所述，国际商事代理中的主体、代理行为或者结果中至少有一项在国外，即具有涉外因素，这是国际商事代理的显著特征，也是它与国内的商事代理最根本的区别。

　　6. 法律适用具有特殊性

　　由于国际商事代理具有涉外因素，因此发生争议时，在法律适用上会因各国有关商事代理的规定不同而产生法律适用上的冲突。在这种情况下，就要运用各国的国际私法关于法院地冲突规则的指引，对案件争议的事实进行识别，找出应予遵循的冲突规则，确定解决案件争议的法律。

二、代理权的产生

　　由于大陆法系与英美法系的代理制度存在较大差异，因此，在代理权的产生原因上，两大法系作出了不同的规定，分别介绍如下：

　　（一）大陆法系的产生

　　大陆法系把代理权产生的原因分为两种，一种是由于被代理人的意思表示而产生的，称为意定代理；另一种是基于法律规定而产生的，称为法定代理。

　　1. 意定代理

　　意定代理，是指代理人根据被代理人的授权而取得代理权的代理。这种意思表示可以采用口头方式，也可以采用书面形式；可以向代理人表示，也可以向与代理人打交道的第三人表示。

　　2. 法定代理

　　法定代理，是指不是根据被代理人的意思表示而产生的代理。具有这种代理权的人也称为"法定代理人"。法定代理人主要是基于以下三种情况产生：

（1）根据法律的规定而享有代理权，如父母对未成年子女的代理权；

（2）根据法院的任选而取得代理权，例如法院指定的法人清算人；

（3）因私人的任选而取得代理权，例如亲属所选任的监护人及遗产管理人。

（二）英美法系的规定

英美法系认为，代理权的产生主要有以下几种方式：

1. 明示代理

所谓明示代理是指被代理人以明示的方式指定某人为代理人的代理。明示代理中的代理权是被代理人以口头或书面形式明确授予代理人的，对代理权限做了明确的表述，也有的对代理权限没有做具体规定，只是泛泛指出一个合理的范围。除非被代理人要求代理人用签字蜡封的方式与第三人订立合同，才需要用签字蜡封的方式授予代理权，这种要式的授权文书称作"授权书"。

2. 默示代理

所谓默示代理是指除明示代理以外的因双方存在的关系或特别的行为而产生的代理，即指基于被代理人的言辞或行为，致使代理人或第三人相信代理人有权代替被代理人从事某种法律行为而产生的代理权。默示代理主要有以下几种情况：（1）以言语或行为默示而产生的代理权。（2）以身份关系、合作行为推定产生的代理行为。

3. 客观必需的代理

客观必需的代理权是在一个人受委托照管托运另一个人的财产，为了保存这种财产而必须采取某种行动时产生的，在这种情况下，虽然受委托管理托运财产的人并没有得到采取这一行动的明示授权，但由于客观情况的需要必须视为其具有某种授权。例如承运人在遇到紧急情况时有权采取保护财产的必需行动，如出售易于腐烂的或有灭失可能的货物。但取得这种代理权是很困难的，根据英美法判例，行使这种代理权必须具备以下三个条件：（1）行使这种代理权是实际上或商业上必需的；（2）代理人在行使这种权利前须与委托人取得联系并得到委托人的明示；（3）代理人所采取的措施必须是善意的并且必须考虑到所有有关当事人的利益。

4. 追认的代理

如果代理未经授权或超出了授权范围而以被代理人的名义同第三人订立了合同，这个合同对被代理人是没有约束力的，但是被代理人可以在事后批准或承认这个合同，这种行为就叫做追认。

追认必须具备以下几个条件：

（1）代理人在与第三人订立合同时，必须声明他是以被代理人的名义订立合同。

（2）合同只能由订立该合同时已经指明姓名的被代理人或可以确定姓名的被代理人来追认。

（3）追认合同的被代理人必须是在代理人订立合同时已经取得法律人格的人，这项条件主要针对法人而言，即该法人必须在订立合同时已合法成立。

（4）被代理人在追认该合同时必须了解其主要内容。

☞【思考】

代理权的授予

英国 E 公司授权波兰 R 公司从波兰购买一批皮货。由于爆发了第二次世界大战，在无法与 E 公司联系的情况下，R 公司便以高价卖出该批皮货并将所得的价款以 E 公司的名义存入银行。第二次世界大战期间，皮货价格猛涨。E 公司指控 R 公司未经授权出售其货物是侵权行为，为此要求 R 公司给予赔偿。

请问：上述案例中 R 公司是否具备代理权？请说明原因。

三、无权代理

无权代理是非基于代理权而以被代理人名义实施的旨在将效果归属于被代理人的代理。委托代理以被代理人授予代理权为要件，无权代理与有权代理的区别就是欠缺代理权。《民法通则》第 66 条第 1 款规定："没有代理权、超越代理权或者代理权终止后的行为，只有经过被代理人的追认，被代理人才承担民事责任。未经追认的行为，由行为人承担民事责任。本人知道他人以本人名义实施民事行为而不作否认表示的，视为同意。"

无权代理有效与否，法律不仅要考虑本人的利益，还要考虑善意相对人的利益。所以，法律对无权代理区别对待：对于表见代理，趋向于保护相对人，定为有效代理；对表见代理以外的狭义无权代理，赋予本人追认权，故狭义无权代理属于效力未定之行为。所谓狭义无权代理，是指行为人不仅没有代理权，也没有使第三人信其有代理权的表征，而以本人的名义所为之代理。

（一）狭义无权代理

狭义无权代理，是不属于表见代理的未授权之代理、越权代理、代理权终止后的代理的情形。

1. 无权代理的类型

（1）未授权之无权代理，是指既没有经委托授权，又没有法律上的根据，也没有人民法院或者主管机关的指定，而以他人名义实施民事法律行为之代理。

（2）越权之无权代理，是指代理人超越代理权限范围而进行代理行为。

（3）代理权消灭后之无权代理，是指代理人因代理期限届满或者约定的代理事务完成甚至被解除代理权后，仍以被代理人的名义进行的代理活动。

2. 狭义无权代理的法律后果

（1）本人有追认权和拒绝权。追认是本人接受无权代理之行为效果的意思表示。《民法通则》第 66 条规定，本人的追认权和拒绝权，且拒绝权须以明示方式表示，默示则视为追认。无权代理经追认溯及行为开始对本人生效，本人拒绝承认的，无权代理效果由行为人自己承受。追认权与拒绝权只需本人一方意思表示即生效，故属于形成权。《合同法》第 48 条第 2 款的规定与《民法通则》的规定不同：相对人可以催告被代理人在 1 个月内予以追认。被代理人未作表示的，视为拒绝追认。合同被追认之前，善意相对人有撤销的权利。撤销应当以通知的方式作出。第 47 条第 2 款对法定代理也做了相同的规定。《合同法》规定的特点，一是规定了追认权或拒绝权经催告后行使的期间；二是本人未作表示的，视为拒绝，这一点与《民法通则》规定的"不作否认表示的，视为同意"正好相悖。对于《民法通则》与《合同法》的碰撞，在狭义无权代理为订立合同的，应根据新法优于旧法的原则，适用《合同法》的规定。

（2）相对人催告权和撤销权。催告是相对人请求本人于确定的期限内作出追认或拒绝的意思表示；撤销是相对人确认无权代理为无效的意思表示。催告权和撤销权只需相对人一方意思表示即生效，故属于形成权。《合同法》第47、48条对法定代理和委托代理都做了规定：合同被追认之前，善意相对人有撤销的权利。撤销应当以通知的方式作出。对于无权代理行为，从效力未定至效力确定，本人有权利，相对人也应有权利。否则，本人未置可否，相对人若信其默认时，本人又拒绝了，对相对人颇为不利。撤销权旨在保护善意相对人利益，故须是善意相对人才得享有，若是相对人恶意，就有"串通"之嫌，适用前述滥用代理权的规定。

☞【思考】

北方某省的A商场业务员B到C公司采购空调，见C公司生产的浴室防水暖风机小巧实用，在暖气没有来临之前以及暖气停止之后的一段时间内对普通家庭大为有用，于是B自行决定购买一批该公司生产的暖风机。货运到后，A商场即对外销售该暖风机。后因该省提前供应暖气，暖风机销量大减，遂A主张业务员B为无权代理，并拒绝追认和拒付货款，C公司将其诉至法院。请问：

1. 在A商场追认之前，B代理、A商场与C公司签订合同的效力如何？为什么？
2. 本案应如何处理？为什么？

（二）表见代理

1. 表见代理的概念

表见代理是指虽无代理权但表面上有足以使人相信为有代理权而须由本人负授权之责的代理。表见代理的代理权有欠缺，本属于无权代理，因本人行为造成表面上使他人相信有代理权存在，在善意相对人的信赖利益和本人利益之间，信赖利益涉及交易安全，较本人利益更应保护。所以，表见代理发生有权代理之效果，即由本人而非行为人负代理行为的效果。

例如甲公司长期委任乙为总代理与丙公司交易，后甲撤销了对乙的授权，却未通知丙，乙此后再以甲的名义与丙订立合同，此即为表见代理。

《合同法》第49条规定："行为人没有代理权、超越代理权或者代理权终止后以被代理人名义订立合同，相对人有理由相信行为人有代理权的，该代理行为有效。"此即为表见代理发生有效代理的法律依据。

2. 表见代理之法律要件

（1）以本人名义为民事法律行为。这包括以本人名义实施意思表示或受领意思表示。因为如果不是以本人名义为民事法律行为，纵有为本人计算的意思，只能适用无因管理或隐名代理的规定，表见代理只适用于显名代理。

（2）行为人无代理权。表见代理是广义无权代理，行为人若有代理权，适用有权代理的规定，即使代理权有瑕疵，也只能适用狭义无权代理的规定，与表见代理无涉。

（3）须有使相对人信其有代理权的表征。这一点是表见代理与狭义无权代理最大的不同，也是表见代理之所以发生有权代理效果的根本理由。所谓"信其有代理权"，是本人有作为或者不作为实施某种表示，是相对人根据这一表示足以相信行为人有代理权。如交付印章于行为人保管，或把盖有印章的空白合同交付行为人，行为人以本人名义与第三人订立合同时，第三人根据行为人握有本人印章的事实，即可信行为人有代理权。

（4）须相对人为善意。即相对人在与行为人为民事法律行为时，并不知其无代理权，且无从得知。如果相对人有过错，则不能适用表见代理；若相对人有恶意，明知行为人无代理权还要与之为民事法律行为，按《民法通则》第66条第4款的规定，由行为人与相对人对本人负连带赔偿责任。

3. 表见代理之效果

（1）发生有权代理的效果。即因行为人之行为，在本人与相对人之间发生权利义务关系，本人不得行使无权代理之撤销权和其他抗辩权，对行为人表见代理的效果按有权代理承受。

（2）相对人有撤销权。表见代理旨在保护相对人利益，相对人对于表见代理应享有选择权。即可以按狭义无权代理，享有撤销权；亦可按表见代理，接受与本人的民事法律行为，与本人之间发生权利义务关系。

☞【思考】

甲公司委托业务员张三负责购买几种原材料，后来张三由于违背公司规章条例，被甲公司开除，但是开除时并未将张三手中数份盖有甲公司公章的空白合同收回。之后，张三凭着几张空白合同以甲公司的名义与乙丙丁三人分别签订了原材料的购销合同，并且在签订合同时，乙丙丁并不知道张三被甲公司开除这一事实。请问：

1. 张三的行为是什么性质的行为？

2. 这三份合同的效力如何？

3. 谁应该对这三份合同负主要责任？

四、代理关系的终止

（一）代理权终止之共同原因

1. 代理人死亡或法人消灭

代理人死亡或作为代理人的法人消灭，代理权失去承担人，当然消灭。

2. 代理人丧失民事行为能力

代理人以完全民事行为能力为条件，丧失民事行为能力肯定无法担当代理职责，代理权也终止。

3. 本人死亡或法人消灭

代理权是本人与代理人之间的关系，两者之中任何一方人格消灭，代理权理应终止。但自然人死亡或法人消灭属于事件，代理人有可能不知，或终止代理对本人不利。为保护本人之利益，《最高人民法院关于贯彻执行〈中华人民共和国民法通则〉若干问题的意见(试行)》(以下简称《民通意见》)第 82 条规定了 4 种例外，被代理人死亡后有下列情况之一的，委托代理人实施的代理行为有效：(1)代理人不知道被代理人死亡的；(2)被代理人的继承人均予承认的；(3)被代理人与代理人约定到代理事项完成时代理权终止的；(4)在被代理人死亡前已经进行、而在被代理人死亡后为了被代理人的继承人的利益继续完成的。

(二)委托代理之终止的特别原因

(1)代理事务完成，代理已无存在的必要。

(2)授权行为附有终期的，期限届满，代理权终止。

(3)代理权撤回。代理权撤回是本人直接终止代理权的意思表示。《民法通则》第 69 条第 2 项谓之"被代理人取消委托"。授权行为如是向第三人表示的，撤回之意思表示也得告知第三人，或以公示方式(如将意思表示发表)进行。

(4)代理人辞去代理。辞去代理是代理人放弃代理权的意思表示。《民法通则》第 69 条第 2 项谓之"代理人辞去委托"。辞去代理属于单方民事法律行为，于意思表示通知本人时生效，至于辞去代理是否构成对原因行为的违反，在所不问。如律师辞去代理导致违反与本人的委托合同，辞去行为仍有效，本人可追究代理人的合同责任。

(三)法定代理终止之特别原因

1. 被代理人取得或者恢复民事行为能力

在被代理人取得或者恢复民事行为能力的情况下，代理权自行消灭。例如，未成年人年满 18 周岁或者精神病人恢复精神健康等。

2. 被代理人死亡或者代理人死亡或者代理人丧失民事行为能力

法定代理人和指定代理人与被代理人之间存在一定的身份关系，具有严格的人身属性，一旦这种关系不存在或者出现代理人自己丧失代理能力的情况，则代理关系终止，代理权消灭。但是，代理人不知道被代理人死亡的，代理行为应当有效。

3. 指定代理人的人民法院或者指定机关取消指定

指定代理的依据是人民法院或者指定机关的指定。人民法院或者指定机关取消指定，指定代理权自然消灭。

4. 其他原因

例如，监护人不履行监护职责或者侵害被监护人合法权益，人民法院可根据有关机关或者有关人员的申请，取消监护人资格，代理权亦随之消灭。再如收养关系的解除，收养人与被收养人之间的监护关系亦随之消灭，则代理资格丧失、代理权消灭。

(四)代理关系终止的法律后果

代理关系终止后，无论在代理人与被代理人之间，还是在被代理人、代理人与第三人之间，都会产生一定的法律后果。

1. 当事人之间的效果

代理关系终止之后，代理人就没有代理权，如该代理人仍继续从事代理活动，即属于无权代理。

2. 对第三人的效果

当被代理人撤回代理权或终止代理合同时，对第三人是否有效，主要取决于第三人是否知情，根据各国的法律，当终止代理关系时，必须通知第三人才能对第三人发生效力，如果本人在终止代理合同时，没有通知第三人，后者由于不知道这种情况而与代理人订立了合同，则该合同对本人仍有约束力，本人对此仍须负责，但本人有权要求代理人赔偿其损失。

第二节　本人与代理人之间的关系

代理人与被代理人之间的关系，一般是合同关系，属于代理的内部关系，通常情况下，代理人与被代理人都是通过订立代理合同或代理协议来建立他们之间的代理关系，并据以确定他们之间的权利和义务，以及代理人的权限范围和报酬。

一、代理人的义务

(一)代理人必须亲自履行代理职责

代理关系是一种信任关系，所以一般代理人不得把本人授与的代理权转授他人，让他人来代为履行代理义务。但是在某种情况下可以变通，例如遇到紧急情况。

(二)代理人应以其正常的技能勤勉履行其代理职责

代理人应当谨慎小心地履行其代理职责，运用自己的知识与技能完成代理义务。如果没有尽职，或者处分代理事务有过失，导致本人遭受损失，代理人应当承担赔偿责任。

☞【思考】

A外运公司接受某货主的委托，自我国某港口代运一批货物到内地某海关监管库。该公司又委托了B外运公司负责港口的联系卸船、装火车、办理进口海关转关手续等工作。货物到港以后，由于临时增加计划外的港口货物捣短费用10000元，两外运公司争执不下，B外运公司遂延缓货物发运，货物在港口寄存期间，没有妥善毡盖，被雨淋湿。货物到达目的地监管库后发现大部分残损。

请问：货物的损失应该由谁来赔偿？

(三)代理人应对被代理人诚信、忠实

代理人在履行代理事务时，应以最大的努力和忠实为委托人谋利益。代理人对被代理人的诚信、忠实义务主要体现以下两个方面：一是不与被代理人竞争，二是不密谋私利。

(四)代理人的保密义务

代理人的保密义务主要是指代理人不得透露其代理业务中所获得的秘密情报和

资料。

☞【案例】

　　原告雇用被告从事废旧钢铁的买卖交易，当生意兴隆时，被告与原告的公司另一名职员准备也创立一个类似的钢铁公司，并在业余时间积极准备，后两人辞职并于1年后正式成立了一家钢铁公司，原告认为被告在任职期间不忠实，所以应赔偿损失，并要求法院禁止被告的公司开业。法院认为，被告在任职期内并未开办类似的公司与被代理人竞争，其在业余时间的准备是合理的；辞职1年后才开业，也未违反商业信誉原则，故不涉及不忠实问题，判原告败诉。

二、被代理人的义务

(一)支付佣金

被代理人必须按照代理合同的规定给付代理人佣金或其他内容的约定报酬，这是被代理人的首要义务。在商定代理合同时，对佣金问题必须特别注意以下两点：(1)本人不经代理人的介绍，直接从代理人的地区内收到订货单，直接同第三人订立买卖合同时，是否仍需要向代理人照付佣金；(2)代理人所介绍的买主日后连续订货时，是否仍需要支付佣金。这些问题应当在代理合同中作出明确规定，因为有些国家在法律上对此并无详细规定，完全取决于代理合同的规定。

只要代理人认真履行了被代理人的委托事项，被代理人就负有报酬给付的义务，而不论被代理人是否已从代理行为中获利。但是，被代理人由于代理人的过错而未从代理行为中获利的，不在此限。

(二)补偿代理人因履行义务而产生的费用

一般来讲，除合同规定外，代理人履行代理任务时所开支的费用不能向代理人要求偿还。但如果代理人因执行被代理人的指示的任务而支出的费用或遭受损失时，则有权要求被代理人予以赔偿。主要包括：(1)代理人为了被代理人的利益而向第三人支付的费用；(2)代理人代表被代理人对物进行占有与控制而因此所负的债务；(3)代理人因实施授权行为而构成侵权或违法所承担的损害赔偿等。

(三)让代理人检查核对其账册

一些大陆法国家强制规定，代理人有权检查被代理人的账目，以便核对被代理人支付的佣金是否准确无误，这一强制性的规定，双方当事人不得在代理合同中作出相反的规定。

第三节 本人、代理人与第三人的关系

代理关系是一种三角关系，其中既有代理人与第三人的关系，也有本人与第三人的关系。因此，从第三人的角度看，最重要的问题是弄清楚其究竟是与代理人还是与本人

订立了合同,即弄清楚与其订立合同的另一方当事人究竟是代理人还是本人。这个问题在外贸业务中经常发生。对于此问题,大陆法系和英美法系有不同的规定。

一、大陆法系的规定

在确定第三人是与被代理人还是与代理人订立的合同时,大陆法系采取的是确定代理人究竟是以代表的身份还是以其个人的身份订立合同。这种方法使大陆法上产生了直接代理与间接代理的区别。

(一)直接代理

所谓直接代理,是指代理人于代理权限内,在进行代理活动时以被代理人的名义,进行代理活动的法律效果直接由被代理人承受的代理制度。从事此种代理的代理人称为直接代理人或商业代理人。在直接代理中,合同效力直接及于被代理人,合同的双方当事人是第三人与被代理人,合同的权利与义务直接归属于被代理人,被代理人直接对第三人负责。

(二)间接代理

所谓间接代理,是指代理人以自己的名义,但是为了被代理人的利益而与第三人订立合同,日后再将其权利与义务通过另外一个合同让与被代理人的代理行为时,无论事先是否得到被代理人的授权,一旦合同成立,该合同都将被认为是代理人与第三人之间的合同,而不是被代理人与第三人之间的合同。在间接代理行为中,被代理人原则上与第三人在法律上没有直接的法律联系,被代理人不能仅凭间接代理行为直接对第三人主张权利,只有当事人把他在与第三人所订立的合同中所取得的权利转让给了被代理人后,被代理人才能对第三人直接主张权利。在间接代理的情况下,被代理人若要对第三人主张权利,则需要经过两道合同手续,第一道是间接代理人与第三人订立的合同;第二道是代理人把有关权利转让给被代理人的合同。

二、英美法系的规定

英美法系同大陆法系不同,英美法系没有直接代理和间接代理。对于第三人究竟是与代理人还是本人订立合同的问题,英美法系的标准是,对第三人来说,究竟是谁应当对该合同承担义务。在英美法系中,有以下三种情况:

1. 完全披露被代理人

完全披露被代理人是指代理人在与第三人订约时已经表明他是代表且指出了本人的姓名,在这种情况下,该合同就是本人与第三人之间的合同,本人应对此合同负责,代理人不承担个人责任。代理人在订立合同后,即退居合同之外,他既不能从合同中取得权利,也不该对该合同承担义务。

2. 部分披露被代理人

部分披露被代理人是指代理人在与第三人订立合同时表明他是代理人,但没有指出他代理的本人的姓名,在此情况下,该合同仍被认为是本人与第三人之间的合同,应由本人对合同负责,代理人对该合同不承担个人责任。按照英国的判例,此时代理人在订约时必须以清楚的方式表明他是代理人,如写明买方代理人或卖方代理人,至于所代理的买方或卖方的名称，则可不在合同中载明。

3. 未披露被代理人

未披露的被代理人是指代理人即使得到本人的授权，但是他在与第三人订立合同时根本不去披露有代理关系，即既不披露有本人的存在，更不指出本人是谁。在这种情况下，代理人对合同是应当负责的，因为他在与第三人订约时根本没有披露有代理关系的存在，这样的代理人实际上就是将自己置于本人的地位同第三人订立合同，所以他应当对合同承担法律上的责任。

英美法系认为，未被披露的本人在原则上可以直接取代这个合同的权利并承担其义务，具体有以下两种方式：一是未被披露的本人有权介入合同，并直接对第三人行使请求权，或在必要时对第三人起诉，如果他行使了这个介入权，他就是自己对第三人承担个人义务；二是第三人在发现了本人之后，就享有选择权，它可以要求本人或代理人承担合同义务，也可以向本人或代理人起诉。但第三人一旦选定了要求本人或代理人承担义务之后，他就不能改变主意对他们当中的另一人起诉。

第四节　中国的代理法和外贸代理制度

一、我国的代理法律制度

我国现行代理立法主要散见于《民法通则》、《民法总则》、《合同法》等民事法律中。此外，还包括有关代理制度的行政法规，如《关于对外贸易代理制的暂行规定》，以及最高人民法院的司法解释《最高人民法院关于贯彻执行〈中华人民共和国民法通则〉的若干意见(试行)》等。

(一)《民法通则》关于代理的规定

1. 代理的概念及其法律特征

《民法通则》第63条规定："公民、法人可以通过代理人实施民事法律行为。代理人在代理权限内，以被代理人的名义实施民事法律行为。被代理人对代理人的代理行为，承担民事责任。依照法律规定或者按照双方当事人约定，应当由本人实施的民事法律行为，不得代理。"该条款受大陆法系的影响，未规定间接代理，仅对直接代理作出了规定。

2. 我国民法上的代理具有如下法律特征：

(1)代理必须以被代理人的名义实施民事法律行为。

(2)代理人必须在代理权限内以独立意思实施民事法律行为。

(3)代理行为必须是具有法律意义的行为。

(4)代理所产生的法律后果直接由被代理人承担。

3. 代理权的产生

《民法总则》第163条规定："代理包括委托代理和法定代理。委托代理人按照被代理人的委托行使代理权，法定代理人依照法律的规定行使代理权。"

4. 无权代理及其处理

《民法总则》第 171 条规定："行为人没有代理权、超越代理权或者代理权终止后，仍然实施代理行为，未经被代理人追认的，对被代理人不发生效力。相对人可以催告被代理人自收到通知之日起一个月内予以追认。被代理人未作表示的，视为拒绝追认。"

5. 被代理人、代理人、第三人之间的法律关系

《民法通则》第 65 条第 3 款规定："委托书授权不明的，被代理人应当向第三人承担民事责任，代理人负连带责任。"《民法总则》第 164 条规定："代理人不履行或者不完全履行职责，造成被代理人损害的，应当承担民事责任。代理人和相对人恶意串通，损害被代理人合法权益的，代理人和相对人应当承担连带责任。"《民法总则》第 169 条规定："代理人需要转委托第三人代理的，应当取得被代理人的同意或者追认。转委托代理经被代理人同意或者追认的，被代理人可以就代理事务直接指示转委托的第三人，代理人仅就第三人的选任以及对第三人的指示承担责任。转委托代理未经被代理人同意或者追认的，代理人应当对转委托的第三人的行为承担责任，但是在紧急情况下代理人为了维护被代理人的利益需要转委托第三人代理的除外。"

6. 代理关系的终止

《民法总则》第 173 条规定："有下列情形之一的，委托代理终止：（一）代理期间届满或者代理事务完成；（二）被代理人取消委托或者代理人辞去委托；（三）代理人丧失民事行为能力；（四）代理人或者被代理人死亡；（五）作为代理人或者被代理人的法人、非法人组织终止。"《民法总则》第 175 条规定："有下列情形之一的，法定代理终止：（一）被代理人取得或者恢复完全民事行为能力；（二）代理人丧失民事行为能力；（三）代理人或者被代理人死亡；（四）法律规定的其他情形。"

(二)《合同法》关于代理的规定

《合同法》明确承认了"间接代理"，并对双方当事人的权利义务进行了较为具体的规定。

《合同法》第 47 条规定："限制民事行为能力人订立的合同，经法定代理人追认后，该合同有效，但纯获利益的合同或者与其年龄、智力、精神健康状况相适应而订立的合同，不必经法定代理人追认。相对人可以催告法定代理人在一个月内予以追认。法定代理人未作表示的，视为拒绝追认。合同被追认之前，善意相对人有撤销的权利。撤销应当以通知的方式作出。"第 48 条规定："行为人没有代理权、超越代理权或者代理权终止后以被代理人名义订立的合同，未经被代理人追认，对被代理人不发生效力，由行为人承担责任。相对人可以催告被代理人在一个月内予以追认。被代理人未作表示的，视为拒绝追认。合同被追认之前，善意相对人有撤销的权利。撤销应当以通知的方式作出。"

二、我国的外贸代理制度

(一)外贸代理制概述

1. 外贸代理制的概念

外贸代理制是指由外贸公司充当国内客户和供货部门的代理人，代理委托方签订进

出口合同，收取一定的佣金或手续费的做法。外贸企业需要承担相应的责任，而价格和其他合同条款的最终决定权属于委托方，进出口盈亏和履约责任最终由委托方承担。外贸代理制作为社会分工的产物，对开拓国际市场具有重大的作用，经过多年的发展和完善，已经成为现代国际贸易中一种重要的贸易方式。

2. 我国外贸代理制同传统民事代理的区别

(1)外贸代理关系的主体。关于被代理人或第三人，在民事代理中是一般的自然人或法人。而在外贸代理关系中则是个体商人或商法人。它们可以是指经过中国工商登记，从事一定营利性经营活动的法人、合伙企业、私营企业及个体工商户或者是中国承认的在国外依法登记成立的外国商人。外贸代理行为不得超出被代理人的经营范围。关于代理人，在一般民事代理关系中的代理人可以是任何具有民事行为能力的自然人或法人。而在外贸代理关系中的代理人则必须是经过工商登记，具有商业账簿并具备相应专业知识、技术设备及资金的商人。

(2)外贸代理的内容。一般民事代理的内容既有财产关系，又有人身关系；既有有偿代理，也有无偿代理。而在外贸代理中，代理行为均是与财产有关的经营行为，均为有偿代理，具有营利性。

(3)外贸代理的名义与责任的承担。民事代理一般都是以被代理人的名义从事代理活动，代理人通常不向第三人承担责任，只在有过错的情况下，才向第三人或被代理人承担责任。而外贸代理不仅可以被代理人的名义，更多的是以代理人自己的名义从事代理活动。当代理人以自己的名义从事外贸代理时，它作为一个独立的专门从事营利性的商人，即使没有过错也要直接对第三人承担合同全部的义务和责任。虽然被代理人与第三人之间没有直接的合同关系，可是被代理人与代理人之间具有法律上的代理关系。因此，在代理人与第三人签订的进出口合同中，代理人的权利、义务以及责任最终要及于被代理人。

(二)我国现行外贸代理制的法律依据

中国的外贸代理制自从 1991 年国家外经贸部发布《关于对外贸易代理制的暂行规定》以及第八届全国人民代表大会常务委员会七次会议于 1994 年 5 月 12 日通过的《中华人民共和国对外贸易法》(该法于 2004 年 4 月 6 日修订)之后开始起走上法制道路的。外贸代理制中的代理，不同于《民法总则》中的代理，其真正意义是指，有外贸经营权的公司、企业，根据无外贸经营权的公司、企事业单位及个人的委托，以自己的名义办理进出口业务的一种法律制度。它的产生是以中国外贸经营权的审批制为基础的。在目前情况下，代理关系并非完全出于双方当事人的自愿，代理人也仅以自己的名义对外订立进出口合同。

(三)我国现行外贸代理制度存在的缺陷

1. 立法不统一，操作不规范

在我国的现行法律体系中，《民法总则》对直接代理作了规定，间接代理在《合同法》中也有相应的法律规范，也就是说我国的现行法规已经涵盖了直接代理、间接代理两种形式。但是，我国的《对外贸易法》对外贸代理制只作了原则性的规定；同时对于委托合同的规定不规范，通常以订货单代替委托合同，订货单在内容上仅有交易商品的有关条款，并无确定代理人和被代理人双方的权利、义务、各自承担的费用、违约处理等问题的责任文句，一旦出现纠纷，找不到法律依据，也无法作出充分的举证。

2. 信息渠道不畅通

在一般的条件下，外贸代理人拥有国际市场信息以及自己的业务能力、交易磋商的信息，而被代理人则不能完全拥有这些信息。而现行的外贸体制和代理制形式扩大了这种信息的不对称倾向：外贸代理制中存在着"一顶帽子大家戴"的情况。

3. 风险和利益的失衡

在外贸代理活动中，外贸公司以自己的名义签订进出口合同，在合同履行发生纠纷时，要对外索赔、理赔和诉讼。如果一方不履行合同，代理公司必须先向对方承担违约责任，这显然不公平，即所谓的"对内收取3%的代理费，对外承担100%的责任"。对于委托方也不合理，作为进出口合同的最终履约人却不能介入合同中对外商主张权利、索赔，参与诉讼和仲裁，无法保障自己的利益。

第四章 合 同 法

☞【学习目标】
1. 掌握合同的概念、特征及分类
2. 理解合同的成立条件及合同的保全、合同的变更与转让
3. 掌握要约、承诺的法律规定，合同的效力、合同的履行、合同的担保及违约责任的相关法律规定

第一节 合同法的概述

一、合同概述

(一)合同的概念和特征

根据《中华人民共和国合同法》对合同的界定，合同是指平等主体的自然人、法人、其他组织之间设立、变更、终止民事权利与义务关系的协议。合同具有以下几个特征：

(1)合同是平等主体之间的法律关系。

(2)合同是一种民事法律行为。

(3)合同是两方以上当事人意思表示一致的协议。

(4)合同以设立、变更、终止民事权利义务关系为目的。

(二)合同的分类

1. 有名合同与无名合同

根据法律对合同名称是否作出明确规定为标准，合同分为有名合同与无名合同。

(1)有名合同，是指法律作出专门性规定并赋予特定名称的合同，我国《合同法》规定了买卖合同等15种有名合同。分别是买卖合同，供用电、水、气、热力合同，赠与合同，借款合同，租赁合同，融资租赁合同，保管合同，承揽合同，建设工程合同，运输合同，技术合同，仓储合同，委托合同，行纪合同，居间合同。

(2)无名合同，是指法律未作特别规定，对其名称没有作出明确规定的合同。我国《合同法》规定，其他法律对合同另有规定的，依照其规定。本法分则或者其他法律没有明文规定的合同，适用总则的规定，并可以参照本法分则或者其他法律最相类似的规定。

2. 诺成合同与实践合同

根据是否须交付标的物合同才能成立为标准，合同分为诺成合同与实践合同。

（1）诺成合同，是指当事人意思表示一致合同即成立、生效的合同。

（2）实践合同，是指除当事人意思达成一致之外，还需交付标的物或完成其他给付才能成立的合同。

3. 要式合同和不要式合同

根据法律、法规是否要求具备特定形式为标准，合同分为要式合同和不要式合同。

（1）要式合同，是指法律、法规要求合同具备一定的形式才成立的合同。

（2）不要式合同，是指法律未特别要求必须具备一定的形式就成立的合同。

4. 双务合同和单务合同

根据双方是否互负给付义务为标准，合同分为双务合同和单务合同。

（1）双务合同，是指当事人双方互负有给付义务的合同。

（2）单务合同，是指只有一方负有给付义务的合同。

5. 有偿合同和无偿合同

根据当事人权利的获得是否支付代价为标准，合同分为有偿合同与无偿合同。

（1）有偿合同，是指当事人取得权利需向对方支付相应代价的合同。

（2）无偿合同，是指当事人取得权利不需向对方支付相应代价的合同。

二、合同法概述

（一）合同法的概念和适用范围

合同法分为广义的合同法和狭义的合同法。狭义的合同法，是指由立法机关制定的、以合同法命名的基本法，即 1999 年 3 月 15 日通过，并于同年 10 月 1 日起施行的《中华人民共和国合同法》（以下简称《合同法》）。《合同法》由总则、分则和附则三部分构成，共 23 章 428 条。广义的合同法是指调整民事合同关系的法律规范的总称，它不限于合同法法典，还包括其他法律规范中的合同法律规范，如《中华人民共和国民法通则》关于合同的规定。

合同法调整平等主体之间的财产关系，婚姻、收养、监护等有关身份关系的协议，适用其他法律的规定。

（二）合同法的基本原则

1. 平等原则

合同当事人的法律地位平等，一方不得将自己的意志强加给另一方。

2. 自愿原则

合同当事人通过协商，自愿决定相互权利义务关系，依法享有决定是否订立合同、与谁订立合同、订立什么样的合同、选择合同形式的权利，任何单位和个人不得非法干预。

3. 公平原则

当事人之间的权利义务应对等，保障公正交易，双方在对待给付、责任和风险分担上应当合理分配。

4. 诚实信用原则

当事人行使权利、履行义务应当遵循诚实信用原则，不能滥用权利、规避义务。当事人在订立合同、履行合同以及合同终止后都要遵循诚实信用原则。

5. 遵守法律，不损害社会公共利益原则

当事人订立、履行合同，应当遵守法律、行政法规，尊重社会公德，不得扰乱社会经济秩序，损害社会公共利益。

☞【知识拓展】

居延汉代契约

契约原件是指古代使用的契约原物，保存至今的契约原件以西汉中期的为最早。现存的汉代契约原件是在居延发现的，是居延汉简中的一部分，因此称之为"居延汉代契约"。

居延在今内蒙古自治区西部额济纳旗，西汉时属于张掖郡居延都尉和肩水都尉辖区，东汉曾置张掖居延属国。这里在两汉时，一直是重要驻军区，考古工作者在这里采集或发掘到汉简有3万余支。已公之于世的是1930年由西北科学考察团掘得的一批，有1万余支。劳干先生将这批汉简进行分类、考释，编成《居延汉简考释》一书，于1943年在四川南溪石印出版；1949年，上海商务印书馆将该书铅印再版。1962年，该书又在台湾出修订版；中国社会科学院考古研究所汇辑这批汉简的图片，一律按原简号顺序，制成图版，并全部释文，编成《居延汉简甲乙编》，于1980年由中华书局出版。这批汉简有年号的，"起自汉武帝太初三年（公元前102年），迄于东汉光武帝建武七年（公元31年）"简中有十余件契约。最早的一件为《西汉本始元年（前73年）居延陈长子卖官绔券》，最晚的一件为《西汉建昭二年（前37年）居延欧卖裘券》。其他无年号的，有卖衣物、布匹契约，有卖田地契约，还有一些廪给凭证。这是中国现存最早的一批契约原件，距今已有两千多年了。

第二节　合同的订立

一、合同订立的概述

（一）合同订立的概念

合同的订立，是指两个或两个以上的当事人，依法就合同的主要条款经过协商一致达成协议的法律行为。当事人订立合同，应当具有相应的民事权利能力和民事行为能力，当事人也可以依法委托代理人订立合同。

（二）合同订立的形式

当事人订立合同，有书面形式、口头形式和其他形式。法律、行政法规规定采用书面形式的，应当采用书面形式。当事人约定采用书面形式的，应当采用书面形式。

1. 书面形式

书面形式是指合同书、信件和数据电文（包括电报、电传、传真、电子数据交换和电子邮件)等可以有形地表现所载内容的形式。书面形式权利义务明确化，方便保存证据，是当事人较普遍采用的一种形式。

2. 口头形式

口头形式是指当事人双方以语言表达合意的形式。口头形式简便，提高交易的效率，多用于即时清洁的合同，但发生纠纷时难以取证，不利于保护交易安全。

3. 其他形式

其他形式是指当事人未采用口头形式或书面形式，而是根据当事人的行为表明或在特定情形下推定成立的合同。

(三)合同的内容

合同的内容是当事人所确定的各方的权利和义务，表现为合同的条款。合同的类型、性质不同，合同的主要条款也有所不同。《合同法》规定，合同的内容由当事人约定，一般包括以下条款：当事人的名称或者姓名和住所；标的；数量；质量；价款或者报酬；履行期限、地点和方式；违约责任；解决争议的方法。

此外，当事人可以参照各类合同的示范文本订立合同，示范文本为当事人订立合同时提供参考，无强制适用性。

二、合同的订立程序

当事人订立合同，采取要约、承诺方式。

(一)要约

1. 要约的概念和构成要件

要约是希望和他人订立合同的意思表示。要约应具备以下两个条件：

(1)内容具体确定。要约的内容必须具有合同成立所必需的条款，否则会因缺乏主要内容而无法成立合同。

(2)表明经受要约人承诺，要约人即受该意思表示约束。

2. 要约邀请

要约邀请是希望他人向自己发出要约的意思表示。要约以订立合同为直接目的，一旦受要约人承诺合同即成立，而要约邀请则是邀请他人向自己发出要约，只是订立合同的准备阶段，没有法律约束力。《合同法》规定，寄送的价目表、拍卖公告、招标公告、招股说明书等都属于要约邀请，商业广告的内容符合要约规定的，视为要约。

☞【知识拓展】

要约和要约邀请的区别

要约以订立合同为直接目的，内容确定，具有合同成立所必需的条款，对要约人具有法律约束力，承诺到达后合同即成立；要约邀请希望他人向自己发出要约，要约邀请可以撤回，不需要撤销，把合同成立的最终权利留给自己。

3. 要约生效

要约到达受要约人时生效。到达受要约人，是指只要送达到受要约人能够控制的地方即为送达。采用数据电文形式订立合同，收件人指定特定系统接收数据电文的，该数据电文进入该特定系统的时间，视为到达时间；未指定特定系统的，该数据电文进入收件人的任何系统的首次时间，视为到达时间。

要约生效后，受要约人获得承诺权，取得依其承诺成立合同的地位，但没有必须承诺的义务。要约人受到要约的约束，不得随意撤回要约。

4. 要约的撤回

要约的撤回是指要约人发出要约后，在要约生效以前取消要约的行为。要约可以撤回，撤回要约的通知应当在要约到达受要约人之前或者与要约同时到达受要约人。

5. 要约的撤销

要约的撤销是指要约人在要约生效后、受要约人承诺前，使要约归于消灭的行为。要约可依法撤销，但撤销要约的通知应当在受要约人发出承诺通知之前到达受要约人。下列情形要约不得撤销：(1)要约人确定了承诺期限或者以其他形式明示要约不可撤销。(2)受要约人有理由认为要约是不可撤销的，并已经为履行合同做了准备工作。

6. 要约的失效

要约的失效是指要约丧失对要约人、受要约人的法律约束力。要约失效的事由有：

(1)拒绝要约的通知到达要约人。

(2)要约人依法撤销要约。

(3)承诺期限届满，受要约人未作出承诺。

(4)受要约人对要约的内容作出实质性变更。

(二)承诺

1. 承诺的概念、要件

承诺是受要约人同意要约的意思表示。承诺应当具备以下要件：

(1)承诺必须由受要约人向要约人作出答复。

(2)承诺的内容必须与要约的内容一致。

(3)承诺必须在有效期限内作出。

2. 承诺的方式

承诺应当以通知的方式作出，但根据交易习惯或者要约表明可以通过行为作出承诺的除外。

通知的方式是一种明示的方式，可以是书面通知，也可以是口头通知。如果要约中对通知的方式有要求的，承诺人作出承诺时就需要按照要约人的要求，否则承诺无效。根据交易习惯或者当事人约定，承诺也可以不以通知的方式，行为也可以作为承诺的意思表示方式。

☞【思考】

甲向乙发出要约，要求乙必须在5天内作出答复，若在5天内乙不答复则视为接受。假如乙不同意甲提出的要约内容，未予理睬此事，在5日内并未作出任何答复。此时甲认为不答复则视为接受，因此乙同意了自己的要约。请问：

1. 乙是否作出了承诺？

2. 甲乙的合同关系是否成立?

3. 承诺的期限

承诺应当在要约确定的期限内到达要约人。要约没有确定承诺期限的，要约以对话方式作出的，应当即时作出承诺的意思表示，但当事人另有约定的除外；要约以非对话方式作出的，承诺应当在合理期限内到达要约人。

4. 承诺的生效与撤回

承诺的生效采取到达主义，承诺通知到达要约人时生效，承诺不需要通知的，根据交易习惯或者要约的要求作出承诺的行为时生效。

承诺的撤回，是指在承诺发出后未生效之前，承诺人使其不发生法律效力的意思表示。承诺可以撤回，但撤回承诺的通知应当在承诺通知到达要约人之前或者与承诺通知同时到达要约人。

5. 承诺的迟到

承诺的迟到，是指受要约人未在承诺期限内发出的承诺。受要约人超过承诺期限发出承诺的，除要约人及时通知受要约人该承诺有效的以外，为新要约。受要约人在承诺期限内发出承诺，按照通常情形能够及时到达要约人，但因其他原因承诺到达要约人时超过承诺期限的，除要约人及时通知受要约人因承诺超过期限不接受该承诺的以外，该承诺有效。

6. 承诺的内容

承诺对要约的内容作出实质性变更的，为新要约。

有关合同标的、数量、质量、价款或者报酬、履行期限、履行地点和方式、违约责任和解决争议方法等的变更，是对要约内容的实质性变更。

承诺对要约的内容作出非实质性变更的，除要约人及时表示反对或者要约表明承诺不得对要约的内容作出任何变更的以外，该承诺有效，合同的内容以承诺的内容为准。

☞【思考】

某食品公司因建造一栋大楼急需水泥，基建处向本市的青峰水泥厂、新华水泥厂和建设水泥厂发出函电。函电中称："我公司急需标号为150型号的水泥100吨，如贵厂有货，请速来函电，我公司愿派人前往购买。"三家水泥厂在收到函电后，都先后向食品公司回复了函电，在函电中告知了他们备有现货，且告知了水泥的价格。建设水泥厂在发出函电的同时，派车给食品公司送去了50吨水泥。在该批水泥没有到达食品公司之前，食品公司得知新华水泥厂的水泥质量比较好，且价格比较合理，因此，向新华水泥厂发出函电："我公司愿意购买贵厂100吨150型号的水泥，盼速发货，运费由我公司承担。"在发出函电后的第二天上午，新华水泥厂回函告知已准备发货。下午，建设水泥厂将50吨水泥送到。食品公司告知建设水泥厂，他们已经决定购买新华水泥厂的水泥，因此不能接受建设水泥厂送来的水泥。建设水泥厂认为，他们之间的合同已经成立，拒收货物就构成违约。最后双方协商不成，建设水泥厂向法院提起诉讼。请问：

1. 食品公司向三家水泥厂发函的行为属于什么行为? 为什么?

2. 三家水泥厂向食品公司回函的行为属于什么行为？为什么？

3. 建设水泥厂与食品公司的合同是否成立？为什么？

三、合同成立的时间、地点

(一)合同成立的时间

1. 一般规定

在一般情况下，承诺生效时合同即告成立。

2. 采用合同书形式的合同成立时间

当事人采用合同书形式订立合同的，自双方当事人签字或者盖章时合同成立。

3. 要求签订确认书的合同成立时间

当事人采用信件、数据电文等形式订立合同的，可以在合同成立之前要求签订确认书，签订确认书时合同成立。

4. 合同的实际成立

法律、行政法规规定或者当事人约定采用主要书面形式订立合同，当事人未采用书面形式但一方已经履行主要义务并且对方接受的，该合同成立。采用合同书形式订立合同，在签字或者盖章之前，当事人一方已经履行主要义务并且对方接受的，该合同成立。

(二)合同成立的地点

1. 一般规定

承诺生效的地点为合同成立的地点。

2. 采用数据电文形式的

采用数据电文形式订立合同的采用数据电文形式订立合同的，收件人的主营业地为合同成立的地点；没有主营业地的，其经常居住地为合同成立的地点。当事人另有约定的，按照其约定。

3. 合同书形式的

当事人采用合同书形式订立合同的，双方当事人签字或者盖章的地点为合同成立的地点。

四、格式条款合同

(一)格式条款的概念

格式条款是指当事人为了重复使用而预先拟定，并在订立合同时未与对方协商的条款。格式条款合同是以格式条款为基础的合同。

格式条款的出现，对于大量重复发生的合同，不必再多次重复缔约，从而节约了交易时间、降低交易成本、促进合理化经营。但是，单方事先拟定条款，相对人的合同自由受到了限制，一方在预先拟订条款时，经常利用其优势地位、垄断地位，制定有利于自己、不公平的格式条款。

（二）格式合同订立的规制

1. 公平原则确定权利和义务

采用格式条款订立合同的，提供格式条款的一方应当遵循公平原则确定当事人之间的权利和义务。

2. 免责条款的提示义务

提供格式条款的一方应采取合理的方式提请对方注意免除或者限制其责任的条款，按照对方的要求，对该条款予以说明。

（三）格式条款的无效

格式条款无效的情形有：（1）具有一般合同条款无效的情形。（2）《合同法》规定的无效免责条款。（3）提供格式条款一方免除其责任、加重对方责任、排除对方当事人主要权利的无效。

（四）格式条款的解释

1. 按照通常理解解释的规则

对格式条款的理解发生争议的，应当按照通常理解予以解释。

2. 不利于表意人的解释规则

对格式条款有两种以上解释的，应当作出不利于提供格式条款一方的解释。

3. 采取非格式条款解释的规则

格式条款和非格式条款不一致的，应当采取非格式条款。

五、缔约过失责任

（一）缔约过失责任的概念

缔约过失责任，是指当事人在订立合同的过程中，违背诚实信用原则，由于过错违反先合同义务给对方造成损失时所应承担的法律责任。

（二）缔约过失责任的构成要件

缔约过失责任的构成要件有：

（1）发生在当事人订立合同阶段。

（2）当事人有过错。

（3）一方违反先合同义务。

（4）另一方因此受到损失。

（三）承担缔约过失责任的法定情形

承担缔约过失责任的法定情形有：

（1）假借订立合同，恶意进行磋商。

（2）故意隐瞒与订立合同有关的重要事实或者提供虚假情况。

（3）有其他违背诚实信用原则的行为。

（四）缔约过失责任的赔偿范围

承担缔约过失责任的主要方式是赔偿损失。缔约过失责任的赔偿范围原则上不超过实际损失，是受损害的对方当事人因缔约过失而遭受的信赖利益损失，包括直接利益的减少和间接利益的损失。

第三节　合同的效力

一、合同效力概述

合同的效力，也称合同的法律约束力。合同的效力是法律赋予的，有效合同对当事人具有法律约束力，国家法律予以保护，当事人应当按照约定履行自己的义务，不得擅自变更或解除合同。无效合同不具有法律约束力，不能产生当事人所追求的法律后果。《合同法》关于合同的效力规定了有效合同、无效合同、可撤销合同以及效力待定合同四种情况。

二、合同的生效

（一）合同生效的含义

合同的生效是指已经成立的合同具备一定的要件后，产生法律上的约束力。合同成立是合同生效的前提和基础，合同生效是合同成立后所积极追求的结果。合同成立是当事人形成了合意达成协议，属于事实问题，而合同生效是对当事人合意的价值判断，成立的合同得到法律的认可，属于法律评价问题。一般情况下，依法成立的合同，合同成立即生效。法律、行政法规规定应当办理批准、登记等手续生效的，依照其规定。

（二）合同的生效要件

合同的生效要件，是指已经成立的合同产生法律效力应当具备的条件。

1. 订立合同的主体合格，具有相应的缔约能力

订立合同的当事人应当具有同订立的合同相适应的民事行为能力。

2. 当事人的意思表示真实

当事人的行为应当真实地反映其内心的想法，对于意思表示不真实的合同，《合同法》并没有一概认定为无效合同，而是根据不同情况对其法律后果进行分别规定，有的规定为无效合同，有的规定为可撤销合同。

3. 不违反法律和社会公共利益

合同在内容和目的上必须是合法的，不能违反法律、行政法规的强制性规定，违反社会社会公德、破坏社会经济秩序、损害社会公共利益的合同不受法律的承认与保护，不能产生当事人预期的法律效果，合同不能生效。

（三）合同的生效时间

1. 自成立时生效

一般情况下，依法成立的合同，自成立时生效，这时，合同的成立和生效是同时发生。

2. 自批准登记时生效

法律、行政法规规定应当办理批准、登记等手续的，自批准、登记时生效。对某些

合同，法律、行政法规设置了批准、登记等手续，尽管当事人就合同达成协议，合同依法成立，但还需履行规定的手续才能生效。

3. 自条件成就时生效

当事人对合同的效力可以约定附条件。附条件的合同是指双方当事人约定某种成就与否并不确定的将来事实，并以其发生或者不发生作为合同生效或者不生效的限制性条件的合同。

附条件的合同所附条件可以为生效条件，也可以为解除条件。附生效条件的合同，自条件成就时生效；附解除条件的合同，自条件成就时无效。附条件合同的效力状态取决于所附条件的成就或者不成就，任何一方均不得以违反诚实信用原则的方法，恶意地促成条件或者阻止条件的成就。当事人为自己的利益不正当地阻止条件成就的，视为条件已成就；不正当地促成条件成就的，视为条件不成就。所附条件必须为将来发生的事实，既成的事实不能设定为条件，而且应当具有发生与否的或然性。所附条件应由双方约定，用来控制合同法律效力的合法的事实。

4. 自期限届至时生效

当事人对合同的效力可以约定附期限。附期限的合同，是指双方当事人约定以将来确定到来的期限作为合同效力发生或终止的限制性条件的合同。所附期限必须是由当事人约定将来肯定能够发生的期限。合同所附的期限可以是生效期限，也可以是终止期限。附生效期限的合同，自期限届至时生效。附终止期限的合同，自期限届满时失效。

三、无效合同

(一)无效合同的概念和特征

无效合同，是指合同虽经协商成立，但因为严重欠缺合同的有效要件且不能补救，而不能被法律承认和保护的合同。无效合同分为三种情况：

1. 自始无效

无效合同对当事人自始即不应具有法律约束力，不发生履行效力。

2. 绝对无效

当事人不能通过同意或承认其效力而使无效合同变为有效合同。

3. 当然无效

不论当事人是否请求确认无效，人民法院、仲裁机关都可确认无效。

(二)导致合同无效的事由

导致合同无效的事由有：

(1)一方以欺诈、胁迫手段订立合同，损害国家利益；欺诈，是指故意告知对方虚假情况，或者故意隐瞒真实情况，诱使对方当事人作出错误的意思表示而与之订立合同。胁迫，是指一方以给予人身或者财产损害相要挟，迫使对方产生恐惧作出不真实的意思表示而与之订立合同。

(2)恶意串通，损害国家、集体或第三人利益。

(3)以合法形式掩盖非法目的。

(4)损害社会公共利益。

(5)违反法律、行政法规强制性规定。

(三)合同无效的情形

合同无效按照无效的范围可以分为全部无效和部分无效。对于部分无效合同,不影响其他部分效力的,其他部分仍然有效,当事人应当如约履行合同有效部分。

(四)无效的免责条款

《合同法》规定了两种免责条款为无效,即造成对方人身伤害的条款无效;因故意或者重大过失给对方造成财产损失的免责条款无效。

(五)无效合同的后果

合同无效后,因该合同取得的财产,应当予以返还;不能返还或者没有必要返还的,应当折价补偿。有过错的一方应当赔偿对方因此所受到的损失,双方都有过错的,应当各自承担相应的责任。当事人恶意串通,损害国家、集体或者第三人利益的,因此取得的财产收归国家所有或者返还集体、第三人。

四、可撤销合同

(一)可撤销合同的概念和特征

可变更、可撤销合同,是指因当事人订立合同时意思表示不真实,通过有撤销权的当事人行使撤销权,使已经生效的内容发生变化或者归于无效的合同。

可撤销合同具有以下特点:

(1)并非自始无效,可撤销合同在被撤销前是有效的,在被撤销后自始没有法律约束力。

(2)主要是意思表示瑕疵的合同。

(3)需由有撤销权的当事人通过行使撤销权实现。

(4)其变更或撤销由法院或者仲裁机构作出。

(二)可撤销合同的事由

可撤销合同的事由有:

(1)因重大误解而订立的合同。

(2)在订立合同时显失公平。

(3)一方以欺诈、胁迫的手段或者乘人之危,使对方在违背真实意思的情况下订立的合同。

(三)撤销权的行使

撤销权属于受损害方,可通过诉讼或仲裁方式,向人民法院或仲裁机构请求,有变更和撤销两种救济方法。撤销权不能永久存续,有下列情形之一的,撤销权消灭:

(1)有撤销权的当事人自知道或者应当知道撤销权事由之日起一年内没有行使撤销权的,撤销权消灭。

(2)有撤销权的当事人自知道撤销权事由后明确表示或者以自己的行为放弃撤销权的,撤销权消灭。

(四)合同被撤销的法律后果

被撤销的合同自合同成立时起没有法律约束力,合同的无效就不能产生当事人订立合同所预期的法律效果，但并不是不产生任何法律后果，当事人仍应承担相应的民事责任。合同被撤销不影响合同中独立存在的解决合同争议方法的条款的效力。被撤销后，因该合同取得的财产，应当予以返还；不能返还或者没有必要返还的，应当折价补偿。有过错的一方应当赔偿对方因此所受到的损失，双方都有过错的，应当各自承担相应的责任。当事人恶意串通，损害国家、集体或者第三人利益的，因此取得的财产收归国家所有或者返还集体、第三人。

☞【思考】

2015 年 4 月，迟某某（原告）和安徽亚夏实业股份有限公司（被告）签订购车合同，约定原告购买被告小轿车一辆，发动机号 50371254，价款 23 万余元，首付款 9 万余元，余款 14 万余元每月支付 3900 元，原告缴纳履约保证金 1 万余元，产品合格证上发动机号 50454337。同年 5 月，原告车辆出现故障至苏州维护，发现该车实际上发动机号为 50454337，而不是合同约定、行驶证和机动车详细信息载明的发动机号 50371254。经查实，被告曾将该车出售给他人，因发动机质量问题被退回，被告重新入户后更换了发动机出售给原告。原告诉至法院要求被告返还购车款 23 余万元，赔偿损失 33 万余元。

请判定该合同的性质。

五、效力待定合同

（一）效力待定合同的概念和特征

效力待定合同又称可追认的合同，是指合同虽然成立，因主体资格欠缺，其效力能否发生尚未确定，须经有权人追认才能生效的合同。

效力待定合同具有以下特征：

（1）合同已经成立，但效力不确定。

（2）合同效力的确定，取决于有权人的追认或拒绝。

（3）合同中的瑕疵可以补救，有利于保护权利人和相对人的合法权益，维护交易安全。

（二）效力待定合同的种类

1. 限制民事行为能力人依法不能独立订立的合同

8 周岁以上不满 18 周岁的未成年和不能完全辨认自己行为的精神病人是限制民事行为能力人，限制民事行为能力人订立合同的主体资格有瑕疵，因此，限制民事行为能力人订立的合同，经法定代理人追认后，该合同有效。但限制民事行为能力人订立的与其年龄、智力、精神健康状况相适应的合同或者纯获利益的合同为有效合同，不必得到其法定代理人的追认，合同当然有效。限制行为能力人订立的其他合同，须经法定代理人的追认，合同方能有效。合同在被追认之前，效力处于待定状态。

2. 无权代理人订立的合同

无权代理人订立的合同，是指不具有代理权的行为人以被代理人的名义与第三人订立的合同。无权代理包括行为人没有代理权、超越代理权或者代理权终止后以被代理人名义为民事行为三种情形。只有当被代理人对无权代理人订立的合同予以追认，该合同才对被代理人发生效力。合同在被追认之前，效力处于待定状态。未经被代理人追认，对被代理人不发生效力，由行为人承担责任。

3. 无处分权人处分他人财产订立的合同

无处分权人订立的合同，是指对某项财产无处分权而与他人订立处分他人财产的合同。非财产所有人没有法律明确规定，也未经授权处分他人财产，经权利人追认或者无处权的人订立合同后取得处分权的，该合同有效。

☞【思考】

张女士与丈夫育有一子一女，丈夫多年前已去世，现张女士名下有个人住房一套。2014 年，张女士患脑溢血及脑栓塞等疾病。2015 年 2 月，张女士与女儿张甲签署赠与合同一份，表示将名下房屋赠与女儿张甲，并办理了赠与公证；同年 6 月，张甲办理了房屋产权过户手续。2017 年 9 月，张女士去世。张女士儿子张乙在张女士去世后对该赠与合同提出异议，并表示，张女士在 2016 年的时候即被法院判决宣告为限制行为能力人，且在案件审理期间经过司法鉴定也被确认"于 2015 年全年为限制行为能力人……

请问：张女士与张甲所签署的赠与合同效力如何？

(三)权利人的追认权

限制行为能力人实施的超越其行为能力范围的追认权人是法定代理人，无权代理的追认权人是被代理人，无权处分行为的追认权人是享有财产处分权的人。如果权利人对该效力待定合同进行追认，则合同有效；不予追认，则合同无效。追认权是一种形成权，权利人既可以作出追认，也可以拒绝追认。经追认后，自始确定的发生法律效力，拒绝追认后，自始确定的不发生法律效力。权利人的追认应当是在法定的催告期间内以明示的、积极的方式向相对人作出。当然，无处分权人订立的合同除了被追认外，无处分权人事后取得处分权也可以使合同产生法律效力。

(四)相对人的催告权、撤销权

为了平衡双方当事人的权利，保护善意相对人的利益，《合同法》还赋予了合同相对人催告权和撤销权。

1. 催告权

催告权，是指相对人催告效力待定合同的法定代理人、被代理人等权利人在一定期限内对合同作出追认的权利。相对人可以催告法定代理人、被代理人在一个月内予以追认。如果法定代理人、被代理人未明示追认，则视为拒绝追认。

2. 撤销权

撤销权，是指合同的善意相对人在效力待定合同的法定代理人、被代理人等权利人未追认限制行为能力人、无代理权人所订立的合同之前，撤销该合同的权利。相对人撤销应当以通知的方式作出。

六、因表见代理、表见代表订立的合同

(一)表见代理

1. 表见代理的概念

表见代理,是指代理人虽然不具有代理权,但被代理人的行为足以使善意相对人相信无权代理人具有代理权,基于此项信赖相对人与无权代理人进行交易,由此产生的法律后果由被代理人承担的代理。

行为人没有代理权、超越代理权或者代理权终止后以被代理人名义订立合同,相对人有理由相信行为人有代理权的,该代理行为有效。

2. 表见代理的构成要件

(1)符合合同成立的有效要件及代理行为的表面特征。

(2)客观上存在使善意相对人相信行为人享有代理权的理由。

(3)相对人为善意且无过失。

3. 表见代理的法律后果

表见代理具有与有权代理同样的效力。该代理行为有效,因表见代理订立的合同有效成立,被代理人是合同的一方当事人,承担合同产生的法律后果。被代理人承担有效代理行为产生的责任后,可以向无权代理人追偿因代理行为而遭受的损失。

(二)表见代表

1. 表见代表的概念

表见代表是指法人代表的行为虽然超越了法人的代表权限,但善意相对人基于一定外观相信其有代表法人之权而与之从事交易行为,该代表行为有效的制度。

《合同法》第 50 条规定:"法人或者其他组织的法定代表人、负责人超越权限订立的合同,除相对人知道或者应当知道其超越权限的以外,该代表行为有效。"

2. 表见代表的构成要件

(1)法人或其他组织的法定代表人或负责人是以法人或其他组织的名义实施民事行为的。

(2)法定代表人或负责人实施的民事法律行为超越了其代表权限。

(3)善意的相对人有合理的理由相信法定代表人或负责人没有超越代表权限。

3. 表见代表的法律后果

构成表见代表的,即使法人或其他组织的权力机关不予追认,其法定代表人或负责人实施的代表行为仍然有效,法人或其他组织不得以其法定代表人或责任人超越权限为由主张抗辩。

第四节　合同的履行

一、合同履行的概念

合同的履行,是指合同成立并生效后,债务人全面适当地完成其合同义务,债权人

的合同权利得到满足，双方当事人的合同目的得以实现的行为。合同的履行是合同的基本法律效力。

二、合同的履行原则

合同的履行原则，是指当事人在履行合同债务时应遵循的基本准则。

（一）全面履行合同义务原则

全面履行合同义务原则又称适当履行原则，是指当事人双方必须严格按照合同约定的主体、标的、数量、质量、价款或者报酬、履行期限、履行地点、履行方式等所有条款全面完整地完成各自承担的合同义务的原则。

（二）协作履行原则

协作履行原则是指合同双方当事人不仅应履行自己的义务，而且应按照诚实信用协助对方履行义务的原则。

在合同履行过程中，当事人不仅应当按照合同约定全面履行自己的义务，而且应当遵循诚实信用的原则，根据合同的性质、目的和交易习惯履行通知、协助、保密、防止损失扩大等义务。

（三）经济合理原则

经济合理原则，是指当事人在履行合同时，应当求经济效益，取得最佳履行效果，维护对方的利益。在履行合同中贯彻经济合理原则表现在许多方面，比如：债务人选择最经济合理的运输方式；选择履行期限履行合同义务等。

☞【思考】

2015 年 5 月，孙军与人寿保险公司签订了康宁终身保险合同，约定受益人为其子小孙，保险金额为 30000 元，年交费 3150 元，缴费期为 20 年。投保单告知事项共 17 项，其中第 10 项是否经常或者曾经吸烟，回答"否"；第 11 项，最近健康状况第 3 个问题是最近六个月是否持续超过一周有下列症状：疲倦、体重下降、腹泻、淋巴结肿大或不寻常皮肤病，回答为"否"。合同签订后，孙军交纳了 2015 年、2016 年、2017 年三年的保险费。孙军于 2018 年 4 月 11 日因高血压猝死。孙军猝死后，其子小孙因保险金赔偿问题与人寿保险公司发现争执，并将人寿保险公司告上法庭，要求支付保险金 90000 元。另悉：孙军在投保前曾因"慢性酒精中毒"住院，并在投保前一个月内体重下降 15 公斤。

请问：孙军的行为违背了合同履行中的什么原则？该合同是否有效？

三、合同的履行规则

（一）合同内容约定不明确时的履行规则

当合同对某些条款没有约定或者约定不明时，可以协议补充；不能达成补充协议的，按照合同有关条款或者交易习惯确定。依照上述原则仍不能确定的，按照下列规定履行：

1. 质量要求不明确的

按照国家标准、行业标准履行；没有国家标准、行业标准的，按照通常标准或者符合合同目的的特定标准履行。

2. 价款或者报酬不明确的

按照订立合同时履行地的市场价确定；依法应当执行政府定价或者政府指导价的，按照规定确定。

3. 履行地点不明确的

给付货币的，在接受货币一方所在地履行；交付不动产的，在不动产所在地履行；其他标的，在履行义务一方所在地履行。

4. 履行期限不明确的

债务人可以随时履行，债权人也可以随时请求履行，但应当给对方必要的准备时间。

5. 履行方式不明确的

按照有利于实现合同目的的方式履行。

6. 履行费用负担不明确的

由履行义务一方负担。

(二)执行政府定价或政府指导价合同的履行规则

执行政府定价或者政府指导价的，在合同约定的交付期限内政府价格调整时，按照交付时的价格计价。逾期交付标的物的，遇价格上涨时，按照原价格执行；价格下降时，按照新价格执行。逾期提取标的物或者逾期付款的，遇价格上涨时，按照新价格执行；价格下降时，按照原价格执行。

(三)合同履行涉及第三人的规则

1. 向第三人履行

当事人约定由债务人向第三人履行债务的，债务人未向第三人履行债务或者履行债务不符合约定，应当向债权人承担违约责任。

2. 由第三人履行

当事人约定由第三人向债权人履行债务的，第三人不履行债务或者履行债务不符合约定，债务人应当向债权人承担违约责任。

(四)提前履行规则

债权人可以拒绝债务人提前履行债务，但提前履行不损害债权人利益的除外。债务人提前履行债务给债权人增加的费用，由债务人负担。

(五)部分履行规则

债权人可以拒绝债务人部分履行债务，但部分履行不损害债权人利益的除外。债务人部分履行债务给债权人增加的费用，由债务人负担。

(六)当事人一方发生变更时的履行规则

债权人分立、合并或者变更住所没有通知债务人，致使履行债务发生困难的，债务人可以中止履行或者将标的物提存。合同生效后，当事人不得因姓名、名称的变更或者法定代表人、负责人、承办人的变动而不履行合同义务。

四、合同履行中的抗辩权

（一）同时履行抗辩权

1. 同时履行抗辩权的概念

同时履行抗辩权，是指无先后履行顺序的双务合同中，由于一方不履行或履行不符合约定，另一方因此而享有的拒绝对方要求自己履行相应合同义务的权利。《合同法》规定，当事人互负债务，没有先后履行顺序的，应当同时履行。一方在对方履行之前有权拒绝其履行要求。一方在对方履行债务不符合约定时，有权拒绝其相应的履行要求。

2. 同时履行抗辩权的构成要件

（1）因同一双务合同而互负义务。

（2）双方互负的债务没有先后履行顺序且均已届清偿期。

（3）对方当事人未履行或者未适当履行合同。

（4）有履行的可能。

3. 同时履行抗辩权的效力

同时履行抗辩权属于延期的抗辩权，只是暂时阻止对方当事人请求权的行使，而不是永久的终止合同。在行使同时履行抗辩权后，如果对方完全履行了合同义务，同时履行抗辩权即告消灭，行使抗辩权者应当履行自己的义务。如果对方仍不履行义务或者履行仍不符合约定的，行使同时履行抗辩权的一方可以行使解除权解除合同，这时，同时履行抗辩权同样归于消灭。

（二）先履行抗辩权

1. 先履行抗辩权的概念

先履行抗辩权，是指在有先后履行顺序的双务合同中，应当先履行的一方没有履行合同义务或者履行不符合合同约定之前，后履行一方有权拒绝其相应的履行请求。

《合同法》规定，当事人互负债务，有先后履行顺序，先履行一方未履行的，后履行一方有权拒绝其履行要求。先履行一方履行债务不符合约定的，后履行一方有权拒绝其相应的履行要求。

2. 先履行抗辩权的构成要件

（1）因同一双务合同互负债务。

（2）有履行的先后顺序。

（3）应当先履行的一方没有履行或履行不符合约定。

3. 先履行抗辩权的效力

行使先履行抗辩权，阻止先履行义务人请求权的行使，但并不是消灭合同的效力。先履行义务人如果完全履行了合同义务，先履行抗辩权消灭，后履行义务人应当恢复履行。

（三）不安抗辩权

1. 不安抗辩权的概念

不安抗辩权，是指在有先后履行顺序的双务合同中，应当先履行的一方有确切证据证明对方丧失履约能力，在对方没有履行或者提供担保之前，有权中止履行合同的权利。

2. 不安抗辩权的构成要件

（1）因同一双务合同而互负债务。

（2）当事人的履行有先后顺序。

（3）权利人是负有先履行义务的当事人。

（4）应先履行合同义务人有确切证据证明后履行当事人丧失或者可能丧失履约能力。

3. 发生不安抗辩权的原因

（1）后履行一方的经营状况严重恶化。

（2）后履行一方转移财产、抽逃资金以逃避债务。

（3）后履行一方丧失商业信誉。

（4）后履行一方有其他丧失或可能丧失履行债务能力的情形。

当事人没有确切证据中止履行的，应当承担违约责任。

4. 不安抗辩权的效力

（1）中止履行、发出通知。不安抗辩权也属于延期抗辩权，行使不安抗辩权只是中止履行合同，而非终止合同。行使不安抗辩权的当事人应当及时向对方发出通知，告知自己中止先履行义务的原因，要求对方提供适当担保或证明其已经恢复履约能力。

（2）恢复履行或解除合同。如果后履行一方在合理期限内提供了适当担保，先履行一方应当恢复履行，合同"起死回生"。如果后履行一方在合理期限内未恢复履行能力并且未提供适当担保的，中止履行的一方可以解除合同。

☞【思考】

2016 年 8 月 20 日，甲公司和乙公司订立承揽合同一份。合同约定，甲公司按乙公司要求，为乙公司加工 300 套桌椅，交货时间为 10 月 1 日。乙公司应在合同成立之日起 10 日内支付加工费 10 万元人民币。合同成立后，甲公司积极组织加工。但乙公司没有按约定期限支付加工费。同年 9 月 2 日，当地消防部门认为甲公司生产车间存在严重的安全隐患，要求其停工整顿。甲公司因此将无法按合同约定期限交货。乙公司在得知这一情形后，遂于同年 9 月 10 日向人民法院提起诉讼，要求甲公司承担违约责任。甲公司答辩称，合同尚未到履行期限，其行为不构成违约。即使其在合同履行期限届满时不能交货，也不是其责任，而是因为消防部门要求其停工。并且乙公司至今未能按合同约定支付加工费，其行为已构成违约，因此提起反诉，要求乙公司承担违约责任。

请问：如果你作为法官，将如何判决此案？

五、合同的保全

（一）合同保全的概念

合同保全，是指合同的债权人依据法律规定，在债务人不正当地处分其权利和财产而危及债权实现时，可以代债务人之位对第三人行使债权或者请求撤销债务人和第三人之间行为的一种债权保障方法。合同保全措施主要包括代位权和撤销权两种。

合同的相对性原则决定了合同关系只发生在特定的合同当事人之间，债的关系原则上不对当事人以外的第三人发生效力，但为确保债权人权利的实现，在特殊情况下，允许合同对合同以外的第三人发生效力。当债务人的财产不当减少危害到债权人的债权时，法律上设置了债的保全制度，合同发生对外效力，法律赋予债权人向第三人行使代位权和撤销权以保护自己的利益，促使债务人按诚实信用原则履行债务。

(二)债权人代位权

1. 代位权的概念

代位权，是指因债务人怠于行使其对第三人的到期债权，从而危及债权人债权的实现时，债权人为保障自己的债权而以自己的名义依法向法院请求代位行使债务人对第三人的债权的权利。《合同法》规定，因债务人怠于行使其到期债权，对债权人造成损害的，债权人可以向人民法院请求以自己的名义代位行使债务人的债权，但该债权专属于债务人自身的除外。

2. 代位权的构成要件

(1)债权人对债务人的债权合法。

(2)债务人享有对第三人的合法债权，并且不是专属于债务人自身的权利。

(3)债务人怠于行使其到期债权。

(4)债务人怠于行使其到期债权的行为对债权人造成损害。债务人不履行其对债权人的到期债务，又不以诉讼方式或者仲裁方式向其债务人主张其享有的具有金钱给付内容的到期债权，致使债权人的到期债权未能实现。次债务人(债务人的债务人)不认为债务人有怠于行使其到期债权情况的，应当承担举证责任。

3. 代位权的行使

(1)代位权的行使方式。债权人行使代位权应以自己名义代位行使债务人的债权，必须通过人民法院的裁判方式进行，通过人民法院裁判方式能防止债权人滥用代位权以及发生纠纷。

(2)代位权的行使范围。以债权人的债权为限，债权人不可以代位行使专属于债务人自身的债权。

☞【知识拓展】
专属于债务人自身的债权范围

专属于债务人自身的债权，是指基于扶养关系、抚养关系、赡养关系、继承关系产生的给付请求权和劳动报酬、退休金、养老金、抚恤金、安置费、人寿保险、人身伤害赔偿请求权等权利。

(3)代位权的行使费用负担。债权人因行使代位权而发生的必要费用，如诉讼费、代理费、差旅费等由债务人承担。不是必要的费用，由债权人自己负担。

(4)代位权行使的效力。债权人向次债务人提起的代位权诉讼经人民法院审理后认定代位权成立的，由次债务人向债权人履行清偿义务，债权人与债务人、债务人与次债务人之间相应的债权债务关系即予消灭。

（三）债权人撤销权

1. 撤销权的概念

撤销权，是指当债务人放弃到期债权、无偿处分财产或以明显低价处分财产给第三人而危及债权人债权的实现时，债权人可以请求人民法院撤销债务人的行为的权利。

《合同法》规定，因债务人放弃其到期债权或者无偿转让财产，对债权人造成损害的，债权人可以请求人民法院撤销债务人的行为。债务人以明显不合理的低价转让财产，对债权人造成损害，并且受让人知道该情形的，债权人也可以请求人民法院撤销债务人的行为。

2. 撤销权的构成要件

（1）债权人对债务人存在有效债权。

（2）债务人实施了减少财产的处分行为。包括以下几种情况：

①债务人无偿处分其财产，即债务人放弃到期债权或者无偿转让财产。②债务人以明显不合理的低价处分财产，并且受让人知道该情形。有偿转让行为必须以受让人主观上有过错为要件，以保证交易关系，保护善意受让人的权利。

（3）债务人减少财产的处分行为危害到债权人的债权。

3. 撤销权的行使

（1）撤销权的行使方式：应以自己名义通过人民法院的裁判方式进行。

（2）撤销权的行使范围：应以债权人的债权为限。

（3）撤销权的行使费用。债权人因行使撤销权而发生的必要费用由债务人承担，不是必要的费用由债权人自己负担。

（4）撤销权的行使期限。撤销权的行使是有期限限制的，享有撤销权的债权人应当在法定的期限内行使其债权，否则法定期限届满后，则撤销权消灭。

《合同法》规定，撤销权自债权人知道或者应当知道撤销之日起1年内行使。自债务人的行为发生之日起5年内没有行使撤销权的，该撤销权消灭。

（5）撤销权行使的效力。债权人提起撤销权诉讼，请求人民法院撤销债务人放弃债权或转让财产的行为，人民法院应当就债权人主张的部分进行审理，依法撤销的，该行为自始无效。

第五节　合同的担保

一、担保的概念

合同的担保，是指依照法律规定，或由当事人双方约定，用特定人的信用或者财产保障债务人履行债务、债权人实现债权的法律制度。《中华人民共和国担保法》（以下简称《担保法》）规定，在借贷、买卖、货物运输、加工承揽等经济活动中，债权人需要以担保方式保障其债权实现的,可以依法设定担保。担保活动应当遵循平等、自愿、公平、诚实信用的原则。

担保以确保债务的履行为目的,以特定人的信用或者特定财产保障主债权的实现。在债务人不履行到期债务或者发生当事人约定的实现担保的情形,由担保人代为履行或者就担保财产优先受偿给债权人。担保具有从属性,被担保的合同是主合同,担保合同是从合同。担保关系从属于所担保的主债权债务关系,以主债权债务关系的有效存在为前提,担保合同被确认无效后,债务人、担保人、债权人有过错的,应当根据其过错各自承担相应的民事责任。担保关系随主债权的转移而转移,主债权消灭,担保关系随之消灭。

二、合同担保的方式

(一)保证

1. 保证的概念

保证,是指保证人和债权人约定,当债务人不履行债务时,保证人按照约定履行债务或者承担责任的行为。保证是第三人为债务人的债务履行作保证,债权人与保证人之间的合同是保证合同,由保证合同产生的债务是保证债务。

2. 保证人

保证人是指在保证法律关系中,提供担保的自然人、法人或其他组织。具有债务能力的法人、其他组织或者公民,可以担任保证人。

国家机关不得为保证人,但经国务院批准为使用外国政府或者国际经济组织贷款进行转贷的除外。学校、幼儿园、医院等以公益为目的的事业单位、社会团体不得为保证人。企业法人的分支机构、职能部门不得为保证人。但是企业法人的分支机构有法人书面授权的,可以在授权范围内提供保证。

3. 保证合同

保证人与债权人应当以书面形式订立保证合同。保证人与债权人可以就单个主合同分别订立保证合同,也可以协议在最高债权额限度内就一定期间连续发生的借款合同或者某项商品交易合同订立一个保证合同。保证合同应当包括以下内容:被保证的主债权种类、数额;债务人履行债务的期限;保证的方式;保证担保的范围;保证的期间;双方认为需要约定的其他事项。保证合同不完全具备前款规定内容的,可以补正。

4. 保证的方式

(1)一般保证。当事人在保证合同中约定,债务人不能履行债务时,由保证人承担保证责任的为一般保证。一般保证的保证人在主合同纠纷未经审判或者仲裁,并就债务人财产依法强制执行仍不能履行债务前,对债权人可以拒绝承担保证责任,即保证人享有先诉抗辩权。但法律另有规定的除外。

(2)连带责任保证。当事人在保证合同中约定保证人与债务人对债务承担连带责任的,为连带责任保证。连带责任保证的债务人在主合同规定的债务履行期届满没有履行债务的,债权人可以要求债务人履行债务,也可以要求保证人在其保证范围内承担保证责任。当事人对保证方式没有约定或者约定不明确的,按照连带责任保证承担保证责任。

5. 保证责任

保证担保的范围包括主债权及利息、违约金、损害赔偿金和实现债权的费用。保证合同另有约定的，按照约定。当事人对保证担保的范围没有约定或者约定不明确的，保证人应当对全部债务承担责任。

保证人有不承担民事责任：主合同当事人双方串通，骗取保证人提供保证的；主合同债权人采取欺诈、胁迫等手段，使保证人在违背真实意思的情况下提供保证的。

保证人承担保证责任后，有权向债务人追偿。

(二) 抵押

1. 抵押的概念

抵押，是指债务人或者第三人不转移对财产的占有，将该财产作为债权的担保，在债务人不履行到期债务或者发生当事人约定的实现抵押权的情形，债权人依法享有就该财产优先受偿。

债务人或者第三人为抵押人，债权人为抵押权人，提供担保的财产为抵押物。抵押权的标的物主要是债务人或第三人提供担保的财产，抵押权不转移标的物占有。

2. 抵押物

《物权法》规定，下列财产可以抵押：建筑物和其他土地附着物；建设用地使用权；以招标、拍卖、公开协商等方式取得的荒地等土地承包经营权；生产设备、原材料、半成品、产品；正在建造的建筑物、船舶、航空器；交通运输工具；法律、行政法规未禁止抵押的其他财产。抵押人可以将上述所列财产一并抵押。

下列财产不得抵押：土地所有权；耕地、宅基地、自留地、自留山等集体所有的土地使用权，但法律规定可以抵押的除外；学校、幼儿园、医院等以公益为目的的事业单位、社会团体的教育设施、医疗卫生设施和其他社会公益设施；所有权、使用权不明或者有争议的财产；依法被查封、扣押、监管的财产；法律、行政法规规定不得抵押的其他财产。

3. 抵押合同

设立抵押权，当事人应当采取书面形式订立抵押合同。订立抵押合同时，抵押权人和抵押人在合同中不得约定在债务履行期届满抵押权人未受清偿时，抵押物的所有权转移为债权人所有。

4. 抵押物登记

法律规定需要办理抵押登记的财产设定抵押，抵押合同从登记之日起生效，对不需办理抵押登记的财产设定抵押，当事人自愿办理抵押物登记，抵押合同自签订之日起生效。当事人未办理抵押物登记的，不得对抗第三人。

5. 抵押担保的范围

抵押担保的范围包括主债权及利息、违约金、损害赔偿金和实现抵押权的费用。抵押合同另有约定的，按照约定。

6. 抵押权的实现

债务人不履行到期债务或者发生当事人约定的实现抵押权的情形，抵押权人可以与抵押人协议以抵押财产折价或者以拍卖、变卖该抵押财产所得的价款优先受偿。抵押权人与抵押人未就抵押权实现方式达成协议的，抵押权人可以请求人民法院拍卖、变卖抵押财产。

抵押财产折价或者拍卖、变卖后，其价款超过债权数额的部分归抵押人所有，不足部分由债务人清偿。

同一财产向两个以上债权人抵押的，拍卖、变卖抵押财产所得的价款依照下列规定清偿：抵押权已登记的，按照登记的先后顺序清偿；顺序相同的，按照债权比例清偿；抵押权已登记的先于未登记的受偿；抵押权未登记的，按照债权比例清偿。

7. 最高额抵押

为担保债务的履行，债务人或者第三人对一定期间内将要连续发生的债权提供担保财产的，债务人不履行到期债务或者发生当事人约定的实现抵押权的情形，抵押权人有权在最高债权额限度内就该担保财产优先受偿。

(三) 质押

1. 质押的概念

质押，是指债务人或者第三人将其动产移交债权人占有，或者将权利出质，以该动产或者权利作为债权的担保，当债务人不履行到期债务或发生当事人约定的事由时，债权人就该动产或财产权利优先受偿。质权分为动产质权和权利质权，质权以移转质物的占有为成立要件。

2. 动产质押

动产质押，是指为担保债务的履行，债务人或者第三人将其动产出质给债权人占有的，债务人不履行到期债务或者发生当事人约定的实现质权的情形，债权人有权就该动产优先受偿。债务人或者第三人为出质人，债权人为质权人，交付的动产为质押财产。法律、行政法规禁止转让的动产不得出质。设立质权，当事人应当采取书面形式订立质权合同。质权人在债务履行期届满前，不得与出质人约定债务人不履行到期债务时质押财产归债权人所有。质权自出质人交付质押财产时设立。

质权人有权收取质押财产的孳息，但合同另有约定的除外。质权人在质权存续期间，未经出质人同意，擅自使用、处分质押财产，给出质人造成损害的，应当承担赔偿责任。质权人负有妥善保管质押财产的义务。质权人的行为可能使质押财产毁损、灭失的，出质人可以要求质权人将质押财产提存，或者要求提前清偿债务并返还质押财产。

债务人不履行到期债务或者发生当事人约定的实现质权的情形，质权人可以与出质人协议以质押财产折价，也可以就拍卖、变卖质押财产所得的价款优先受偿。出质人可以请求质权人在债务履行期届满后及时行使质权；质权人不行使的，出质人可以请求人民法院拍卖、变卖质押财产。出质人请求质权人及时行使质权，因质权人怠于行使权利造成损害的，由质权人承担赔偿责任。质押财产折价或者拍卖、变卖后，其价款超过债权数额的部分归出质人所有，不足部分由债务人清偿。

3. 权利质押

权利质押，是指以可以转让的权利为标的物的质押。债务人或者第三人有权处分的下列权利可以出质：汇票、支票、本票；债券、存款单；仓单、提单；可以转让的基金份额、股权；可以转让的注册商标专用权、专利权、著作权等知识产权中的财产权；应收账款；法律、行政法规规定可以出质的其他财产权利。

（四）留置

1. 留置的概念

留置，是指债务人不履行到期债务，债权人可以留置已经合法占有的债务人的动产，并有权就该动产优先受偿。债权人为留置权人，占有的动产为留置财产。

留置权是法定担保物权，同一动产上已设立抵押权或者质权，该动产又被留置的，留置权人优先受偿。

2. 留置的效力

债权人留置的动产，应当与债权属于同一法律关系，但企业之间留置的除外。法律规定或者当事人约定不得留置的动产，不得留置。留置财产为可分物的，留置财产的价值应当相当于债务的金额。

留置担保的范围包括主债权及利息、违约金、损害赔偿金、留置物保管费用和实现留置权的费用。

留置权人负有妥善保管留置财产的义务，因保管不善致使留置财产毁损、灭失的，应当承担赔偿责任。置权人有权收取留置财产的孳息，孳息应当先充抵收取孳息的费用。

3. 留置权的实现

留置权人与债务人应当约定留置财产后的债务履行期间；没有约定或者约定不明确的，留置权人应当给债务人两个月以上履行债务的期间，但鲜活易腐等不易保管的动产除外。债务人逾期未履行的，留置权人可以与债务人协议以留置财产折价，也可以就拍卖、变卖留置财产所得的价款优先受偿。债务人可以请求留置权人在债务履行期届满后行使留置权；留置权人不行使的，债务人可以请求人民法院拍卖、变卖留置财产。留置财产折价或者拍卖、变卖后，其价款超过债权数额的部分归债务人所有，不足部分由债务人清偿。

（五）定金

1. 定金的概念

定金，是指合同当事人约定的预先支付给另一方一定数额的货币以担保债务的履行。定金是一种约定担保方式，当事人可通过协议采用。定金除担保功能外，还有其他作用，如承担违约责任等。

2. 定金的设立

定金应当以书面形式约定，当事人在定金合同中应当约定交付定金的期限。定金合同是实践性合同，从实际交付定金之日起生效。定金的数额由当事人约定，但不得超过主合同标的额的20%。

3. 定金罚则

债务人履行债务后，定金应当抵作价款或者收回。给付定金的一方不履行约定的债务的，无权要求返还定金；收受定金的一方不履行约定的债务的，应当双倍返还定金。

第六节 合同的变更、转让

一、合同的变更

(一)合同变更的含义

合同变更仅指合同内容的变更,即在合同成立以后,尚未履行或者尚未完全履行以前,当事人依照法律规定的条件和程序,就合同的内容发生的变化。

(二)合同变更的原因

1. 当事人协议变更

当事人协商一致,可以变更合同。法律、行政法规规定变更合同事项应当办理批准、登记手续的,依照其规定。当事人对合同变更的内容约定不明确的,推定为未变更。

2. 基于法律的直接规定变更

当法律规定的情形出现时,合同内容即发生变化,如托运人的法定变更权。

3. 法院或仲裁机关裁决变更

当事人订立合同时意思表示不真实,有撤销权一方向法院或仲裁机关请求变更或撤销合同。

(三)合同变更的效力

变更后的合同代替了原合同。合同变更后,当事人应按变更后的合同履行。合同变更原则上没有溯及力,它仅向将来发生效力,已经履行部分不受影响,但法律另有规定或当事人另有约定的除外。

二、合同的转让

(一)合同转让的概念

合同的转让也就是合同权利义务的转让,是指合同当事人依法将其合同的权利、义务的全部或者部分转让给第三人的行为。合同转让不改变合同内容,是合同主体的变更,包括合同权利的转让、合同义务的转移、合同权利和义务的一并转让三种类型。法律、行政法规规定转让权利或者转移义务应当办理批准、登记等手续的,依照其规定。

(二)合同权利的转让

1. 合同权利转让的概念

合同权利的转让,是指不改变合同权利的内容,债权人将合同的权利全部或部分转让给第三人的行为。债权人是转让人,第三人称为受让人,转让的对象是合同的债权,债权人既可以将合同权利全部转让,也可以将合同权利部分转让。

2. 对合同权利转让的限制

债权人可以将合同的权利全部或者部分转让给第三人,但有下列情形之一的除外:

(1)根据合同性质不得转让。

(2)按照当事人约定不得转让。

(3)依照法律规定不得转让。

3. 合同权利转让的程序

债权人享有转让其合同的权利，但是，由于债权人和债务人之间存在合同关系，债权的转让会对债务人造成一定的影响，从维护债务人利益出发，应对权利让与作适当限制，债权人转让权利时应完成一定的程序。《合同法》规定，债权人转让权利的，应当通知债务人，未经通知，该转让对债务人不发生效力。债权人转让权利的通知不得撤销，但经受让人同意的除外。

4. 合同权利转让的效力

合同权利转让后，在让与人(原债权人)、受让人(第三人)和债务人之间产生相应的法律后果。

(1)合同权利转让的内部效力。合同权利转让在让与人和受让人之间的效力是合同权利转让的内部效力。①合同权利由让与人转让给受让人后，如果是合同权利全部转让，则受让人取代让与人在原合同中债权人的地位，而成为新的债权人，原债权人脱离合同关系；如果是合同权利部分转让，则受让人作为第三人加入到合同关系中，与原债权人共同享有债权。②从权利随主权利同时转让给受让人，但专属于债权人自身的从权利不随主权利的转让而转让。

(2)合同权利转让的外部效力。合同权利转让对债务人发生的效力是合同权利转让的外部效力。①让与人将债权全面让与的，让与人即原债权人不得再向债务人请求给付，债务人不得再向让与人履行债务。②债务人接到债权转让通知后，债务人对让与人的抗辩，可以向受让人主张。③债务人接到债权转让通知时，债务人对让与人享有债权，并且债务人的债权先于转让的债权到期或者同时到期的，债务人可以向受让人主张抵销。

(三)合同义务的转移

1. 合同义务转移的概念

合同义务的转移，是指债务人经债权人同意，将合同的义务全部或者部分地转让给第三人的行为。合同义务转移是义务履行主体的改变，不改变合同义务内容，合同义务的转移不同于第三人代替债务人履行债务，债务人将债务转移给第三人承担必须经债权人同意。

2. 合同义务转移的条件

债务人可以将合同的义务转移给第三人，但是，债务人的情况对债权人债权的实现尤为重要，因此，为了保护债权人的合法利益，债务人必须经过债权人的同意才能将债务转让给第三人。

3. 合同义务转移的效力

合同义务转移后，在让与人(原债务人)、受让人(第三人)和债权人之间产生相应的法律后果。

(1)合同义务转移的内部效力。合同义务转移在让与人和受让人之间的效力是合同义务转移的内部效力。①合同义务转移后，如果是合同义务的全部转移，受让人即新的债务人将完全取代让与人直接承担合同的义务，原债务人脱离债务关系；如果是合同义务的部分转移，则受让人即新的债务人加入到原债务中，和让与人即原债务人一起向债权人履行义务。②债务人转移义务的，新债务人应当承担与主债务有关的从债务，但该从债务专属于原债务人自身的除外。

（2）合同义务转移的外部效力。合同义务转移对债权人发生的效力是合同义务转移的外部效力。债务人转移义务的，新债务人可以主张原债务人对债权人的抗辩。

（四）合同权利和义务的一并转让

1. 合同权利义务一并转让的含义

合同权利义务一并转让又被称为概括转让，是指当事人一方经对方同意，将其权利和义务一并转移给第三人的行为。概括转让是当事人对合同权利和义务的全面处分，转让的内容包括权利的转让和义务的转移。权利和义务一并转让，适用权利转让和义务转移的规定。

2. 合同权利和义务的一并转让的效力

合同的一方当事人将自己在合同中的权利与义务一并转让时，应当取得对方当事人的同意。对债权转让的限制，适用于概括转让，如按合同性质、当事人约定、法律规定不得转让的债权，当事人不得转让。转让合同权利义务时，与债权有关的从权利和从债务一并转让，但专属于债权人自身的除外。转让合同权利义务不影响债务人抗辩权的行使。法律、行政法规规定转让权利或者转移义务应当办理批准、登记等手续的，依照其规定。

（五）合并或分立后债权债务的处理

合并，是指两个或两个以上的法人或者其他组织合并为一个法人或一个其他组织，合并分为新设合并和吸收合并。当事人订立合同后合并的，由合并后的法人或者其他组织行使合同权利，履行合同义务。

分立，是指一个法人或者其他组织分成多个法人或者其他组织。当事人订立合同后分立的，除债权人和债务人另有约定的以外，由分立的法人或者其他组织对合同的权利和义务享有连带债权，承担连带债务。

第七节　合同权利义务的终止

一、合同终止的概述

合同终止，是指依法生效的合同，由于一定的法律事实发生，债权人不再享有合同权利，债务人也不必再履行合同义务，合同债权、债务归于消灭。合同是有期限权利，不可能永久存续，因一定的事由出现而使合同的权利和义务归于消灭。

二、合同终止的原因

根据《合同法》的规定，有下列情形之一的，合同的权利义务终止：债务已经按照约定履行；合同解除；债务相互抵销；债务人依法将标的物提存；债权人免除债务；债权债务混同；法律规定或者当事人约定终止的其他情形。

（一）合同解除

合同的解除，是指合同有效成立后，没有完全履行之前，因主客观情况发生变化，当事人通过协议或行使解除权的方式，使合同关系归于消灭的行为。合同解除适用于有效合同，无效合同自始不发生履行效力无须解除。合同解除不是自动解除，应当有当事人的解除行为。

1. 合同解除的种类

（1）约定解除合同。根据合同自愿原则，当事人有在法律规定范围内自愿解除合同的权利。约定解除合同是指双方以协议方式或一方行使约定解除权而解除合同。①协商解除合同。当事人在协商一致的基础上以订立合同的方式解除原有的合同；②约定解除权解除合同，当事人双方订立合同时约定解除合同的条件，当条件成就时一方或双方有权解除合同。

（2）法定解除合同。法定解除是指合同生效后，没有完全履行完毕前，在法律规定的解除条件出现时，当事人行使解除权而使合同关系消灭。①法定事由解除。根据《合同法》的规定，有下列情形之一的，当事人可以解除合同：因不可抗力致使不能实现合同目的；在履行期限届满之前，当事人一方明确表示或者以自己的行为表明不履行主要债务；当事人一方迟延履行主要债务，经催告后在合理期限内仍未履行；当事人一方迟延履行债务或者有其他违约行为致使不能实现合同目的；法律规定的其他情形。②法定任意解除，对于特定种类合同，无须法定事由，一方或双方有解除权，如《合同法》中的定作人随时解除权。

2. 解除权行使期限

法律规定或者当事人约定解除权行使期限，期限届满当事人不行使的，该权利消灭。法律没有规定或者当事人没有约定解除权行使期限，经对方催告后在合理期限内不行使的，该权利消灭。

3. 解除合同的程序

当事人在约定解除权解除合同和法定解除合同的时候，应当遵守下列程序规定：

（1）当事人协商解除合同的，适用要约和承诺的规则。

（2）当事人一方依照约定解除权、法定解除主张解除合同的，应通知对方。合同自通知到达对方时解除。对方有异议的，可以请求人民法院或者仲裁机构确认解除合同的效力。

（3）法律、行政法规规定解除合同应当办理批准、登记手续的，依照其规定。法律、行政法规规定解除合同应当办理批准、登记手续的，未办理有关手续，合同不能终止。

4. 合同解除的效力

根据《合同法》的规定，合同解除后，尚未履行的，终止履行；已经履行的，根据履行情况和合同性质，当事人可以要求恢复原状、采取其他补救措施，并有权要求赔偿损失。合同的权利义务终止，不影响合同中结算和清理条款的效力。

（二）债务相互抵销

1. 抵销的概念

抵销，是指当事人互负到期债务，相互充抵债权，使双方的债务在对等数额内消灭的行为。抵销是一种公平简捷的清偿方法，免除了当事人双方交互履行的麻烦，方便了当事人，节省了履行费用，当互负债务的当事人一方财产状况恶化，不能履行所负债务时，通过抵销可以避免先为清偿者遭受损失的危险，起到了债的担保的作用。

2. 抵销的种类

根据抵销产生的依据不同，可以分为法定抵销和约定抵销。

（1）法定抵销，是指法律规定抵销的条件，债权人以自己的债权抵充自己的债务，依债权人一方的意思表示即发生抵销的效力。根据《合同法》的规定，当事人互负到期债务，该债务的标的物种类、品质相同的，任何一方可以将自己的债务与对方的债务抵销，但依照法律规定或者按照合同性质不得抵销的除外。当事人主张抵销的，应当通知对方。通知自到达对方时生效。抵销不得附条件或者附期限。

（2）约定抵销，是指当事人双方协商一致，使自己的债务与对方的债务在等额内消灭。根据《合同法》的规定，当事人互负债务，标的物种类、品质不相同的，经双方协商一致，也可以抵销。约定抵销是当事人订立以抵销债务为内容的合同，应遵循双方自愿的原则，适用合同成立、生效的一般规则，由当事人协商确定抵销的条件和效力。

（三）债务人依法将标的物提存

提存，是指由于债权人的原因而无法履行债务或难以履行债务时，债务人将该标的物交给提存机关而消灭债务的行为。债务人履行合同时需要债权人的协助，如果因为债权人的原因导致不能履行债务，债务人的债务并不能因此消灭，债务人仍需随时准备履行，承担债权人不受领的后果，显然有失公平，因此，提存作为合同权利与义务终止的原因，可以起到保护债务人，同时兼顾债权人利益的作用。

1. 提存的原因

根据《合同法》的规定，有下列情形之一，难以履行债务的债务人可以将标的物提存：

（1）债权人无正当理由拒绝受领。

（2）债权人下落不明。

（3）债权人死亡或者丧失行为能力而未确定继承人或者监护人。

（4）法律规定的其他情形。

2. 提存标的物

提存的标的物应当是合同约定给付的标的物，可以是货币、有价证券、票据、提单、权利证书、物品等，动产和不动产都可以提存。标的物不适于提存或者提存费用过高的，债务人依法可以拍卖或者变卖标的物，提存所得的价款。

3. 提存通知

为了便于债权人受领提存物，标的物提存后，除债权人下落不明的以外，债务人应当将提存的事实及时通知债权人或者债权人的继承人、监护人。

4. 提存的效力

（1）标的物提存后，不论债权人是否提取，都产生债务消灭的法律后果，债权人不得再向债务人请求履行合同。

（2）标的物提存后，标的物毁损、灭失的风险由债权人承担。

（3）标的物提存后，标的物在提存期间的孳息归债权人所有，提存费用由债权人负担。

（4）标的物提存后，债权人有领取提存物的权利。债权人可以随时领取提存物，但债权人对债务人负有到期债务的，在债权人未履行债务或者提供担保之前，提存部门根据债务人的要求应当拒绝其领取提存物。债权人领取提存物的权利，自提存之日起五年内不行使而消灭，提存物扣除提存费用后归国家所有。

（5）标的物提存后，提存机关有妥善保管提存物的义务。

（四）债权人免除债务

1. 免除的概念

免除，是指合同没有完全履行之前，债权人抛弃部分或全部债权，从而使合同关系部分或全部终止的法律行为。债权人应当有抛弃债权的意思表示，具有相应的行为能力，免除的结果是免除了债务人的债务。

2. 免除的效力

免除使债务消灭。债权人免除部分债务的，债务部分消灭；免除全部债务的，债务全部消灭。免除全部债务的，全部债务不必再履行，合同的权利与义务因此终止。免除消灭了对方债务，也等于放弃了自己的债权，债权消灭，从属于债权的担保权利、违约金请求权等也随之消灭。

（五）债权债务混同

混同是指债权债务同归于一人。合同关系的主体是对立的双方，由于某种客观事实的发生，使得一项合同中的债权、债务同归于一人，合同的履行失去意义，合同失去存在的基础，合同的权利与义务自然应当终止。混同发生的原因主要有合并、继承等。如两个企业法人发生合并，债权债务因同归于一个企业而消灭。

在上述合同权利义务终止的原因中，债务已经按照约定履行是合同终止的正常原因。债务已经按照约定履行，是指债务人按照约定标的、数量、质量、价款或者报酬、履行期限、履行地点和方式等全面履行合同。债务人按照合同约定全面履行义务，债权人的债权得到了满足，实现合同订立的目的，合同权利与义务归于消灭，产生合同终止的后果，合同因正常履行而终止。

除了履行、解除、抵销、提存、免除、混同之外，出现法律规定或者当事人约定的合同权利与义务终止的其他情形的，合同的权利义务也发生终止的效力。如合同法规定，委托人或者受托人死亡、丧失民事行为能力或者破产的，委托合同终止。

三、合同终止的效力

合同的权利与义务终止后，在合同当事人之间产生消灭原权利与义务关系的效力，不必继续履行合同。合同终止后，当事人产生后合同义务。所谓后合同义务，是指合同的权利与义务终止后，当事人依照法律的规定，遵循诚实信用原则，根据交易习惯履行的义务。合同终止后的义务通常包括通知的义务、协助的义务、保密的义务等。合同的权利义务终止，不影响合同中结算和清理条款的效力。

第八节　违　约　责　任

一、违约责任概述

违约责任，是指当事人一方或双方不履行合同义务或者履行合同义务不符合合同约定时，依照法律规定或者合同约定应承担的法律责任。违约责任是违反有效合同约定义务的法律后果，是违约方对另一方承担的民事责任。

当事人一方因第三人的原因造成违约的，应当向对方承担违约责任。当事人一方和第三人之间的纠纷，依照法律规定或者按照约定解决。因当事人一方的违约行为，侵害对方人身、财产权益的，受损害方有权选择依照合同法要求其承担违约责任或者依照其他法律要求其承担侵权责任。

二、违约责任的构成要件

根据《合同法》的规定，违约责任的构成条件体现在两个方面。

（一）有违约行为

违约行为分为预期违约和实际违约两种。

1. 预期违约

预期违约，是指在履行期限届满之前，当事人一方明确表示或者以自己的行为表明不履行合同。

2. 实际违约

实际违约，是指当事人一方不履行合同义务或者履行合同义务不符合约定。

（1）不履行合同，包括拒绝履行和履行不能。

（2）履行不符合约定，包括迟延履行以及标的物质量、数量、方式等不符合要求的瑕疵履行

（二）无免责事由

当事人有违约行为，但有免责事由，不承担违约责任。有无免责事由，应由违约人负责举证。

免责事由分为法定的免责事由和约定的免责事由。

1. 法定的免责事由

法定的免责事由，是指法律明确规定的当事人可以援用的免责事由，主要包括不可抗力和合同履行抗辩权。

所谓不可抗力，是指不能预见、不能避免并不能克服的客观情况。因不可抗力不能履行合同的，根据不可抗力的影响，部分或者全部免除责任，但法律另有规定的除外。当事人迟延履行后发生不可抗力的，不能免除责任。当事人一方因不可抗力不能履行合同的，应当及时通知对方，以减轻可能给对方造成的损失，并应当在合理期限内提供证明。

2. 约定的免责事由

即免责条款，当事人可以在合同中预先约定免除其违约责任的事由，但下列免责条款无效：造成对方人身伤害的；因故意或者重大过失造成对方财产损失的。

被违约人有过错。如债务人违约后，债权人应当采取适当措施防止损失的扩大，没有采取适当措施致使损失扩大的，不得就扩大的损失要求赔偿，债权人因防止损失扩大而支出的合理费用，由违约方承担。又如，承运人应当对运输过程中旅客的伤亡承担损害赔偿责任，但伤亡是旅客自身健康原因造成的或者承运人证明伤亡是旅客故意、重大过失造成的除外。

三、违约责任的形式

(一)继续履行

继续履行，是指当事人一方存在违约行为时，债权人为实现订约目的，要求违约方继续按照合同的约定履行义务的一种承担违约责任的方式。继续履行主要适用于债权人想要实现原合同的履行利益，依法或者事实能够继续履行的合同。

当事人一方未支付价款或者报酬的，对方可以要求其支付价款或者报酬。当事人一方不履行非金钱债务或者履行非金钱债务不符合约定的，对方可以要求履行，但有下列情形之一的除外：法律上或者事实上不能履行；债务的标的不适于强制履行或者履行费用过高；债权人在合理期限内未要求履行。

(二)采取补救措施

采取补救措施是指修理、更换、重作、退货、减少价款和报酬。《合同法》规定，质量不符合约定的，应当按照当事人的约定承担违约责任，对违约责任没有约定或者约定不明确，依照合同内容约定不明确时的履行规则仍不能确定的，受损害方根据标的的性质以及损失的大小，可以合理选择要求对方承担修理、更换、重作、退货、减少价款或者报酬等违约责任。

(三)赔偿损失

赔偿损失，是指一方不履行或不按合同履行义务时，以金钱、实物弥补对方损失的违约责任形式。当事人一方不履行合同义务或者履行合同义务不符合约定的，在履行义务或者采取补救措施后，对方还有其他损失的，应当赔偿损失。损失赔偿额应当相当于因违约所造成的损失，包括合同履行后可以获得的利益，但不得超过违反合同一方订立合同时预见到或者应当预见到的因违反合同可能造成的损失。当事人一方违约后，对方应当采取适当措施防止损失的扩大；没有采取适当措施致使损失扩大的，不得就扩大的损失要求赔偿，当事人因防止损失扩大而支出的合理费用，由违约方承担。

（四）支付违约金

当事人可以约定一方违约时应当根据违约情况向对方支付一定数额的违约金，也可以约定因违约产生的损失赔偿额的计算方法。违约金是带有惩罚性质的经济补偿手段，无论违约方是否已经给对方造成损失，都应支付。

约定的违约金低于造成损失的，当事人可以请求人民法院或者仲裁机构予以增加；约定的违约金过分高于造成损失的，当事人可以请求人民法院或者仲裁机构予以适当减少。当事人就迟延履行约定违约金的，违约方支付违约金后，还应当履行债务。

（五）定金

当事人既约定违约金，又约定定金的，一方违约时，对方可以选择适用违约金或者定金条款，两者不能并用。

☞【思考】

甲与乙订立了一份卖牛合同。合同约定甲向乙交付 3 头牛，分别为牛 1、牛 2、牛 3，总价款为 2.1 万元；乙向甲交付定金 8000 元，余下款项由乙在半年内付清。双方还约定，在乙向甲付清牛款之前，甲保留该 3 头牛的所有权，甲向乙交付了该 3 头牛。根据《合同法》及相关法律回答下列问题：

1. 假设在牛款付清之前，牛 1 被雷电击死，该损失由谁承担？为什么？

2. 假设在牛款付清之前，牛 2 生下了一头小牛，该小牛由谁享有所有权？为什么？

3. 假设牛 3 突然将正在路上行走的邻居袁某踢伤，袁某为此花费医疗费 6000 元，该损失应当由谁赔偿？

4. 本案定金数额是否符合法律规定？

第五章 国际货物买卖法

☞【学习目标】
  1. 掌握国际货物买卖法概念、特征
  2. 熟悉《国际贸易术语解释通则 2010》的主要内容及其新的发展
  3. 掌握国际货物买卖法的主要环节和流程以及买卖双方的义务
  4. 理解违约的救济方法和货物所有权及风险转移的划分

第一节 国际货物买卖法概述

一、国际货物买卖法的概念与特点

(一)国际货物买卖法的概念

国际货物买卖,是指超越国界的货物买卖。这种货物买卖发生于营业地处于不同国家或地区的当事人之间。国际货物买卖的判断标准,是当事人的营业地而不是当事人的国籍。营业地分别属于不同国家或地区的当事人,尽管国籍相同,发生于它们之间的超越国界的货物买卖,属于国际货物买卖;而营业地处于同一国家或地区的当事人,尽管国籍不同,发生于它们之间的并不超越国界或地区界限的货物买卖,仍视为国内货物买卖而不属于国际货物买卖。

国际货物买卖法则是指营业地处于不同国家境内的买卖双方当事人之间,一方提供货物,收取价金;另一方接受货物,支付货款的协议。它是确定当事人之间权利义务的根据。国际货物买卖是国际商事交易中最重要,也是数量最大的一种形式。

☞【思考】
CDC 酒业公司是一家加拿大公司(以下简称加拿大公司),被告美国 S 公司(以下简称美国公司)是法国一家软木塞制造公司设在美国加利福尼亚州的一家分公司。2014年 9 月,加拿大公司和美国公司签订了一份关于买卖软木塞的合同。合同规定,美国公司供货给加拿大公司 1200 万个软木塞,软木塞不得有损坏葡萄酒的污点。每次装货,美国公司都会出具一份发票,发票上规定法国一地区法院对合同的任何争端有唯一管辖权。加拿大公司按照合同约定支付了货款。2015 年,软木塞出现了污点,加拿大公司在加利福尼亚州北区地方法院对美国公司及其总公司提起了诉讼,但是美国公司和法国总公司认为该案管辖地的选择条款是法国的某地方法院,加利福尼亚州北区地方法院没有管辖权。北区法院支持了被告美国公司的请求，驳回了原告加拿大公司的诉讼请求。加拿大公司不服，提出了上诉。

上诉法院认为：《联合国国际货物销售合同公约》适用于营业地在不同缔约国的当事人之间的货物销售合同，公约在关于管辖权选择问题上主要涉及的是实质性问题；美国、法国、加拿大均是公约的缔约国，而且这几个国家在加入公约时对管辖权均未作出保留，公约对这几个国家是有约束力的；买卖合同中并没有关于管辖权选择条款，因此区法院关于美国法院没有管辖权的判决应予撤销，案件被发回重审。

（二）国际货物买卖法的特点

国际货物买卖法具有以下三个主要特点：

（1）当事人营业地处于不同国家，即具有国际性。

（2）国际货物买卖合同内容的复杂性。一般情形下，国际货物买卖合同是跨越不同国境发生的交易，由此所派生的跨国运输、涉外保险、跨国支付等问题，与国际货物买卖的运输、保险、支付相比，显得更为复杂。

（3）国际买卖合同是确立当事人权利义务的依据。各国法律和有关国际公约都承认国际货物买卖合同的法律效力，一方当事人不履行合同义务时，另一方当事人可依法提起诉讼或根据仲裁协议提交仲裁，要求强制实现合同中的权利。

二、国际货物买卖法的渊源

国际货物买卖法主要包括国际货物买卖合同的成立、买卖双方的义务、对违反买卖合同的补救方法、货物所有权与风险移转等内容。国际货物买卖法的渊源有三：一是国际条约，二是国际贸易惯例，三是有关国内法。

（一）国际条约

国际条约是国际货物买卖法的重要渊源，有关国际货物买卖法的国际条约主要有：1924 年《关于统一提单若干法律规则的国际公约》（《海牙规则》）、1968 年《修改统一提单的若干法律规则的国际公约的议定书》（《维斯比规则》）、1974 年《联合国国际货物买卖合同时效期限公约》、1978 年《国际海上货物运输公约》、1980 年《联合国国际货物销售合同公约》、1986 年《国际货物买卖合同法律适用公约》等。其中，1980 年的《联合国国际货物销售合同公约》（以下简称《公约》）是迄今为止有关国际货物买卖合同中一项最为重要的国际条约。它由联合国国际贸易法委员会主持制定，于 1980 年在维也纳举行的外交会议上获得通过，并于 1988 年 1 月 1 日正式生效。

1.《公约》的基本结构

《公约》共分为四部分 101 条。第一部分是《公约》的适用范围和总则。关于适用范围，《公约》详细规定了适用本《公约》和不适用本《公约》的有关事项。关于总则，主要有解释和适用《公约》的原则、当事人意旨的原则、惯例的适用和效力等。第二部分是合同的成立，这部分主要对要约和承诺的规则作了详细的规定。包括要约的定义、生效、撤回撤销、效力终止和承诺的定义、期限、撤回和逾期承诺生效的效力等相关解释。第三部分是货物买卖，主要内容是买卖双方各项权利义务违约及其补救措施等规定。第四部分是最后条款，主要涉及一些程序上和技术性的规定。

2. 我国对《公约》适用的保留

中国是该《公约》成员之一，对《公约》的态度是：基本赞同《公约》内容，但在《公约》允许范围内，根据中国具体情况，提出以下两项保留。

关于国际货物买卖合同必须采用书面形式的保留：按照该《公约》规定，国际货物买卖合同不一定要以书面方式订立或证明，在形式上不受限制，这一规定同中国涉外经济合同必须采用书面形式订立的规定相抵触。中国坚持认为，国际货物买卖合同必须采用书面形式，否则视为无效。

关于《公约》使用范围的保留：《公约》在确定使用范围时，是以当事人营业场所所在国家为标准的，对当事人国籍不予考虑。即只要合同双方当事人的营业地所处国家都是公约缔约国，该《公约》就适用于当事人。对于这一点，中国是同意的。为扩大适用范围，《公约》又规定，若当事人营业地处于不同的非缔约国国家，如果按照国际私法规则指向适用某个缔约国的法律，则该公约亦适用于当事人。中国对此提出了保留，在中国，该《公约》适用范围仅限于营业地点分处于不同缔约国的当事人之间订立货物买卖合同。

(二)国际贸易惯例

国际贸易惯例是国际货物买卖法的另一个重要渊源。在国际货物买卖中，如果双方当事人在合同内规定采用某项惯例，它对双方当事人就具有约束力。在发生争议时，法院和仲裁机构也可以参照国际贸易惯例来确定当事人的权利与义务。

《国际贸易术语解释通则》由国际商会于 1935 年制定；随后，为适应国际贸易实践发展的需要，国际商会先后于 1953 年、1967 年、1976 年、1980 年和 1990 年进行了多次修订和补充。为了进一步适应世界上无关税区的发展，交易中使用电子信息的增多和国际货物运输方式的变化，国际商会再次对其进行修订，于 1999 年 7 月公布《国际贸易术语解释通则 2000》(以下简称《2000 年通则》)，于 2000 年 1 月 1 日起生效。2010 年 9 月 27 日，国际商会正式推出《国际贸易术语解释通则 2010》，与《2000 年通则》并用，新版本于 2011 年 1 月 1 日正式生效。

《华沙—牛津规则》是国际法协会于 1932 年针对 CIF 合同制定的，它对 CIF 合同中买卖双方应承担的责任、风险与费用做了详细规定，在国际上有相当大的影响。

《跟单信用证统一惯例》(1993 年修订本)和《托收统一规则》是国际商会制定的两项有关国际贸易支付方面的重要惯例，确定了在采用信用证和托收方式时，银行与有关当事人之间的责任与义务，在国际上有很大影响，中国也在外贸业务中普遍使用。

(三)关于货物买卖的国内法

尽管有关国际货物买卖的国际公约、惯例正日益增多和完善，但离国际货物买卖法的统一还有相当大距离。各国法院或仲裁机构在处理国际货物买卖合同争议时，仍需借助国际私法规则选择适用某个国家的国内法。因此，各国有关货物买卖的国内法仍是国际货物买卖法的重要渊源之一。

大陆法系国家，买卖法一般作为债编的组成部分编入民法典，如《法国民法典》、《德国民法典》。这些法典通常没有专门针对货物买卖的法律条款，而把货物买卖视为动产买卖的一种统一加以规定。中国主要由《民法通则》、《合同法》来调整货物买卖产生的各种关系。

英美法系等海洋法国家的货物买卖法一般由两部分组成：一是普通法，由法院以判例形式确立的法律原则，属于不成文法或判例法；二是成文法或制定法，是由立法机关制定的法律。其中具有代表性的是英国 1893 年《货物买卖法》，此后经过修订，现在有效的是 1979 年的修订本《英国货物买卖法》。美国现行的有效法律是美国统一州法委员会和美国法学会于 1942 年开始着手起草的《美国统一商法典》，现在使用的是 1998 年修订本。

第二节　《国际贸易术语解释通则 2010》

一、《国际贸易术语解释通则 2010》概述

《国际贸易术语解释通则 2010》（INCOTERMS 2010，以下简称《2010 年通则》）是国际商会根据国际货物贸易的发展和需要，顺应时代变化，在《2000 年通则》的基础上进行的修订，但《2000 年通则》并未自动废止，当事人仍可自由选择。《2010 年通则》是为解释国际贸易中最普遍使用的各种贸易术语而制定的国际规则，其目的是防范由于各国对贸易术语解释差异而导致买卖双方对各自权利义务的不确定，从而避免法律纠纷的产生以及保证国际贸易的顺利开展。

《2010 年通则》的制定所带来的积极作用主要有：第一，有利于买卖双方洽商交易和订立合同。尤其是贸易术语在双方之间责任、费用以及风险方面的明确，大大简化了交易手续，缩短了交易的时间。第二，有利于买卖双方核算运输成本。从而减少国际贸易运输中的一些不必要的交易麻烦和纠纷。第三，可以充分考虑办理进出口货物结关手续有无可能。

二、《国际贸易术语解释通则 2010》主要内容

《2010 年通则》主要包括以下三个部分：第一，引言部分。引言对《2010 年通则》的使用与解释作出总体介绍，但其本身并不构成术语的一部分。第二，《2010 年通则》专用词的解释。主要是对承运人、交货、交货凭证、包装这几个专用词在本通则中的特定含义作出指导性说明。第三，对《2010 年通则》中 11 种具体的贸易术语进行了详细解释。《2010 年通则》将这 11 种贸易术语，按照所适用的运输方式分为两大组：第一组是适用于任何运输方式的 7 种术语：EXW、FCA、CPT、CIP、DAT、DAP、DDP；第二组是适用于水上运输方式的 4 种术语：FAS、FOB、CFR、CIF。每一种贸易术语之下都包括了卖方义务和买方义务两个部分。

三、《国际贸易术语解释通则 2010》的新变化

（1）术语分类：由原来的 E、F、C、D 四组分为适用于各种运输方式和水运两种类

型。意在提醒使用者不要将适用于水运的术语用于其他运输方式。

（2）贸易术语的数量由原来的 13 种变为 11 种，删除了《2000 年通则》中四个 D 组贸易术语，只保留了 DDP 这一贸易术语。

（3）取消了《2000 年通则》中 FOB、CFR、CIF 术语下与货物有关的风险在装运港"船舷"转移的概念，不再规定风险转移的临界点，改为卖方承担货物在装运港装上船位置的一切有关费用和风险，而买方只承担货物自装运港装上船以后的一切风险。

（4）新增加两种 D 组贸易术语：DAT 与 DAP。这两个贸易术语对于交货地点的选择有了更多的可能，可以适用于任何运输方式和多式联运，是对当前国际贸易新发展的有益适应。

（5）从国际贸易扩大到国内贸易。即贸易术语适用于国内贸易。这是一项重大突破，虽适用于欧美国家及地区间贸易，但对于我国来说，使用贸易术语规范合同单价和价格，明确买卖双方责任、风险、费用划分，尤其是交货认定，减少合同及履约争议同样有着重大意义，从间接意义来看，也可起到代表货权凭证的运输单据作为结算单据，推广国内银行信用使用的作用。

（6）增加了连环贸易。《2000 年通则》在 FAS、FOB、CFR、CIF、CPT、CIP 等几种术语的指导性说明中，首次提及"String Sales"，这是因为货物常在一笔连环贸易（至少含一个及以上的中间商）中的运输期间被多次买卖转让，又于连环贸易中货物由第一个卖方运输，作为中间环节的卖方就无须装运货物，而是由获得所装运的货物的单据而履行义务，因此，新版对此连环贸易模式下的卖方的交付做了细分，也弥补了以前版本中的不足。

☞【知识拓展】

《2010 年通则》的修订背景

自从《2000 年通则》发布以来，全球贸易发生了巨大的变化，目前的版本主要考虑以下议题。

1. "9·11"恐怖事件发生后货物的安全条例。"9·11"恐怖袭击发生后，各国海关加强了对货物的安全检验和核准工作，这给进出口方增加了难度和工作量。而这些工作的顺利进行需要在《2010 年通则》中各方的义务中加以明确。如 C-TPAT是美国国土安全部海关边境保护局（CBP）在"9·11"事件发生后所倡议成立的自愿性计划，并于 2002 年 4 月 16 日正式施行。通过 C-TPAT，CBP 希望能与相关业界合作建立供应链安全管理系统，以确保供应链从起点到终点的运输安全、安全信息及货况的流通，从而阻止恐怖分子的渗入。

2. 美国于 2004 年修订了统一商法典。

3. 新的协会货物保险条款颁布。

4. 电子版代替纸质文件。

第三节 国际货物买卖合同的成立

在国际货物买卖合同订立过程中，一般包括询价、发价、还价和接受四个环节，其中发价和接受是达成交易、合同订立不可缺少的两个基本环节和必经的法律步骤。

一、询价

询价，又称询盘，是买方为购买商品或者卖方为出售商品而向对方提出的有关交易条件的询问。

询价的内容可以是只询问价格，也可询问其他一项或几项交易条件，例如：商品的品名、数量、质量、交货日期等。它不具有法律上的约束力，也不是每笔交易的必要步骤，但它往往是一笔交易的起点，所以对于询价人和被询价人都应谨慎对待或应用。

在国际贸易业务中，发出询价的目的通常有两个：一是向对方探寻交易条件；二是向对方表达与其进行交易的愿望。因此这种询价实际上属于邀请发价。邀请发价是当事人订立合同的准备行为，其本身并不构成发价。

二、发价

（一）发价的概念

发价也称报盘、发盘、报价，法律上称之为"要约"。发价可以是应对方询价的要求发出，也可以是在没有询价的情况下，直接向对方发出。一般是由卖方发出的，但也可以由买方发出，业务称其为"递盘"。

《公约》第 14 条对发价的解释为："向一个或一个以上特定的人提出的订立合同的建议，如果十分确定并且表明发价人在得到接受时承受约束的意旨，即构成发价。一个建议如果写明货物并且明示或暗示地规定数量和价格或规定如何确定数量和价格，即为十分确定。"

（二）构成一项有效发价的条件

按照《联合国国际货物销售合同公约》的规定，构成一项有效发价，必须具备以下条件：

1. 发价是向一个（或几个）特定受价人提出的订立合同的建议

这里的特定受价人，是指在发价中指明个人姓名或企业名称的受价人，也就是说，发价必须具有确定的对象。而普通的商业广告、商品目录、价目单等不能构成有效的发价，因为没有特定的对象，而只能视作邀请发价。

2. 发价的内容必须十分确定

所谓的十分明确，是指在提出的订约建议中，要至少包括以下三个基本要素：（1）明确标明货物的名称；（2）明示或暗示地规定货物的数量或规定确定数量的方法；（3）明示或暗示地规定货物的价格或规定确定价格的方法。一旦受价人接受，合同即告成立。如果内容不确定，即使对方接受，也不能构成合同成立。

3. 发价人须表明承受按发价条件与对方成立合同的约束意旨

也就是说发价人作出发价之后就要承担与其按发价条件订立合同的责任。如果发价人只是就某些交易条件同对方磋商，而没有受其约束的意思，或者干脆表示自己不受发价的约束，那么该项发价就不是真正意义上的发价。例如发价人在其发出的订约建议中加入"仅供参考"、"须以发价人最后确认为准"或其他保留条件，那么则不能称之为有效的发价。

4. 发价必须送达受价人

根据《公约》的规定，发价于送达受价人时生效。因为对于发价人而言，只有发价送达受价人时，才开始受其约束；同样对于受价人而言，只有在收到发价后，才能表示接受，从而导致合同的成立。

（三）发价的有效期

发价有效期是发价人受其发价约束的期限。国际贸易中，发价有效期有两种表现形式：明确规定有效期限、采用合理期限。前者不但很少发生争议而且还可促进成交，使用较多，但不能撤销；后者容易产生争议，但在对方没有接受前可以撤销。采用何者，应视情况，不能一概而论。

明确规定有效期时，有效期的长短是一个重要问题：有效期太短，对方无暇考虑；有效期长，发价人承受风险大。适度把握有效期长短对交易双方很重要。当事人必须根据货物、市场情况、双方距离以及通信方式不同合理确定。一般说来，发价有效期以3~5天和明确有效期的起止日期和到期地点最为适宜。

（四）发价的撤回与撤销

1. 发价的撤回

发价的撤回是指发价人在发价之后，在其尚未到达受价人之前，即在发价尚未生效之前，将发价收回，使其不发生效力。由于发价没有生效，因此发价原则上可以撤回。对此，《公约》规定："一项发价，即使是不可撤销的，得予撤回，如果撤回通知于发价送达被发价人之前或同时，送达被发价人。"业务中如果我们发现发出的发价有误即可按《公约》的精神采取措施以更快的通信联络方式将发价撤回（发价尚未到达受价人）。如：以信函方式所做发价，在信函到达之前，即可用电报或传真方式将其撤回。

2. 发价的撤销

发价的撤销指发价人在其发价已经到达受价人之后，即在发价已经生效的情况下，将发价取消，废除发价的效力。《公约》第16条第1款规定："在未订立合同之前，发价得予撤销，如果撤销通知于被发价人发出接受通知之前送达被发价人"。

根据《公约》第16条第2款的规定，下列两种情况下，发价一旦生效，即不得撤销：

第一，发价中已经载明了接受的期限，或以其他方式表示它是不可撤销的。

第二，受价人有理由信赖该发价是不可撤销的，并已经本着对该项发价的信赖行事。

《公约》的这些规定主要是为了维护受价人的利益、保障交易的安全。我国是《公约》的缔约国，我国企业在同营业地处于其他缔约国企业进行交易时，一般均适用《公约》。因此，我们必须对《公约》的上述规定予以特别的重视和了解。

（五）发价的终止

发价终止是指发价失去效力。发价终止有以下情况：

（1）因受价人拒绝而失效；若受价人在拒绝后又在有效期内表示接受，发价人也不再受其约束。

（2）因发价人有效撤回或撤销自己的发价而失效。

（3）因规定的接受期限已满而失效。

（4）因规定合理期限已过而失效。

（5）因政府禁令。有关部门国家政府突然颁布禁止进出口该发价中的商品的法令。

（6）因在发价接受前，双方当事人丧失了行为能力，或死亡，或法人破产。

交易中，不论哪种原因导致发价终止，此后发价人均不再受其发价的约束。

☞【思考】

2015 年 6 月，我国甲出口公司向美国一商人发价某初级产品 200 公吨，价格为每公吨 USD195CIF 美国某港口，没有明确规定有效期，只是笼统地要求"如有可能，尽快答复"。几天后，对方来电称，正在与买主商谈，买主十分有兴趣，希望尽快寄样品，价格降一些以便于竞争。我方由于当时存货较多，急于抛售，回电时就将价格降至 USD190，并同意延长有效期 7 天。在发价有效期的最后一天，该商人又来电说，样品尚未收到，数量能否再增加一些，并再次要求延长有效期 7 天，我方在回复该电时说，样品早已寄出，数量增至 300 公吨，同意延长有效期 7 天至 7 月 25 日。在有效期内，刚好这种商品的主要生产国遭受严重自然灾害，国际市场价格猛涨。2 月 22 日对方来电表示接受，并要求尽快装运。我方接到接受电报后，经过查问方获悉该项产品的国际价格已涨至每公吨 260 美元，高出发价 70 美元，整批货物 300 公吨，共损失 2 万美元以上。

请问：造成甲公司损失的原因是什么？在确定发价有效期时，应注意哪些方面？

三、还价

（一）还价的概念

还价是指受价人不同意发价中的交易条件而提出修改或变更的意见。在法律上称为反要约。还价实际上是受价人以发价人的地位发出的一个新价。原发价人成为新价的受价人。因此，一经还价，原发价即失效，新发价取代它成为交易谈判的基础。如果另一方对还价内容不同意，还可以进行反还价（或称再还价）。还价可以在双方之间反复进行，还价的内容通常仅陈述需变更或增添的条件，对双方同意的交易条件无须重复。在国际贸易中，往往经过多次的还价、反还价，才最终达成协议。

（二）还价应注意的问题

（1）要识别还价的形式，有的明确使用"还价"字样，有的则不用。

（2）接到还价后，要与原价进行核对，找出原价中提出的新内容，然后结合市场变化情况和销售意图，认真予以对待。

（3）还价是对发价的拒绝，原发价人可以就此停止磋商。

（4）在表示还价时，一般只针对原发价提出不同意或需修改的部分，已同意的内容可以在还价中省略。

四、接受

（一）接受的概念

接受是指受价人在发价的有效期内，无条件地同意发价中提出的各项交易条件，愿意按这些条件与对方达成交易的一种表示。接受（Acceptance）在法律上称为"承诺"，接受一经送达发价人，合同即告成立。双方均应履行合同所规定的义务并拥有相应的权利。它是交易磋商的过程之一。在实际国际贸易业务中，如果交易条件简单，接受中无须复述全部条件；如果双方多次相互还价，条件变化较大，还价中仅涉及需要变更的交易条件，则在接受时宜复述全部条件，以免疏漏和误解。

（二）构成一项有效接受的条件

根据《公约》的规定，构成一项有效接受应符合下列条件：

1. 接受必须由特定的受价人作出

这一条件与构成发价的第一项条件是相互对应的。发价是向特定的人作出的，因此，只有特定的人才能对发价作出接受，特定的受价人作出的接受才能有效，发价人才受约束。任何第三人对发价的接受对发价人都没有约束力，只能被视为它对原发价人作出的一项新的发价。

2. 接受的内容必须与发价的内容相符

根据《公约》的规定，一项有效的接受必须是同意发价所提出的交易条件，只接受发价中的部分内容，或对发价条件提出实质性修改，或者提出有条件的接受，均不能构成接受，只能视为还价。实质性变更发价条件，是指受价人对货物的价格、品质、数量、付款方式、交货时间与地点、双方之间赔偿责任范围或争端解决方法等的添加或变更。但是，若受价人在表示接受时，对发价内容作出的某些非实质性的添加、限制或变更（如要求增加重量单、装箱单、原产地证明或某些单据的份数），除非发价人在不过分延迟的时间内表示反对外，认可构成有效的接受，从而使合同成立，在此情况下，合同条件就以该发价的条件以及接受中所提出的某些更改为准。

3. 接受必须在发价规定的有效期内作出

发价中往往规定发价的有效期，发价人只在这个期限内承担按发价条件与受价人成交的责任。如果接受在发价的有效期内，或者发价未规定有效期，在合理的时间内未到达发价人，则该接受视为逾期接受。

《公约》认为逾期接受原则上是无效的，但是也有例外。第21条规定，逾期接受仍有接受的效力。如果发价人毫不延迟地用口头或书面形式通知对方，此接受视为有效。或载有逾期接受的信件或者其他书面文件表明自传递正常能够及时到达发价人的情况下寄出的，那么这项逾期接受仍具有接受的效力。除非发价人毫不延迟地用口头或书面的形式通知受价人，认为该发价已经失效。

4. 接受必须表示出来

接受必须采用一定的方式表示出来，受价人对发价表示的接受，既可以是通过口头或书面的形式，也可以是通过其他实际行动表示出来，如开始生产货物、采购货物等。

（三）接受的生效与撤回

《公约》明确规定，接受送达发价人时生效。接受的撤回则是指受价人在发出接受之后并且在接受生效之前采取一定的行为将其取消，使其失去效力的意思表示。依据"达到主义"原则，受价人作出接收通知后可以将其撤回，只要撤回通知早于或者同时与接受通知到达发价人。但接受一经生效，合同即成立，因此接受无法撤销。

☞【思考】

2016 年 6 月 27 日我国某公司应荷兰甲商号的请求，报出某初级产品 1000 吨，每吨鹿特丹到岸价格（CIF）人民币 3900 元即期装运的实价。对方接收到我方报价后，未作承诺表示，而是再三请求我方增加数量，降低价格一并延长要约有效期。我方曾将数量增至 3000 吨，价格每吨鹿特丹 GIF 减至人民币 3800 元，并两次延长了要约的有效期，最后延至 7 月 30 日。荷兰于 7 月 26 日来电接受该价。我方公司在接到对方承诺电报时，发现巴西因受旱灾而影响到该产品的产量，国际市场价格暴涨，从而我方拒绝成交，并复电称："由于世界市场价格变化，货物在接到承诺电报前已售出。"但荷方不同意这一说法，认为承诺是在要约有效期内作出，因而是有效的，坚持要求我方按要约的条件履行合同，并提出，要么执行合同，要么赔偿对方差价损失 40 余万元人民币，否则将提起诉讼。"请问：

1. 如果甲商号对我国的这家公司提起诉讼，有无正当理由？
2. 双方之间的买卖合同是否成立？

第四节　卖方与买方的义务

国际货物买卖合同一经订立，当事人间的合同关系便告形成。当事人双方互负义务，互享权利，且往往此方的义务，即彼方的权利。因此以下专就卖方的义务、买方的义务分别加以说明。

一、卖方义务

（一）提交货物的义务

在国际货物买卖中，卖方履行此项义务，有时是实际交货，即卖方将实物移交给买方占有；有时是象征性交货，即卖方将代表货物的单据或凭以提取货物的单据交给买方。关于交付货物，有以下四点需要说明。

1. 交货地点

第一，《公约》规定，如果合同没有指定具体交货地点，则在合同涉及货物运输的情况下，卖方的交货义务是把货物交给第一个承运人；如果合同项下的货物是特定物，或从指定存货中提取的货物或尚待制造的未经特定化的货物，而双方当事人在订约时已经知道这些货物处于某一特定地点者，则卖方应于该地点把货物交给买方处置。第二，当事人如有约定，并且载入合同，那么卖方即应在约定地点交货。第三，当国际货物买卖合同采用某种术语来确定交货地点的，那么交货地点适用于贸易术语的解释。

2. 交货时间

如果合同规定有日期，或从合同可以确定日期，应在该日期交货；如果合同规定有一段时间，或从合同可以确定一段时间，非有情况表明应由买方选定一个日期外，应在该段时间内任何时候交货；在其他情况下，应在订立合同后一段合理时间内交货，所谓"合理时间"，是按照一般的国际实践，可根据货物的性质及合同的其他规定。

（二）移交单据的义务

在国际货物买卖中，存在着两种交货方式：一种是实际交货；一种是象征性交货。在实际交货时，交货义务是指在指定的时间、地点把货物提交到买方控制之下完成的；在象征性交货中，则是卖方把代表货物的所有权的单据交给买方，此时交单的时间和地点即为履行交货义务的时间和地点。因此，在国际货物买卖合同中，交付单据是卖方一项十分重要的义务，具体的移交单据义务主要有以下两点：

1. 卖方应保证单据的完整性并符合合同及《公约》的规定

所谓的完整性是指卖方应提交一切与货物有关的单据，主要包括：提单、保险单、发票、进出口许可证、原产地证书等。这些单据是货物所有权的凭证，也是买方顺利提取货物、报关、验货的凭证、同时也是买卖双方凭以进行索赔的凭证，因此要确保这些单据之间的完整性并能与合同和《公约》的规定相一致。

2. 卖方应在合同约定的时间、地点交付单据

如果单据中有与合同不符之处，卖方有权予以修改，但对由此给买方造成的损失要承担赔偿责任。

（三）担保义务

这里的担保义务主要是指卖方对货物品质的担保。《公约》要求卖方保证其所交货物必须与合同或《公约》的规定相符，担保的范围主要包括货物的质量、数量和包装，如果合同对货物的质量、数量和包装未作规定，则除双方另有协议外，所交货物应当符合下列要求：

（1）货物适用于同一规格货物通常使用的目的；

（2）货物适用在订立合同时买方明示或默示通知买方的特定目的；

（3）在凭样品或说明书买卖中，货物要与样品或说明书相符；

（4）卖方应按照同类货物通用的方式装箱或包装，如果没有通用方式，则应以保全或保护货物的方式装箱或包装。

（四）权利担保的义务

权利担保主要体现在第三方权利要求方面。《公约》规定，卖方应保证对其所出售的货物享有合法的权利，没有侵犯任何第三人的权利，并且任何第三人都不会就该项货物向买方主张任何权利。主要包括以下两个方面的义务：

1. 所有权担保

卖方应向买方保证对其所出售的货物享有合法的权利；卖方应保证在其出售的货物

上不存在任何不为买方所知的留置权、抵押权等他人的权利要求；

2. 侵权的担保

卖方应保证任何第三人不会对其所交付的货物以侵权或其他类似理由提出合法要求。由于知识产权的保护具有时间性和地域性，情况较为复杂，因此，《公约》在规定卖方的这项权利义务时，还附加了如下四项除外条件：

（1）买方在订立合同时知道或不可能不知道第三人的权利或要求；

（2）在卖方不知情的情况下，货物被销往目的地以外的国家；

（3）侵权的发生是由于卖方要遵照买方提供的技术图样、图案、程序和其他规格；

（4）买方在知道第三人权利或要求后未在合理时间内通知卖方（此种免责以卖方对侵权的发生不知情为前提）。

☞【思考】

2015 年，我某机械进出口公司向一德国商人出售一批机床。德国又将该机床转售美国及一些欧洲国家。机床进入美国后，美国的进出口商被起诉侵权了美国有效的专利权，法院判令被告赔偿专利人损失，随后美国进口商向德国出口商追索，德国商人又向我方索赔。请问：我方是否应该承担责任？为什么？

二、买方的义务

（一）支付货款

买方支付货款的义务涉及付款时间、地点、步骤和手续等许多方面。据此《公约》作出如下规定：

1. 办理必要的付款手续

《公约》规定，买方应根据合同或任何有关法律和规章的步骤和手续，履行其支付价款的义务。按照国家贸易实践，这些步骤和手续可能包括：向政府机关或银行登记合同，取得所需外汇，申请官方核准向外国汇款，向银行申请信用证或付款保函等。

2. 在适当的地点支付货款

如果合同中已规定了买方付款的地点，买方应按照合同规定的地点付款。当合同未对买方付款的地点进行约定时，根据《公约》的规定，分为两种情况：

（1）如凭移交货物或单据支付货款，则为移交货物或单据的地点。

（2）其他情况是在卖方营业地付款，如果由于卖方营业地在订立合同后发生变动而引起买方支付货款时增加了费用，卖方应承担增加的有关费用。

3. 支付货款时间

对于付款时间，《公约》规定，买方支付货款应遵循以下原则：

（1）买方应于卖方按照合同或《公约》的规定将货物或控制货物处置权的单据交给买方处置时支付货款，卖方可以支付价款作为移交货物或单据的条件。

（2）如果合同涉及货物的运输，买方应在货物发运前支付货款。

（3）买方在获得机会检验货物之前，没有义务支付货款，除非这种检验机会与双方当事人约定的交货或付款程序相抵触。

（二）收取货物

收取货物是买方的另一项重要义务。除非货物与合同不符使买方有权拒收货物，买方不接收或不及时接收货物的行为都会给卖方带来额外的麻烦。因此，《公约》对买方收取货物的义务做了规定：

（1）买方应采取一切理应采取的行动以期卖方能交付货物。

（2）买方必须接收符合合同规定的货物。

三、买卖双方保全货物的义务

保全货物，是指合同当事人双方发生纠纷致使货物的受领或退回不能即时进行，由最适宜防止货物毁坏或遗失的一方当事人承担保证货物安全、尽量减少货物损失的义务。

（一）卖方保全货物的义务

根据《公约》第85条的规定，如果买方推迟收取货物，或在支付价款和交付货物应同时履行时，买方没有支付价款，而卖方仍拥有这些货物或仍控制这些货物的处置权，卖方必须按情况采取合理措施，以保全货物。他有权保有这些货物，直至买方把他所付的合理费用偿还给他为止。

（二）买方保全货物的义务

根据《公约》第86条的规定，对买方货物保全的义务，作了以下两个方面的规定：

买方已收到货物，但打算行使合同或公约规定的权利，将货物退回，他必须采取合理措施，以保全货物。

发运给买方的货物已到达目的地，交给买方处置，而买方行使退货权利，则买方必须代表卖方收取货物，除非他这样做需要支付价款而且会使他遭受不合理的不便或许承担不合理的费用，或者卖方或其代理人也在目的地。

（三）保全货物的方法

1. 寄放第三人仓库

有义务采取措施以保全货物的一方当事人，可以将货物寄放于第三方的仓库，由对方承担费用，但该费用应合理。

2. 将货物出售

对易于迅速变坏的货物或保全会发生不合理费用的货物，可以出售货物，并应将出售货物的打算在可能的时间范围内通知对方。出售货物的一方可从出售货物的价款中扣除保全货物和销售货物发生的合理费用。

第五节　对违反买卖合同的救济方法

一、违约的概述

违约行为是指合同当事人违反合同义务的行为。违约行为是违约责任的基本构成要件，没有违约行为，也就没有违约责任。

对于违约，《公约》第 25 条规定，如果一方当事人违反合同的结果，使另一方当事人蒙受损害，以至于实际上剥夺了他根据合同有权期待得到的东西，即属于根本违反合同，除非违反合同的一方并不预知而且一个同等资格、通情达理的人处于相同情况下也没有理由预知会发生这种结果。

二、违约行为的分类

根据违约行为发生的时间，违约行为总体上可分为预期违约和实际违约；而实际违约又可分为不履行(包括根本违约和拒绝履行)、不符合约定的履行和其他违反合同义务的行为；而不符合约定的履行又可分为迟延履行、质量有瑕疵的履行、不完全履行。

(一)预期违约

预期违约又称先期违约，是指当事人一方在合同规定的履行期到来之前，明示或暗示其将不履行合同，由此在当事人之间发生一定的权利义务关系的一项合同法律制度。

(二)实际违约

1. 不履行

不履行是指在合同履行期届满时，合同当事人完全不履行自己的合同义务，又分为根本违约和拒绝履行。根本违约是指当事人一方迟延履行债务或者有其他违约行为，致使不能实现合同目的。根据《公约》的解释，是指当事人违反合同的结果，致使另一方当事人蒙受损害，以至于实际上剥夺了他根据合同规定有权期待得到的东西。拒绝履行又称履行拒绝、给付拒绝，是指履行期届满时，债务人无正当理由表示不履行合同义务的行为。

2. 不符合约定的履行

迟延履行是指合同当事人的履行违反了履行期限的规定。履行迟延在广义上包括包括给付迟延(债务人的迟延)和受领迟延(债权人的迟延)，狭义上是指债务人的给付迟延。

质量有瑕疵的履行是指债务人虽然履行，但其履行存在瑕疵，即履行不符合规定或约定的条件，致减少或丧失履行的价值或效用的情形。

不完全履行又称为不完全给付，是指债务人虽然履行债务，但其履行不完全符合债务的本旨甚至给债权人造成损害的情形。

3. 其他违反合同义务的行为

其他违反合同义务的行为主要是指违反法定的通知、协助、保密等义务的行为。

三、违约行为的救济方法

(一)解除合同

《公约》要求合同的解除必须以一方违约已构成根本性违约为前提；或者在一方没有按规定的时间履行合同义务时，他在另一方给予的一段合理时限的额外时间(宽限期)内仍未履行或声明将不在该时间内履行，另一方也可以解除合同。解除的程序主要是指，解除合同必须向对方发出通知。该通知发出时解除生效。解除的效果表示为：互相返还已受领的利益。

（1）当卖方交付的货物中有部分符合合同时，买方应接受符合规定的部分；只有当卖方完全不交货或不按合同规定交货构成根本违反合同时，才能宣布整个合同无效。

（2）如果卖方已交货，买方则丧失宣告合同无效的权利，除非：①在迟延交货的情况下，买方在得知交货后的合理时间内宣告合同无效；②在交货不符的情况下，买方在检验货物后的合理时间内提出合同无效；③在给予卖方作出履行合同或作出补偿的宽限期届满后仍不履行合同。

（3）如果买方已支付了价金，卖方则不能宣布合同无效，除非：①在得知买方迟延履行义务前，宣布合同无效；②对于其他违反合同的事件，卖方在得知这种情况后的合理时间内宣告合同无效；或在给予卖方的宽限期届满或在得知买方声明不履行合同的一段合理时间内宣布合同无效。

（二）损害赔偿

损害赔偿，是指违约方用金钱来补偿另一方由于其违约所遭受到的损失。各国法律均认为损害赔偿是一种比较重要的救济方法。在国际货物买卖中，它是使用最广泛的一种救济方法。但是各国法律对损害赔偿的规定，往往只涉及违约一方赔偿责任的成立、赔偿范围和赔偿办法等问题，而且差异较大。赔偿是债权诉讼最主要的特征，也是普通法所给予的最主要的救济形式。一般情况下，赔偿能够对原告的损失进行弥补，但对于商标侵权案件，原告最关心的往往是如何首先让被告停止侵权，其次才是赔偿。

损害赔偿的范围主要包括实际损失和利润损失，对于赔偿额计算的限制，《公约》有如下两个规定：

1. 可预见损失的限制

《公约》第74条规定，损害赔偿不得超过违反合同一方在订立合同时，依照他当时已知道或理应知道的事实和情况，对违反合同预料到或理应预料到的可能损失。

2. 采取合理措施的限制

《公约》第77条规定，一方当事人违反合同时，没有违反合同的另一方有义务采取必要的措施，以减轻因违约而引起的损失。如果他不采取这种措施，违反合同一方可以要求从损害赔偿中扣除原应可以减轻的损失数额。

（三）中止履行

中止履行，是指在合同义务履行之前或履行的过程中，由于某种客观情况的出现，使得当事人不能履行合同义务而只能暂时停止的情况。中止履行主要针对的是一方预期违约的情形。

对于中止履行需要注意以下三点：

（1）对预期违约救济方法视违约程度不同而有所区别：只有一方构成根本性违约时，另一方才可以解除合同；否则，另一方只能采取中止履行的措施。

（2）中止履行的条件：对方显然将不履行其大部分重要义务，主要包括：第一，对方履行能力或信用有严重缺陷；第二，对方在准备履行合同或履行合同中的行为已显示他将不履行主要义务。

（3）援用中止履行时必须采取通知程序。

（四）实际履行

大陆法系和英美法系对实际履行的规定有很大的不同，而《公约》在肯定这一补救措施的同时，允许法院在确定是否采取这一措施时可依本国国内法作出判决。

第六节　货物所有权与风险的转移

一、货物所有权的转移

（一）货物所有权的转移的概述

货物所有权的转移是指货物的所有权从何时起由卖方转移给买方即由买方取得货物的所有权。

对于货物所有权的确定主要有以下几种方法：

（1）货物的特定化是转移的前提。

（2）一般来说，可以将货物的交货时间，看成是货物所有权从卖方转移到买方手中的标志。

（3）除此之外，合同成立的时间也是在实践中看成货物所有权转移的一个重要关键点。

（二）不同国家法律对货物所有权转移的规定

1. 中国法的规定

《民法通则》第72条规定："财产所有权的取得，不得违反法律规定。按照合同或者其他合法方式取得财产的，财产所有权从财产交付时起转移，法律另有规定或者当事人另有约定的除外。"但是，最高人民法院《关于贯彻执行〈中华人民共和国民法通则〉若干问题的意见》第84条规定："财产已经交付，但当事人约定财产所有权转移附条件的，在所附条件成就时，财产所有权方为转移。"

《合同法》第133条规定："标的物的所有权自标的物交付时起转移，但法律另有规定或者当事人另有约定的除外。"第134条规定："当事人可以在买卖合同中约定买受人未履行支付价款或者其他义务的，标的物的所有权属于出卖人。"第175条规定："当事人约定易货交易，转移标的物的所有权的，参照买卖合同的有关规定。"

2.《英国货物买卖法》的有关规定

按照《英国货物买卖法》第17条的规定，在特定物或者已经特定化的货物买卖中，货物的所有权应当在双方当事人意图转移的时候转移于买方，即所有权何时转移于买方完全取决于双方当事人的意旨。

（1）对于特定物。凡属无保留（不附）条件的特定物的买卖合同，如该特定物已处于可交付状态时，则货物所有权在合同订立时即转移于买方。

在特定物的买卖合同中，该特定物尚未处于适宜于交货的状态时，如卖方还要对货物作出某种行为，才能使之处于可交付的状态，则货物所有权须于卖方履行此行为并在买方收到有关通知时，才转移于买方。

在特定物的买卖合同中，如该特定物已处于可交付状态，但仍须卖方对货物进行衡量、丈量、检验或其他行为时，则须在上述行为业已完成，并在买方收到有关通知时，货物所有权才能转移于买方。

当货物按"试验买卖"或"余货退回"条件交付给买方时，当买方向卖方表示认可或接受该项货物，或以其他方式确认这项交易，或未在合同规定的退货期届满之前发出退货通知，或在合同没有规定退货期限时，未在合理的期限内发出退货通知，货物所有权则转移于买方。

（2）对于非特定物，必须先特定化。特定化就是把处于可交货状态的货物无条件地划拨于合同项下的行为。

（3）关于货物（所有权）的处置权问题。在下述情况下，应认为卖方保留了对货物的处分权：

第一，卖方可以在合同条款中作出保留对货物处分权的规定，如规定在买方支付货款之前，所有权不转移于买方。

第二，卖方可以通过提单抬头的写法表示卖方保留对货物的处分权，如提单抬头载明该项货物须凭卖方或卖方代理人的指示交货。

第三，卖方可通过对装运单据（主要是提单）的处理方法来表示卖方保留对货物的处分权，如将提单和汇票一起交买方承兑，如买方拒绝承兑则须将提单退回。

（4）非所有人出售货物问题。其处理的基本原则是任何人不得将非自己所有的权利转让给他人。如果一宗货物由非所有人或未经其授权的人出卖，则应视为所有人未将该物之所有权赋予买受人。这就是任何人都不能将非为其所有的物出让他人的规则（《英国货物买卖法》第21条第1款）。在此种情况下，买受人有责任将该货物返还真正的所有人，一般无权要求所有人给予赔偿。

例外规则：买方对货物进行了改善；禁止反悔原则；公开市场销售；商业代理人的买卖；依可撤销合同取得货物的买方进行了转卖。

3.《美国统一商法典》（UCC）的有关规定

《美国统一商法典》特定化是所有权转移的前提条件（基本原则）。

《美国统一商法典》第2-401条规定，除双方当事人另有规定外，货物的所有权应于卖方完成履行交货义务时转移于买方，而不论卖方是否保有货物所有权的凭证。

（1）当货物需要运输时，如无具体目的地，货物装运时转移；如有具体目的地，则目的地交货时转移。

（2）不涉及运输时，如货物已经交第三人保管，如第三人出具了可转让的物权凭证，则背书该凭证并交付给买方时转移，无物权凭证，且货物已经特定化，则合同成立时转移。

4.《法国民法典》的有关规定

法国法规定，一般原则是买卖合同成立时，则为所有权转移的时间。法院的做法则是具体问题具体分析。

（1）如果是种类物，必须先特定化；

（2）买卖双方可以在合同中约定所有权转移的时间。例如，如果是附条件的买卖，则条件成就时所有权发生转移。

5.《德国民法典》的有关规定

依据《德国民法典》的规定，所有权的转移必须订立与买卖合同分离的物权合同，而物权合同的生效，如为动产，须以交付为条件；如为不动产，则以登记为条件。在动产交付时，在卖方必须交付物权凭证时，则可以通过交付物权凭证来实现所有权转移。

(三)《公约》和其他国际贸易惯例的有关规定

《联合国国际货物销售合同公约》不涉及所有权转移问题。

《华沙—牛津规则》则规定，卖方交付装运单据时，则为所有权转移的时间。

二、风险的转移

(一)风险、风险转移的概念

风险是指货物可能遭受的各种意外损失。风险的转移是指货物发生灭失等各种意外损失的可能性何时从卖方转移给买方。

(二)西方各国法律的有关规定

1. 以货物所有权转移的时间决定风险转移的时间

英国、法国的立法采用"物主承担风险"的原则，即把货物风险和转移与所有权的转移联系在一起，以所有权转移的时间决定风险转移的时间。除了双方另有约定外，在货物的所有权转移给买方前，风险由卖方承担；货物所有权转移给买方后，风险即由买方承担。

2. 以交货时间决定风险转移的时间

现在，越来越多的国家包括美国、德国、奥地利、中国等国的买卖法均采取这一原则，其中以《美国统一商法典》为代表。它们认为，以抽象的不可捉摸的所有权转移问题决定现实的风险转移这一问题是不妥的，主张应把两者区别开，以交货时间来确定风险转移时间。

(三)我国《合同法》的有关规定

1. 货物买卖的风险一般是在货物交付时转移

《合同法》第 142 条规定："标的物毁损、灭失的风险，在标的物交付之前由出卖人承担，交付之后由买受人承担，但法律另有规定或者当事人另有约定的除外。"

2. 货物在运输途中出售时风险何时转移

《合同法》第 144 条规定："出卖人出卖交由承运人运输的在途标的物，除当事人另有约定的以外，毁损、灭失的风险自合同成立时起由买受人承担。"

3. 当买卖合同涉及运输时风险何时转移

《合同法》第 145 条规定："当事人没有约定交付地点或者约定不明确，依照本法第 141 条第 2 款第 1 项的规定标的物需要运输的，出卖人将标的物交付给第一承运人后，标的物毁损、灭失的风险由买受人承担。"第 141 条规定："出卖人应当按照约定的地点交付标的物。当事人没有约定交付地点或者约定不明确，依照本法第 61 条的规定仍不能确定的，适用下列规定：(一)标的物需要运输的，出卖人应当将标的物交付给第一承运人以运交给买受人；(二)标的物不需要运输，出卖人和买受人订立合同时知道标的物在某一地点的，出卖人应当在该地点交付标的物；不知道标的物在某一地点的，应当在出卖人订立合同时的营业地交付标的物。"

4. 卖方违约时对风险转移的影响

《合同法》第 147 条规定："出卖人按照约定未交付有关标的物的单证和资料的，不影响标的物毁损、灭失风险的转移。"第 148 条规定："因标的物质量不符合质量要求，致使不能实现合同目的的，买受人可以拒绝接受标的物或者解除合同。买受人拒绝接受标的物或者解除合同的，标的物毁损、灭失的风险由出卖人承担。"第 149 条规定："标的物毁损、灭失的风险由买受人承担的，不影响因出卖人履行债务不符合约定，买受人要求其承担违约责任的权利。"

5. 买方违约时对风险转移的影响

《合同法》第 143 条规定："因买受人的原因致使标的物不能按照约定的期限交付的，买受人应当自违反约定之日起承担标的物毁损、灭失的风险。"第 146 条规定："出卖人按照约定或者依照本法第 141 条第 2 款第 2 项的规定将标的物置于交付地点，买受人违反约定没有收取的，标的物毁损、灭失的风险自违反约定之日起由买受人承担。"

(四)《联合国国际货物销售合同公约》的有关规定

《公约》原则上以交货时间来确定风险转移的时间。《公约》第 66~70 条对风险转移问题规定了以下几项原则：

(1) 允许双方当事人在合同中约定有关风险转移的规则。

(2) 风险转移所产生的后果。《公约》第 66 条规定："货物在风险移转到买方承担后遗失或损坏，买方支付价款的义务并不因此解除，除非这种遗失或损坏是由于卖方的行为或不行为所造成。"

(3) 合同涉及运输时风险的转移。《公约》第 67 条规定："(1) 如果销售合同涉及货物的运输，但卖方没有义务在某一特定地点交付货物，自货物按照销售合同交付给第一承运人以转交给买方时起，风险就移转到买方承担。如果卖方有义务在某一特定地点把货物交付给承运人，在货物于该地点交付给承运人以前，风险不移转到买方承担。卖方受权保留控制货物处置权的单据，并不影响风险的移转。(2) 但是，在货物以货物上加标记、或以装运单据、或向买方发出通知或其他方式清楚地注明有关合同以前，风险不移转到买方承担。"

(4) 运输中销售的货物风险的转移。《公约》第 68 条规定："对于在运输途中销售的货物，从订立合同时起，风险就移转到买方承担。但是，如果情况表明有此需要，从货物交付给签发载有运输合同单据的承运人时起，风险就由买方承担。尽管如此，如果卖方在订立合同时已知道或理应知道货物已经遗失或损坏，而他又不将这一事实告知买方，则这种遗失或损坏应由卖方负责。"

(5) 其他情况下风险的转移。《公约》第 69 条规定："(1) 在不属于第 67 条和第 68 条规定的情况下，从买方接收货物时起，或如果买方不在适当时间内这样做，则从货物交给他处置但他不收取货物从而违反合同时起，风险移转到买方承担。(2) 但是，如果买方有义务在卖方营业地以外的某一地点接收货物，当交货时间已到而买方知道货物已在该地点交给他处置时，风险方始移转。(3) 如果合同指的是当时未加识别的货物，则这些货物在未清楚注明有关合同以前，不得视为已交给买方处置。"

（6）卖方根本违约与风险转移。《公约》第 70 条规定："如果卖方已根本违反合同，第 67 条、第 68 条和第 69 条的规定，不损害买方因此种违反合同而可以采取的各种补救办法。"

☞【思考】

出口商甲向进口商乙出售玉米 1000 公吨，CFR 价格条件。但在装运港装船的玉米都是混装的，共 3000 公吨，卖方准备当货物运抵目的港后再分拨 1000 吨给买方。但玉米在路途因高温天气发生变质，共损失 1200 公吨，其余 1800 吨得以安全运抵目的港。卖方向买方声明其出售的 1000 吨玉米已在途中全部损失，且认为根据 CFR 合同，风险从货物装上船时已转移给买方，故卖方对以上损失不应承担任何法律责任。买方则要求卖方继续履行合同。双方遂提起仲裁。

判决结果：仲裁庭认为，卖方应承担货物在途中灭失的一切风险，其不能推卸责任，应向买方交付 1000 吨玉米。

第六章　国际货物运输法

☞【学习目标】
1. 掌握国际货物运输的概念和特征
2. 掌握提单的含义与性质
3. 了解与提单相关的各种国际规则

第一节　国际货物运输概述

一、国际货物运输的概念和特点

（一）国际货物运输的概念

国际货物运输，就是在国家与国家、国家与地区之间的运输。国际货物运输又可分为国际贸易物资运输和非贸易物资（如展览品、个人行李、办公用品、援外物资等）运输两种。由于国际货物运输中的非贸易物资的运输往往只是贸易物资运输部门的附带业务，所以，国际货物运输通常被称为国际贸易运输，从一国来说，就是对外贸易运输，简称外贸运输。

（二）国际货物运输的特点

国际货物运输是国家与国家、国家与地区之间的运输，与国内货物运输相比，它具有以下几个主要特点：

1. 国际货物运输涉及国际关系问题，是一项政策性很强的涉外活动

国际货物运输是国际贸易的一个组成部分，在组织货物运输的过程中，需要经常同国外发生直接或间接的广泛的业务联系，这种联系不仅是经济上的，也常常会涉及国际间的政治问题，是一项政策性很强的涉外活动。因此，国际货物运输既是一项经济活动，也是一项重要的外事活动，这就要求我们不仅要用经济观点去办理各项业务，而且要有政策观念，按照我国的对外政策的要求从事国际运输业务。

2. 国际货物运输是中间环节很多的长途运输

国际货物运输是国家与国家、国家与地区之间的运输，一般来说，运输的距离都比较长，往往需要使用多种运输工具，通过多次装卸搬运，要经过许多中间环节，如转船、变换运输方式等，经由不同的地区和国家，要适应各国不同的法规和规定。如果其中任何一个环节发生问题，就会影响整个的运输过程，这就要求我们做好组织工作，环环紧扣，避免在某环节上出现脱节现象，给运输带来损失。

3. 国际货物运输涉及面广，情况复杂多变

国际货物运输涉及国内外许多部门，需要与不同国家和地区的货主、交通运输、商检机构、保险公司、银行或其他金融机构、海关、港口以及各种中间代理商等打交道。同时，由于各个国家和地区的法律、政策规定不一，贸易、运输习惯和经营做法不同，金融货币制度的差异，加之政治、经济和自然条件的变化，都会对国际货物运输产生较大的影响。

4. 国际货物运输的时间性强

按时装运进出口货物，及时将货物运至目的地，对履行进出口贸易合同，满足商品竞争市场的需求，提高市场竞争能力，及时结汇，都有着重大意义。特别是一些鲜活商品、季节性商品和敏感性强的商品，更要求迅速运输，不失时机地组织供应，才有利于提高出口商品的竞争能力，有利于巩固和扩大销售市场。因此，国际货物运输必须加强时间观念，争时间、抢速度，以快取胜。

5. 国际货物运输的风险较大

由于在国际货物运输中环节多，运输距离长，涉及面广，情况复杂多变，加之时间性又很强，在运输沿途国际形势的变化、社会的动乱，各种自然灾害和意外事故的发生，以及战乱、封锁禁运或海盗活动等，都可能直接或间接地影响到国际货物运输，以至于造成严重后果，因此，国际货物运输的风险较大。为了转嫁运输过程中的风险损失，各种进出口货物和运输工具，都需要办理运输保险。

二、国际货物运输方式

在国际货物运输中，涉及的运输方式很多，其中包括海洋运输、铁路运输、航空运输、河流运输、邮政运输、公路运输、管道运输、大陆桥运输以及由各种运输方式组合的国际多式联运等。各国际运输服务公司的经营，多以某一种或多种运输方式为主，较常见的是海洋运输或航空运输，并辅以其他运输方式，从而实现服务范围较大化覆盖。现将几种常见的国际货物运输方式予以介绍：

(一)海洋运输

在国际货物运输中，运用最广泛的是海洋运输(ocean transport)。目前，海运量在国际货物运输总量中占80%以上。海洋运输之所以被如此广泛采用，是因为它与其他国际货物运输方式相比，主要具有下列明显的优点：

(1)通过能力大。海洋运输可以利用四通八达的天然航道，它不像火车、汽车受轨道和道路的限制，故其通过能力很大。

(2)运量大。海洋运输船舶的运输能力，远远大于铁路运输车辆。如一艘万吨船舶的载重量一般相当于250~300个车皮的载重量。

(3)运费低。按照规模经济的观点，因为运量大，航程远，分摊于每货运吨的运输成本就少，因此运价相对低廉。

海洋运输虽有上述优点，但也存在不足之处。例如，海洋运输受气候和自然条件的影响较大，航期不易准确，而且风险较大。此外，海洋运输的速度也相对较慢。

（二）铁路运输

在国际货物运输中，铁路运输（rail transport）是仅次于海洋运输的主要运输主式，海洋运输的进出口货物，也大多是靠铁路运输进行货物的集中和分散的。

铁路运输有许多优点，一般不受气候条件的影响，可保障全年的正常运输，而且运量较大，速度较快，有高度的连续性，运转过程中遭受风险的可能性也较小。办理铁路货运手续比海洋运输简单，而且发货人和收货人可以在就近的始发站（装运站）和目的站办理托运和提货手续。

（三）航空运输

航空运输（air transport）是一种现代化的运输方式，它与海洋运输、铁路运输相比，具有运输速度快、货运质量高且不受地面条件的限制等优点。因此，它最适合运送急需物资、鲜活商品、精密仪器和贵重物品。

（四）公路、内河和邮包运输

1. 公路运输

公路运输（road transport）是一种现代化的运输方式，它不仅可以直接运进或运出对外贸易货物，而且也是车站、港口和机场集散进出口货物的重要手段。

2. 内河运输

内河运输（inlandwater transport）是水上运输的重要组成部分，它是连接内陆腹地与沿海地区的纽带，在运输和集散进出口货物中起着重要的作用。

3. 邮包运输

邮包运输（parcelpost transport）是一种较简便的运输方式。各国邮政部门之间订有协定和合约，通过这些协定和合约，各国的邮件包裹可以相互传递，从而形成国际邮包运输网。由于国际邮包运输具有国际多式联运和"门到门"运输的性质，加之手续简便，费用也不高，故其成为国际贸易中普遍采用的运输方式中之一。

第二节　国际货物海上运输法

一、国际海上货物运输的概述

国际海上货物运输是指承运人收取运费，使用船舶负责将托运人托运的货物经由海路从一国的港口运至另一国的港口。因此，海上运输作为一种商业活动，是在港口与港口之间进行的。起运港与目的港在不同国家境内的称之为国际运输或者远洋运输。海上运输是国际贸易中最为常见的一种运输方式。

不同的划分标准之下，国际海上货物运输有不同的分类，下面主要介绍两种，即班轮运输和租船运输，它们是按船舶运营方式的不同来划分的。

（一）班轮运输

班轮运输，又称"提单运输"，是指托运人将一定数量的货物交由作为承运人的轮船公司，轮船公司按固定航线，沿线停靠固定的港口，按固定船期、固定运费所进行的国际海上货物运输。多用于运输量少、货价高、交接港分散的货物，是海上货物运输中使用最为广泛的一种方式。轮船公司或其代理人在接受交付托运的货物后签发提单，提单是班轮运输合同的形式和证据。

班轮运输具有"四固定"的特点，即是固定航线、固定港口、固定船期和相对固定的费率。这是班轮运输的最基本特征。班轮运输方式之下无须签订租船合同，承运双方的权利义务和责任豁免以签发的提单为依据，并受统一的国际公约的制约。

(二)租船运输

租船运输，又称租船，是海洋运输的一种方式，是指租船人向船东租赁船舶用于货物运输的一种方式。租船运输适用于大宗货物运输，有关航线和港口、运输货物的种类以及航行的时间等，都按照承租人的要求，由船舶所有人确认。租船人与出租人之间的权利义务以双方签订的租船合同确定。

租船运输的方式主要分为三种不同的类型，分别是定程租船、定期租船和光船租船。

定程租船又称航次租船，是指船舶出租人向承租人提供船舶或船舶的部分舱位，按照约定的一个或几个航次，装载承租人的货物，由承租人向船舶出租人支付运费的运输方式。

定期租船是指船舶出租人将船舶出租给承租人，由承租人按约定的时间、约定的方式使用船舶，并向出租人支付租金，承租人也可以将船舶用来运输货物。

光船租赁是指出租人将船舶租赁给承租人，承租人向出租人支付相应资金，由承租人自己配备船长、船员，并承担相关的风险和费用经营船舶，获得船舶经营产生的收入。

定程租船合同也就是海上货物运输合同，定期租船合同和光船租赁合同本身是租赁合同，在承租人用租赁的船舶装运自己的货物时，合同才具有货物运输合同的性质。

二、提单

(一)提单的含义和性质

1. 提单的含义

海运提单(Ocean Bill of Lading)，简称提单(Bill of Lading，或 BL)，是指货物承运人或其代理人收到货物后，签发给托运人的一种证明，它具体规定了货物运输有关当事人，如承运人、托运人和收货人之间的权利和义务。

2. 海运提单的性质

(1)海上运输合同证明。在海上货物运输过程中，托运人向承运人发出要约，填写相关的托运单，预定其运输货物所需要的仓位；承运人作出承诺，根据货物的容积吨位或载重吨位准备相应的仓位或发给装货单。双方签署班轮运输合同。然后，托运人根据运输合同将货物交由承运人指定的理货员制定并发给理货单。等货物装船后，船上大副收回理货单，另发给大副收据，交给托运人作为船上货物的收据。而托运人再持大副所给收据，请求承运人发给具有一定格式的提单。因此，理货单、大副收据或提单都是运输合同的组成和证明。另外，提单是由承运人的代理人或船长签发给托运人的。提单上只有一方当事人代表签字，而不是由双方当事人代表签字，因而提单在形式上不具备协议的要求。

由此可见，提单是海上运输合同的证明。如提单内容与运输合同条款不一致，应以合同内容为准。但是，提单的这一性质是对承运人与托运人之间的关系而言的。在实际业务中，托运人收到提单后，常通过背书方式将提单转给收货人。在这种情况下，对提单的受让人与承运人来说，它不仅是运输合同的证明，而且是他们之间的运输合同。他们之间的权利、义务关系应以提单的规定为依据，即使原来的委托人与承运人事先有协议，也不能约束提单受让人，而只能约束承运人与托运人。

(2)承运人接管货物或装船的收据。我国《海商法》第75条规定："承运人或者代其签发提单的人，知道或者有合理的根据怀疑提单记载的货物的的品名、标志、包数或者件数、重量或者体积与实际接收的货物不符，在签发已装船提单的情况下怀疑与已装船的货物不符，或者没有适当的方法核对提单记载的，可以在提单上批注，说明不符之处、怀疑的根据或者说明无法核对。"第76条规定："承运人或者代其签发提单的人未在提单上批注货物表面状况的，视为货物表面状况良好。"第77条规定："除依照本法第75条的规定作出保留外，承运人或者代其签发提单的人签发的提单，是承运人已经按照提单所载状况收到货物或者货物已经装船的初步证据；承运人向善意受让提单的包括收货人在内的第三人提出的与提单所载状况不同的证据，不予承认。"除非承运人可以提供相反的证明，证明货物在装船时确实与提单记载的不相同，法律将提单作为承运人按提单记载的内容收取货物的初步证据，但是，承运人却不可以对提单的善意受让人提出这种抗辩。

(3)货物的物权凭证。承运人要按提单所载明的货物状况交付货物。在货物交付以前，货物如果在承运人的保管或占有之下，除记名提单外，提单可以转让，可以像有价证券一样在市场上流通，而且提单的持有人可凭提单向承运人提取货物。由此可见，提单是提单上所载货物的象征，是提单上所载货物的权益凭证。

☞【案例】

"阿登内斯"号轮船代理人对一票橘子的托运人口头保证：该轮在西班牙港口塔黑纳装上该批橘子后，将直接驶往伦敦并卸货。但是该船并没有直接驶往伦敦，而是驶向了比利时的安特卫普。结果当托运人的橘子到达伦敦时，橘子的进口关税提高了，且由于其他橘子的大量到货，使橘子的价格下降。托运人认为如果货轮是依口头约定直驶伦敦的，则关税的提高和价格的下降都应该是在该船到达之后发生。于是托运人向法院起诉，要求承运人承担损失。但是承运人辩称：提单中载明规定承运人可以任意经由任何航线直接或间接到达伦敦，因此，不负责任。

请问：此案应如何判定？

(二)提单的主要种类

海运提单可以从各种不同角度，予以分类，主要有以下几种。

1. 根据货物是否已装船，分为已装船提单和备运提单

（1）已装船提单（On Board B/L；Shipped B/L），是指轮船公司已将货物装上指定船舶后所签发的提单，其特点是提单上必须以文字表明货物已装在某条船上，并载有装船日期，同时还应由船长或其代理人签字。

（2）备运提单（Received for Shipment B/L），又称收讫待运提单，是指船公司已收到托运货物等待装运期间所签发的提单。

2. 根据提单上有无对货物外表状况的不良批注，分为清洁提单和不清洁提单

（1）清洁提单（Lean B/L），是指物在装船时表面状况良好，船公司在提单上未加注任何有关货物受损或包装不良批注等的提单。

（2）不清洁提单（Unclean B/L），是指轮船公司在提单上对货物表面状况作出不良或存在缺陷等批注的提单，如果托运物确实存在一些不严重的小问题，如一件或几件货物遗失或破损，发货人又没有办法更换或弥补，可以向提单签发人出具一份担保函，担保承担上述损失的一些责任，同时，请求签发人不将上述问题陈述在提单上，因为银行一般不接受不清洁提单。

☞【案例】

某货轮将1.5万吨袋装咖啡豆从巴拉那瓜港运往中国上海。船长签发了两张清洁提单，载明每袋咖啡豆60公斤，其表面状况良好。货到目的港卸货后，发现其中930袋有重量不足或松袋现象，经过磅约短少25%。于是，收货人提起诉讼，认为承运人所交货物数量与提单的记载不符，要求承运人赔偿货物损失。承运人则认为，在装船时，未对所装货物一一进行核对，所以承运人不应对此负赔偿责任。

请问：承运人在此案中是否应该负责？

分析：承运人签发提单，表明提单上所记载的货物已经在其接管之下。提单是对货物数量、表面状况、主要标志的收据，如果承运人确实有证据证明其收到的货物与提单不符，则可以否认提单的证据效力。但如果提单转让至善意第三人手中，即作为承运人有约束力的最终证据，不论承运人是否能提出有效的证明，都不能对抗善意第三人，因此在本案中，提单在承运人与收货人之间是最终的证据。

3. 根据提单收货人一栏内如何填写，即抬头的不同，分为记名提单、不记名提单和指示提单

（1）记名提单（Straight B/L），即指提单上的收货人栏内填明特定收货人名称，只能由该特定收货人提货，由于这种提单不能通过背书方式转让给第三方，它不能流通，故其在国际贸易中很少使用。

（2）不记名提单（Blank B/L），即指提单收货人栏内没有指明任何收货人，谁持有提单，谁就可以提货，承运人交货只凭单，不凭人，采用这种提单风险大，故其在国际贸易中很少使用。

（3）指示提单（Order B/L），即指提单上的收货人栏填写"凭指定"（To Order）或"凭某人指定"（To Order of …）字样，这种提单可经过背书转让，故其在国际贸易中广为使用，背书是指提单的所有人在提单的背面签字盖章，表示转移提单所有权的一种法律行

为。目前在实际业务中，使用最多的是"凭指定"并注明空白背书的提单，习惯上称其为"空白抬头、空白背书提单"。"空白抬头，空白背书提单"是指在提单收货人一栏内填写"凭指定"(To Order)字样，在提单的背面只写上背书人的名称。

4. 按运输方式分类，可分为直达提单、转船提单和联运提单

(1)直达提单(Direct B/L)，即指轮船中途不经过换船而直接驶往目的港卸货所签发的提单。凡合同和信用证规定不准转船者，必须使用这种直达提单。

(2)转船提单(Transshipment B/L)，即指从装运港装货的轮船，不直接驶往目的港，而需要在中途港换装另外船舶所签发的提单。在这种提单上要注明"转船"或"在××港转转船"字样。

(3)联运提单(Through B/L)，即指经过海运和其他运输方式联合运输时由第一程承运人所签发的包括全程运输的提单，联运提单虽包括全程运输，但签发联运提单的承运人一般都在提单中规定，只承担他负责运输的一段航程内的货损责任。

5. 根据提单内容的繁简不同，提单可分为全式提单和略式提单

(1)全式提单(Long Form B/L)，即指既有提单正面条款又有提单背面条款的提单，提单背面条款一般详细规定了承运人与托运人的权利和义务。

(2)略式提单(Short Form B/L)，即指仅有提单正面条款，而没有提单背面条款的提单。

6. 按提单使用有效性分，可分为为正本提单和副本提单

(1)正本提单(Original B/L)，即指提单上有承运人、船长或其代理人签字盖章并注明签发日期的提单，这种提单在法律上和商业上都是公认有效的单证。提单上必须要标明"正本"字样。

(2)副本提单(Copy B/L)，即指提单上没有承运人、船长或其代理人签字盖章，而仅供工作上参考之用的提单，在副本提单上一般都有"Copy"字样。

第三节 与提单相关的国际规则

一、《海牙规则》

《海牙规则》(*Hague Rules*)的全称是《统一提单的若干法律规定的国际公约》(*International Convention for the Unification of Certain Rules of Law Relating to Bills of Lading*)，是关于提单法律规定的第一部国际公约。它于1924年8月25日在比利时首都布鲁塞尔签订，1931年6月2日起生效，是为统一世界各国关于提单的不同法律规定，并确定承运人与托运人在海上货物运输中的权利和义务而制定的国际协议。

该规则全文共有16条，前10条是实质性条款，主要包括：承运人的责任及责任豁免、诉讼时效、索赔期限、货币解释单位等；后6条是程序性条款，主要包括：规则的适用范围、缔约国批准、退出和修改规则的程序。其主要成就在于：限制以往承运人在提单中任意加列各项免责条款的自由，确定承运人的最低责任范围。但是，由于参加会议的主

要是航海业比较发达的国家，规则中许多规定明显偏袒船主一方利益，因此货主和航海业不发达的国家一致对其表示不满，强烈要求进行修改。中国虽然没有加入该公约，但却把它作为制定中国《海商法》的重要参考依据；中国不少船公司的提单条款也采纳了这一公约的精神。所以，《海牙规则》堪称现今海上货物运输方面最重要的国际公约。

（一）承运人的最低限度义务

所谓承运人最低限度义务，就是承运人必须履行的基本义务。主要包括两方面的义务：一是提供适航船舶的义务；二是管货的义务。

对此，《海牙规则》第3条第1款规定，承运人必须在开航前和开航当时，谨慎处理，使航船处于适航状态，妥善配备合格船员，装备船舶和配备供应品；使货舱、冷藏舱和该船其他载货处所能适当而安全地接受、载运和保管货物。该条第2款规定，承运人应妥善地和谨慎地装载、操作、积载、运送、保管、照料与卸载。即提供适航船舶，妥善管理货物，否则将承担赔偿责任。

☞【案例】

为了使船舶适航，某船舶在定期检查时曾抽样钻探船身铁板的厚度，由于检验的习惯做法是抽样钻探，使一处易被腐蚀的地方未被发现。检船人员认为船身厚度合适。船舶在开行后，该被腐蚀处破裂，海水涌入，造成船舶所载货物湿损。为此，货主要求承运人赔偿损失。

请问：该案例中承运人是否应该承担不适航的责任呢？

（二）承运人运输货物的责任期间

所谓承运人的责任期间，是指承运人对货物运送负责的期限。在这个期间之外，如承运货物发生损坏、减少或灭失，承运人不负责任。

按照《海牙规则》第1条对"货物运输"的定义，货物运输的期间为从货物装上船至卸完船为止的期间。所谓"装上船起至卸完船止"可分为两种情况：一是在使用船上吊杆装卸货物时，装货时货物挂上船舶吊杆的吊钩时起至卸货时货物脱离吊钩时为止，即"钩至钩"期间。二是使用岸上起重机装卸，则以货物越过船舷为界，即"舷至舷"期间承运人应对货物负责。至于货物装船以前，即承运人在码头仓库接管货物至装上船这一段期间，以及货物卸船后到向收货人交付货物这一段时间，按《海牙规则》第7条的规定，可由承运人与托运人就承运人在上述两段发生的货物灭失或损坏所应承担的责任和义务订立任何协议、规定、条件、保留或免责条款。

（三）承运人的赔偿责任限额

承运人的赔偿责任限额是指对承运人不能免责的原因造成的货物灭失或损坏，通过规定单位最高赔偿额的方式，将其赔偿责任限制在一定的范围内。

这一制度实际上是对承运人造成货物灭失或损害的赔偿责任的部分免除，充分体现了对承运人利益的维护。《海牙规则》第4条第5款规定："承运人或是船舶，在任何情况下，对货物或与货物有关的灭失或损害，每件或每计费单位超过100英镑或与其等值的其他货币的部分，都不负责；但托运人于装货前已就该项货物的性质和价值提出声明，并已在提单中注明的，不在此限。"

（四）承运人的免责

《海牙规则》第 4 条第 2 款对承运人的免责作了 17 项具体规定，分为两类：一类是过失免责；另一类是无过失免责。

国际海上货物运输中争论最大的问题是《海牙规则》的过失免责条款，《海牙规则》第 4 条第 2 款第 1 项规定，船长、船员、引水员或承运人的雇佣人员在驾驶船舶或管理船舶中的行为、疏忽或不履行义务引起的货物灭失或损坏，承运人可以免除赔偿责任。这种过失免责条款是其他运输方式责任制度中所没有的。很明显，《海牙规则》偏袒了船方的利益。

另一类是承运人无过失免责，主要有以下几种：

1. 不可抗力或承运人无法控制的免责，有 8 项

海上或其他通航水域的灾难、危险或意外事故；天灾；战争行为；公敌行为；君主、当权者或人民的扣留或拘禁，或依法扣押；检疫限制；不论由于任何原因所引起的局部或全面罢工、关厂、停工或劳动力受到限制；暴力和骚乱。

2. 货方的行为或过失免责，有 4 项

货物托运人或货主、其代理人或代表的行为；由于货物的固有缺点、质量或缺陷所造成的容积或重量的损失，或任何其他灭失或损害；包装不固；标志不清或不当。

3. 特殊免责条款，有 3 项

一是火灾，即使是承运人和雇佣人员的过失，承运人也不负责，只有承运人本人的实际过失或私谋所造成者才不能免责；二是在海上救助人命或财产，这一点是对船舶的特殊要求；三是谨慎处理，克尽职责所不能发现的潜在缺陷。

4. 承运人免责条款的第 17 项

"非由于承运人的实际过失或私谋，或者承运人的代理人，或雇佣人员的过失或疏忽所引起的其他任何原因。"这是一项概括性条款，既不是像前述 16 项那样具体，又不是对它们的衬托，而是对它们之外的其他原因规定的一般条件。

这里所谓"没有实际过失或私谋"不仅指承运人本人，而且也包括承运人的代理人或雇佣人员没有实际过失和私谋。援引这一条款要求享有此项免责利益的人应当负举证义务，即要求证明货物的灭失或损坏既非由于自己的实际过失或私谋，也非他的代理人或受雇人的实际过失或私谋所导致。

（五）索赔与诉讼时效

索赔通知是收货人在接受货物时，就货物的短少或残损状况向承运人提出的通知，它是索赔的程序之一。收货人向承运人提交索赔通知，意味着收货人有可能就货物短损向承运人索赔。《海牙规则》第 3 条第 6 款规定，承运人将货物交付给收货人时，如果收货人未将索赔通知用书面形式提交承运人或其代理人，则这种交付应视为承运人已按提单规定交付货物的初步证据。如果货物的灭失和损坏不明显，则收货人应在收到货物之日起 3 日内将索赔通知提交承运人。

《海牙规则》有关诉讼时效的规定是："除非从货物交付之日或应交付之日起一年内提起诉讼，承运人和船舶在任何情况下都免除对灭失或损坏所负的一切责任。"

（六）托运人的义务和责任

1. 保证货物说明正确的义务

《海牙规则》第 3 条第 5 款规定，托运人应向承运人保证他在货物装船时所提供的标志、号码、数量和重量的正确性，并在对由于这种资料不正确所引起或造成的一切灭失、损害和费用，给予承运人赔偿。

2. 不得擅自装运危险品的义务

《海牙规则》第 4 条第 6 款规定，如托运人未经承运人同意而托运属于易燃、易爆或其他危险性货物，应对因此直接或间接地引起的一切损害和费用负责。

3. 损害赔偿责任

根据《海牙规则》第 4 条第 3 款规定，托运人对他本人或其代理人或受雇人因过错给承运人或船舶造成的损害，承担赔偿责任。可见，托运人承担赔偿责任是完全过错责任原则。

二、《维斯比规则》

《维斯比规则》（*Visby Rules*）是《修改统一提单若干法律规定的国际公约议定书》（*Protocol to Amend the International Convention for the Unification of Certain Rules of Law Relating to Bills of Lading*）的简称，于 1968 年 2 月 23 日在布鲁塞尔外交会议上通过，自 1977 年 6 月 23 日生效。截至 2006 年，参加该规则的国家共有 30 个，其中包括英、法、德、荷、西、挪、瑞典、瑞士、意、日等主要航运国家。因该议定书的准备工作在瑞典的维斯比完成而得名。是《海牙规则》的修改和补充，故常与《海牙规则》一起，称为《海牙—维斯比规则》。

《维斯比规则》共 17 条，但只有前 6 条才是实质性的规定，对《海牙规则》的第 3、4、9、10 条进行了修改。其主要修改内容有：

1. 扩大了规则的适用范围

《海牙规则》的各条规定仅适用于缔约国所签发的提单。《维斯比规则》第 5 条则扩大了其适用范围：

（1）在缔约国签发的提单；

（2）货物在一个缔约国的港口起运；

（3）提单载明或为提单所证明的合同规定，该合同受公约的各项规则或者使其生效的任何一个国家的立法所约束，不论承运人、托运人、收货人或任何其他有关人员的国籍如何。

该规定的意思只要提单或为提单所证明的运输合同上有适用《维斯比规则》的规定，该提单或运输合同就要受《维斯比规则》的约束。

2. 明确了提单的证据效力

《海牙规则》第 3 条第 4 款规定，提单上载明的货物主要标志、件数或重量和表面状况应作为承运人按其上所载内容收到货物的初步证据。至于提单转让至第三人的证据效力，未作进一步的规定。《维斯比规则》为了弥补上述的缺陷，在第 1 条第 1 款则补充规定："……但是，当提单已经转给善意行事的第三者时，与此相反的证据不予接受。"这表明对于善意行事的提单受让人来说，提单载明的内容具有最终证据效力。所谓"善意行事"是指提单受让人在接受提单时并不知道装运的货物与提单的内容有何不符之处，而是出于善意完全相信提单记载的内容。

这就是说，《维斯比规则》确立了一项在法律上禁止翻供的原则，即当提单背书转让给第三者后，该提单就是货物已按上面记载的状况装船的最终证据。承运人不得借口在签发清洁提单前货物就已存在缺陷或包装不当来对抗提单持有人。

这一补充规定有利于进一步保护提单的流通与转让，也有利于维持提单受让人或收货人的合法权益。一旦收货人发现货物与提单记载不符，承运人只能负责赔偿，不得提出任何抗辩的理由。

3. 强调了承运人及其雇佣人员的责任限制

海上货物运输合同当事人涉讼多因一方当事人的违约而引起。但在有些国家承认双重诉讼的权利，即货主在其货物遭受损害时，可以承运人违反运输合同或以其侵权为由向承运人起诉。在货主以侵权为由提出诉讼时，承运人便不能引用《海牙规则》中的免责和责任限制的规定。如果不能对此加以限制，运输法规中的责任限制规定就形同虚设，为进一步强调承运人及其受雇人员享有该权利，《维斯比规则》第 3 条规定："本公约规定的抗辩和责任限制，应适用于就运输合同涉及的有关货物的灭失或损害对承运人提出的任何诉讼，不论该诉讼是以合同为根据还是以侵权行为为根据。""如果这种诉讼是对承运人的雇佣人员或代理人（而该雇佣人员或代理人不是独立的缔约人）提起的，则该雇佣人员或代理人适用按照本公约承运人所可援引的各项抗辩和责任限制。""从承运人及其雇佣人员和代理人得到的赔偿的总额，在任何情况下都不得超过本公约规定的限制。"

根据以上规定，使得合同之诉和侵权之诉处于相同的地位：承运人的雇佣人员或代理人也享有责任限制的权利。英国法院在审理"喜马拉雅游轮案"时，曾对承运人的雇佣人员或代理人能否享受承运人所享受的权利作出否定的判决，认为承运人的雇佣人员或代理人无权援引承运人与他人签订的合同中的条款。所以在此案后，承运人纷纷在提单上规定承运人的雇佣人员或代理人可以援引承运人的免责或责任限制。人们称这一条款为"喜马拉雅条款"。显然《维斯比规则》的这一规定更有利于保护船东的利益。

4. 提高了承运人对货物损害赔偿的限额

《海牙规则》规定承运人对每件或每单位的货物损失的赔偿限额为 100 英镑，而《维斯比规则》第 2 条则规定，每件或每单位的赔偿限额提高到 10000 金法郎，同时还增加一项以受损货物毛重为标准的计算方法，即每公斤为 30 金法郎，以两者中较高者为准。采用的金法郎仍以金本位为基础，目的在于防止日后法郎纸币的贬值，一个金法郎是含金纯度为 900/1000 的黄金 65.5 毫克的单位。一旦法郎贬值，仍以上述的黄金含量为计算基础，在《维斯比规则》通过时，10000 金法郎大约等于 431 英镑，与《海牙规则》规定的 100 英镑相比，这一赔偿限额显然是大大提高了。

这一规定不但提高了赔偿限额，而且创造了一项新的双重限额制度，不但维护了货主的利益，而且这种制度也为以后的《汉堡规则》和我国《海商法》所接受。

另外，该规则还规定了丧失赔偿责任限制权利的条件，即如经证实损失是由于承运人蓄意造成，或者知道很可能会造成这一损害而毫不在意的行为或不行为所引起，则承运人无权享受责任限制的权利。

5. 增加了"集装箱条款"

《海牙规则》没有关于集装箱运输的规定。《维斯比规则》增加"集装箱条款"，以适应国际集装箱运输发展的需要。该规则第 2 条第 3 款规定，如果货物是用集装箱、托盘或类似的装运器具集装时，则提单中所载明的装在这种装运器具中的包数或件数，应视为本款中所述的包数或件数；如果不在提单上注明件数，则以整个集装箱或托盘为一件计算。该条款的意思是，如果提单上具体载明在集装箱内的货物包数或件数，计算责任限制的单位就按提单上所列的件数为准；否则，则将一个集装箱或一个托盘视为一件货物。

6. 诉讼时效的延长

《海牙规则》规定，货物灭失或损害的诉讼时效为 1 年，从交付货物或应当交付货物之日起算。《维斯比规则》第 1 条第 2 款、第 3 款则补充规定，诉讼事由发生后，只要双方当事人同意，这一期限可以延长，明确了诉讼时效可经双方当事人协议延长的规定。对于追偿时效则规定，即使在规定的 1 年期满之后，只要是在受法院法律准许期间之内，便可向第三方提起索赔诉讼。但是准许的时间自提起诉讼的人已经解决索赔案件，或向其本人送达起诉状之日起算，不得少于 3 个月。

三、《汉堡规则》

《汉堡规则》(*Hamburg Rules*)全称为《联合国海上货物运输公约》，是联合国国际贸易法委员会受联合国贸易和发展会议的委托，对《海牙规则》和《维斯比规则》作全面的实质性修改，1978 年在汉堡通过的。《汉堡规则》废除了《海牙规则》的不合理条款，较为合理地规定了承运人、托运人双方对货物运输所承担的责任和义务。对货物装载、联合运输、承运人的责任、担保、索赔、诉讼时效、仲裁等均有规定。按《汉堡规则》的规定，需要 20 个国家提交本国政府批准书 1 年后，规则才能生效。

《汉堡规则》全文共分为 7 章 34 条条文，在《汉堡规则》的制定中，除保留了《海牙—维斯比规则》对《海牙规则》修改的内容外，对《海牙规则》进行了根本性的修改，是一个较为完备的国际海上货物运输公约，明显地扩大了承运人的责任。其主要内容包括：

（一）承运人的责任原则

《海牙规则》规定承运人的责任基础是不完全过失责任制，它一方面规定了承运人必须对自己的过失负责，另一方面又规定了承运人对航行过失及管船过失的免责条款。

而《汉堡规则》确定了推定过失与举证责任相结合的完全过失责任制。规定凡是在承运人掌管货物期间发生货损，除非承运人能证明承运人已为避免事故的发生及其后果采取了一切可能的措施；否则便推定损失系由承运人的过失所造成，承运人应承担赔偿责任。很明显，《汉堡规则》较《海牙规则》扩大了承运人的责任。

（二）承运人的责任期间

《汉堡规则》第 4 条第 1 款规定，承运人对货物的责任期间包括在装货港、在运输途中以及在卸货港，货物在承运人掌管的全部期间。即承运人的责任期间从承运人接管货物时起到交付货物时止。与《海牙规则》的"钩至钩"或"舷至舷"相比，其责任期间扩展到"港到港"。解决了货物从交货到装船和从卸船到收货人提货这两段没有人负责的空间，明显地延长了承运人的责任期间。

（三）承运人赔偿责任限额

《汉堡规则》第 6 条第 1 款规定，承运人对货物灭失或损坏的赔偿，以每件或其他装运单位的灭失或损坏相当于 835 特别提款权或毛重每公斤 2.5 特别提款权的金额为限，两者之中以其较高者为准。

（四）对延迟交付货物的责任

延迟交付货物的责任在《海牙规则》和《维斯比规则》中都没有规定，《汉堡规则》第 5 条第 2 款则规定，如果货物未能在明确议定的时间内，或虽无此项议定，但未能在考虑到实际情况对一个勤勉的承运人所能合理要求时间内，在海上运输合同所规定的卸货港交货，即为延迟交付。对此，承运人应对因延迟交付货物所造成的损失承担赔偿责任。而且在第 3 款还进一步规定，如果货物在第 2 款规定的交货时间满后连续 60 天内仍未能交付，有权对货物灭失提出索赔的人可以认为货物已经灭失。《汉堡规则》第 6 条第 1 款还规定，承运人对延迟交付的赔偿责任，以相当于延迟交付货物应支付运费的 2.5 倍的数额为限，但不得超过海上货物运输合同规定的应付运费总额。

（五）承运人和实际承运人的赔偿责任

《汉堡规则》中增加了实际承运人的概念。当承运人将全部或部分货物委托给实际承运人办理时，承运人仍需按公约规定对全部运输负责。如果实际承运人及其雇佣人或代理人的疏忽或过失造成的货物损害，承运人和实际承运人均须负责的话，则在其应负责的范围内，承担连带责任。这种连带责任托运人既可向实际承运人索赔，也可向承运人索赔，并且不因此妨碍承运人和实际承运人之间的追偿权利。

（六）托运人的责任

《汉堡规则》第 12 条规定，托运人对于承运人或实际承运人所遭受的损失或船舶遭受的损坏不负赔偿责任。除非这种损失或损坏是由于托运人、托运人的雇佣人或代理人的过失或疏忽所造成的，这意味着托运人的责任也是过失责任。但需指出的是托运人的责任与承运人的责任不同之处在于承运人的责任中举证由承运人负责，而在托运人的责任中，托运人不负举证责任，这是因为货物在承运人掌管之下，所以也同样需要承运人负举证责任。《汉堡规则》这一规定，被我国《海商法》所接受。

（七）保函的法律地位

《海牙规则》和《维斯比规则》没有关于保函的规定，而《汉堡规则》第 17 条对保函的法律效力作出了明确的规定，即托运人为了换取清洁提单，可以向承运人出具承担赔偿责任的保函，该保函在承运人、托运人之间有效，对包括受让人、收货人在内的第三方一概无效。但是，如果承运人有意欺诈，对托运人也属无效，而且承运人也不再享受责任限制的权利。

（八）索赔通知及诉讼时效

《海牙规则》要求索赔通知必须由收货人在收到货物之前或收到货物当时提交。如果货物损失不明显，则这种通知限于收货后 3 日内提交。《汉堡规则》延长了上述通知时间，规定收货人可在收到货物后的第一个工作日将货物索赔通知送交承运人或其代理人，当货物灭失或损害不明显时，收货人可在收到货物后的 15 日内送交通知。同时还规定，对货物迟延交付造成损失，收货人应在收货后的 60 日内提交书面通知。

第四节　中国的海商法

我国并没有参加《海牙规则》、《维斯比规则》和《汉堡规则》三大国际海上货物运输公约的任何一个，而是采用了本土化的做法，于 1992 年 11 月 7 日通过，自 1993 年 7 月 1 日起施行现行《海商法》。起草《海商法》的指导思想自始就是外向型的，《海商法》的第 1 条规定："为了调整海上运输关系、船舶关系，维护当事人各方的合法权益，促进海上运输和经济贸易的发展，制定本法。"其立法目的在于提高我国航运业的规模和水平，并达到促进经济贸易发展的最终目的。因此，我国《海商法》吸收了多项国际海事条约、国际海商惯例和格式合同的内容。其中，在国际条约方面，主要借鉴《维斯比规则》和《汉堡规则》；在国际海商惯例方面，主要体现在第十章共同海损中，很多内容借鉴《约克—安特卫普规则》；而租船合同方面，主要借鉴"波罗的姆"格式和"贝尔康格式"的条款。

《海商法》以调整海上运输关系、船舶关系，维护当事人各方的合法权益，促进海上运输和经济贸易的发展为宗旨。它采用法典的形式，规范的主要内容包括海上运输合同，即海上货物运输合同、海上旅客运输合同；其他与船舶营运有关的合同，包括船舶租用合同、海上拖航合同；与海上风险有关的法律制度，包括船舶碰撞、海难救助、共同海损、海事赔偿责任限制、海上保险合同；船舶物权，包括船舶所有权、船舶抵押权、船舶优先权、船长与船员；船舶登记、国籍和航行权、海上运输管理。

一、适用范围

与《鹿特丹规则》相比较，我国有关海上货物运输的法律法规存在诸多不同，《海商法》所称的海上运输，是指海上货物运输和海上旅客运输，包括海江之间、江海之间运输。

二、承运人的义务

（一）货物的运输与交付

承运人收取运费，负责将托运人托运的货物经海路由一港运至另一港。（《海商法》第 41 条）

（二）承运人的责任期限

承运人对装箱装运的货物的责任期间，是指从装货港接收货物时起至卸货港交付货物时止，货物处于承运人掌管之下的全部期间。对非集装箱装运的货物的责任期间，是指从货物装上船时起至卸下船时止，货物处于承运人掌管之下的全部期间。（《海商法》第 46 条）

（三）可能形成的危险货物

由于装运此类货物造成的损害和产生的费用，都应由托运人负责赔偿，但共同海损

的分摊不受此影响。(《海商法》第68条)

三、承运人对灭失、损坏或迟延所负的赔偿责任

(一)赔偿责任的基础

货物未能在明确约定的时间内，在约定的卸货港交付的，为迟延交付。(《海商法》第50条)在责任期间货物发生的灭失或者损坏的12种情形，承运人不负赔偿责任。(《海商法》第51条)

(二)赔偿额的计算

货物灭失的赔偿额，按照货物的实际价值计算；货物损坏的赔偿额，按照货物受损前后实际价值的差额或者货物的修复费用计算。货物的实际价值，按照货物装船时的价值加保险费加运费计算。前款规定的货物实际价值，赔偿时应当减去因货物灭失或者损坏而少付或者免付的有关费用。(《海商法》第55条)

四、托运人的义务

(一)交付运输

托运人托运货物，应当妥善包装，并向承运人保证，货物装船时所提供的货物的品名、标志、包数或者件数、重量或者体积的正确性；由于包装不良或者上述资料不正确，对承运人造成损失的，托运人应当负赔偿责任。承运人依照前款规定享有的受偿权利，不影响其根据货物运输合同对托运人以外的人所承担的责任。(《海商法》第66条)

(二)托运人对承运人赔偿责任的基础

托运人应当及时向港口、海关、检疫、检验和其他主管机关办理货物运输所需要的各项手续，并将已办理各项手续的单证送交承运人；因办理各项手续的有关单证送交不及时、不完备或者不正确，使承运人的利益受到损害的，托运人应当负赔偿责任。(《海商法》第67条)

五、赔偿责任限额

(一)赔偿责任限额

承运人对货物的灭失或者损坏的赔偿限额，按照货物件数或者其他货运单位数计算，每件或者每个其他货运单位为666.67计算单位，或者按照货物毛重计算，每公斤为2计算单位，以二者中赔偿限额较高的为准。但是，托运人在货物装运前已经申报其性质和价值，并在提单中载明的，或者承运人与托运人已经另行约定高于本条规定的赔偿限额的除外。(《海商法》第56条)

(二)迟延造成损失的赔偿责任限额

承运人对货物因迟延交付造成经济损失的赔偿限额，为所迟延交付的货物的运费数额。货物灭失或者损坏和迟延交付同时发生的，承运人的赔偿责任限额适用本法第56条第1款规定的限额。(《海商法》第57条)

第七章　国际货物运输保险法

☞【学习目标】
1. 掌握国际货物运输保险的概念及原则
2. 掌握海上货物运输保险承保的风险及损失
3. 理解海上货物运输保险条款及保险合同的基本内容
4. 了解其他方式的货物运输保险

第一节　国际货物运输保险概述

保险，是指投保人根据合同约定，向保险人支付保险费，保险人对于合同约定的可能发生的事故因其发生所造成的财产损失承担赔偿保险金责任，或者被保险人死亡、伤残、疾病或者达到合同约定的年龄、期限等条件时承担给付保险金责任的商业保险行为。国际保险是指在国际经济活动中，对财产因意外灾害或人身因伤亡所造成的经济损失的一种互助性质的经济补偿制度。

国际货物运输保险是通过订立保险合同来实现的，保险单是保险合同存在的证明。保险合同一经订立，订约双方均应按照合同条件，亦即保险单中各项保险条款的规定来履行义务、享受权利。国际货物运输保险属于财产保险的范畴，以流动中的财务为保险标的，保险关系涉及对外因素，不仅承保国际运输中的货物，而且包括各种运输中的物资，如行李、用品等。国际货物运输保险的作用就在于，集中分散的资金来补偿国际货物买卖中的买方或卖方的意外损失，以保障国际贸易的顺利进行。因此，可以说国际货物运输保险是国际货物贸易不可或缺的重要环节。

国际货物运输的运送主要包括海上运输、陆上运输以及航空运输等多种途径。因此，国际货物运输保险的种类根据保险标的的运输工具种类大致分为三类：海上货物运输保险、陆上货物运输保险以及航空货物运输保险。在国际货物运输保险中，历史最悠久、业务量最大、影响最深远的是海上货物运输保险。其他种类的保险均参照海上货物运输保险的做法。

第二节　海上货物运输保险

一、海上货物运输保险概述

海上货物运输保险是保险人和被保险人通过协商，对船舶、货物及其他海上标的可能遭遇的风险进行约定，被保险人在交纳约定的保险费后，保险人承诺一旦上述风险在约定的时间内发生并对被保险人造成损失，保险人将按约定给予被保险人经济补偿的商务活动。

(一)海上货物运输保险原则

海上运输保险是对海上发生的损失进行分散和转嫁，以使受害人的损失降到最低的限度。这种补偿是以达到或接近达到受害人的损失范围，投保人或被保险人不会因此而得利。因此，保险的当事人除了要遵守保险合同各自义务外，还要共同遵守保险利益原则、诚信原则、损失补偿原则、近因原则。

1. 保险利益原则

保险利益原则是指投保人对保险标的所具有的合法的利害关系。保险利益是保险合同是否具有法律效力的重要的条件。如果投保人对保险标的不具有法律上认可的利益，这会使被保险人无法通过保险合同补偿自己的损失。保险利益可分为现有利益和期待利益；法律上的利益和经济利益。

2. 最大诚信原则

最大诚信原则，是指保险合同当事人在订立保险合同是要履行如实告知与说明义务的原则。如果任何一方当事人违反了诚信原则，那么都会导致保险合同条款被认定为无效或保险合同被解除的法律后果。

3. 损失补偿原则

保险事故发生而是被保险人遭受损失时，保险人必须在责任范围内对被保险人所受的实际损失予以补偿。损失补偿原则是海上保险的基本原则之一，是财产保险合同的补偿性在海上运输保险中的体现。因此，保险法对超额保险和重复保险都予以相应的矫正。

4. 近因原则

近因原则，是指当保险事故发生时，被保险人应当向保险人说明受损原因，保险人确认受损原因是否属于受损标的与承保范围的危险之间的因果关系。虽然我国法律对该原则进行明文规定，但是在海上保险实践中都把近因原则作为一项基本原则。

5. 代位求偿原则

代位求偿原则是从补偿原则中派生出来的，只适用于财产保险。在财产保险中，保险事故的发生是由第三者造成并负有赔偿责任，则被保险人既可以根据法律的有关规定向第三者要求赔偿损失，也可以根据保险合同要求保险人支付赔款。如果被保险人首先要求保险人给予赔偿，则保险人在支付赔款以后，保险人有权在保险赔偿的范围内向第三者追偿，而被保险人应把向第三者要求赔偿的权利转让给保险人，并协助向第三者要求赔偿。反之，如果被保险人首先向第三者请求赔偿并获得损失赔偿，被保险人就不能再向保险人索赔。

☞【思考】

某"东风号"载货船舶在港口停泊载货期间，第四货舱不幸发生火灾。为了扑灭大火，船长立即采取措施向着火船舱内注入船上储备淡水进行灭火，但效果甚微。于是又命令向着火货舱注入大量海水，火势减灭。整理货舱时发现大量货物受损。有的货物被大火烧成了灰烬，有的货物则被浓烟热气熏烤得严重变形，有的货物浸泡在救火的水中造成湿损。在混乱的救火现场，还有一些其他船舱的货物被偷偷登上货船的盗贼偷走。扑灭大火后，船员们忙于抢救第四货舱的火灾损失，忘记了对第五货舱进行定时通风和放置防氧化剂，导致第五货舱部分鱼粉出现自燃，造成货损。

　　请问：这些货物损失的近因各是什么？

　　分析：烧成灰烬的货物损失近因是火灾，被浓烟热气熏烤得变形的货物近因是浓烟热气，湿损的货物近因是救火的水，被海盗偷走的货物近因是海盗，第四货舱部分鱼粉自燃造成的货损近因是第四货舱没有定时通风和防止氧化剂。

(二)海上货物运输保险承保的风险

　　国际贸易货物在海上运输、装卸和储存过程中，可能会遭到各种不同风险，而海上货物运输保险人主要承保的风险有海上风险和外来风险。

　　1. 海上风险

　　海上风险在保险界又称为海难，包括海上发生的自然灾害和意外事故。

　　(1)自然灾害，是指由于自然界的变异引起破坏力量所造成的灾害。在海运保险中，自然灾害仅指恶劣气候、雷电、海啸、地震、洪水、火山爆发等人力不可抗拒的灾害。

　　第一，恶劣气候。一般是指海上的飓风、大浪暴雨等。这些灾害会引起船体颠簸倾斜，由此而引起的船上所载货物的相互挤压、碰撞所导致的货物的破碎、渗漏、凹瘪等的损失。

　　第二，雷电。海上货物运输保险承保的雷电风险是指货物在运输过程中由于雷电直接造成的或者由于雷电引起的火灾造成的货物的灭失和损害。

　　第三，海啸。海啸是由于地震或风暴所造成的海面的巨大涨落现象。海啸会因为其剧烈震荡而导致货物损失。

　　第四，浪击落海。浪击落海通常指存放在舱面上的货物在运输过程中受海浪的剧烈冲击而落海造成的损失。我国现行的海上货物运输保险条款的基本险条款不保此项风险，这项风险可以通过附加投保舱面险而获得保障。

　　第五，洪水。海上货物运输保险承保由于异常短时间内的江河泛滥、暴雨等灾害导致的被保险货物遭受浸泡、冲散等损失。

　　第六，地震。海上货物运输保险承保由于短时间内地壳剧烈变化而导致的地面震动、塌陷等造成的被保险货物的损失。

　　(2)意外事故，是指由于意料不到的原因所造成的事故。在海运保险中，意外事故仅指搁浅、触礁、沉没、碰撞、火灾、爆炸和失踪等。

　　第一，搁浅，是指船舶与海底、浅滩、堤岸在事先无法预料的意外情况下发生触礁，并搁置一段时间，使船舶无法继续行进以完成运输任务。但规律性的潮涨落所造成的搁浅则不属于保险搁浅的范畴。

　　第二，触礁，是指载货船舶触及水中岩礁或其他阻碍物(包括沉船)。

第三，沉没，是指船体全部或大部分已经没入水面以下，并已失去继续航行能力。若船体部分入水，但仍具航行能力，则不视作沉没。

第四，碰撞，是指船舶与船或其他固定的、流动的固定物猛力接触。如船舶与冰山、桥梁、码头、灯标等相撞等。

第五，火灾，是指船舶本身、船上设备以及载运的货物失火燃烧。

第六，爆炸，是指船上锅炉或其他机器设备发生爆炸和船上货物因气候条件(如温度)影响产生化学反应引起的爆炸。

第七，失踪，是指船舶在航行中失去联络，音信全无，并且超过了一定期限后，仍无下落和消息，即被认为是失踪。

2. 外来风险

外来风险一般是指由于外来原因引起的风险。它可分为一般外来风险和特殊外来风险。

(1)一般外来风险，是指货物在运输途中由于偷窃、下雨、短量、渗漏、破碎、受潮、受热、霉变、串味、沾污、钩损、生锈、碰损等原因所导致的风险。

(2)特殊外来风险，是指由于战争、罢工、拒绝交付货物等政治、军事、国家禁令及管制措施所造成的风险与损失。如因政治或战争因素，运送货物的船只被敌对国家扣留而造成交货不到；某些国家颁布的新政策或新的管制措施以及国际组织的某些禁令，都可能造成货物无法出口或进口而造成损失。

(三)海上货物运输保险承保的损失

被保险货物因遭受海洋运输中的风险所导致的损失称为海损或海上损失。海损按损失程度的不同，可分为全部损失和部分损失。

1. 全部损失

全部损失简称全损，是指被保险货物在海洋运输中遭受全部损失。从损失的性质看，全损又可分为实际全损和推定全损两种。

(1)实际全损，又称绝对全损，是指保险标的物在运输途中全部灭失或等同于全部灭失。在保险业务上构成实际全损主要有以下几种：

第一，保险标的物全部灭失。例如，载货船舶遭遇海难后沉入海底，保险标的物实体完全灭失。

第二，保险标的物的物权完全丧失已无法挽回。例如，载货船舶被海盗抢劫，或船货被敌对国扣押等。虽然标的物仍然存在，但被保险人已失去标的物的物权。

第三，保险标的物已丧失原有商业价值或用途。例如，水泥受海水浸泡后变硬；烟叶受潮发霉后已失去原有价值。

第四，载货船舶失踪，无音信已达相当一段时间。在国际贸易实务中，一般根据航程的远近和航行的区域来决定时间的长短。

(2)推定全损，是指保险货物的实际全损已经不可避免，而进行施救、复原的费用已超过将货物运抵目的港的费用或已超出保险补偿的价值这种损失即为推全损。构成被保险货物推定全损的情况有以下几种：

第一，保险标的物受损后，其修理费用超过货物修复后的价值。

第二，保险标的物受损后，其整理和继续运往目的港的费用，超过货物到达目的港的价值。

第三，保险标的物的实际全损已经无法避免，为避免全损所需的施救费用，将超过获救后标的物的价值。

第四，保险标的物遭受保险责任范围内的事故，使被保险人失去标的物的所有权，而收回标的物的所有权，其费用已超过收回标的物的价值。

2. 部分损失

部分损失是指被保险货物的损失没有达到全部损失的程度。部分损失按其性质，可分为共同海损和单独海损。

（1）共同海损。根据 1974 年国际海事委员会制定的《约克—安特卫普规则》的规定，载货船舶在海运上遇难时，船方为了共同安全，以使同一航程中的船货脱离危险，有意而合理地作出的牺牲或引起的特殊费用，这些损失和费用被称为共同海损。构成共同海损的条件如下：

第一，共同海损的危险必须是实际存在的，或者是不可避免的，而非主观臆测的。因为不是所有的海上灾难、事故都会引起共同海损的。

第二，必须是自愿地和有意识地采取合理措施所造成的损失或发生的费用。

第三，必须是为船货共同安全采取的谨慎行为或措施时所作的牺牲或引起的特殊费用。

第四，必须是属于非常性质的牺牲或发生的费用，并且是以脱险为目的。共同海损行为所作出的牺牲或引起的特殊费用，都是为使船主、货主和承运方不遭受损失而支出的，因此，不管其大小如何，都应由船主、货主和承运各方按获救的价值，以一定的比例分摊。这种分摊称为共同海损的分摊。在分摊共同海损费用时，不仅要包括未受损失的利害关系人，而且还需包括受到损失的利害关系人。

（2）单独海损，是指保险标的物在海上遭受承保范围内的风险所造成的部分灭失或损害，即指除共同海损以外的部分损失。这种损失只能由标的物所有人单独负担。与共同海损相比较，单独海损的特点包括：

第一，它不是人为有意造成的部分损失。

第二，它是保险标的物本身的损失。

第三，单独海损由受损失的被保险人单独承担，但其可根据损失情况从保险人那里获得赔偿。依据英国海上法，货物发生单独海损时，保险人应赔金额的计算，等于受损价值与完好价值之比乘以保险金。

☞【思考】

某货轮满载货物驶离上海港。开航后不久，由于空气湿度很大，导致老化的电线短路引发大火，将装在第一货舱的 1000 条出口毛毯完全烧毁。船到新加坡港卸货时发现，装在同一货舱中的烟草和茶叶由于羊毛燃烧散发出的焦糊味道而遭受了不同程度的串味损失。其中烟草由于包装较好，串味不是非常严重，经过特殊的加工处理，仍保持了烟草的特性，但是等级已大打折扣，售价下跌三成。而茶叶则完全失去了其特有的芳香，无论如何不能当作茶叶了，只能按照廉价的填充物处理。船经印度洋时，不幸又与另一艘货轮相撞，船舶严重受损，第二货舱破裂，舱内进入大量海水，剧烈的震动和海水浸泡导致舱内装载的精密仪器严重受损。为了救险，船长命令用亚麻临时堵住漏洞，造成大量亚麻损失。在船舶停靠泰国避难港进行大修时，船方就受损仪器的抢修整理事宜向岸上有关专家进行了咨询，发现整理恢复费用十分庞大，已经超过了货物的保险价值。为了方便修理船舶，不得不将第三货舱和第四货舱部分纺织品货物卸下，在卸货时造成一部分货物钩损。试分析这些货物损失的类型和性质。

分析：1000条毛毯的损失是意外事故火灾引起的实际全损，烟草的串味损失属于火灾引起的部分损失，三成的贬值是烟草的部分损失，茶叶的损失属于实际全损。精密仪器的损失属于意外事故碰撞造成的推定全损。亚麻的损失属于共同海损。纺织品卸货和钩损，属于共同海损。

(四)海上货物运输保险承保的费用

为了避免和减轻事故给被保险人货物带来的损失，当被保险货物在运输途中遭遇货物运势保险承保的事故时，往往还会产生其他的费用和支出，这些费用和支出也可以通过保险公司获得赔偿。保险公司赔偿的费用和支出主要分为两部分，即施救费用和救助费用。

1. 施救费用

施救费用，亦称营救费用，是指被保险货物在遭遇承保的灾害事故时，被保险人或其代理人、雇佣人为避免、减少损失采取各种抢救、防护措施时所支付的合理费用。保险人对施救费用的赔偿金额不得超过保险合同所载明的保险金额。

保险标的的受损，经被保险人进行施救，花了费用但并未奏效，保险标的仍然全损，保险人对施救费用仍予负责。但保险人对保险标的本身的赔偿和施救费用的责任最多各为一个保额，即两者之和不能超过两个保额。

保险人支付施救费用的条件如下：

第一，施救费用是一种单独费用，是纯粹为避免或减轻某一利益方的损害而支出的费用，也就是说，仅仅是为了被保险人或保险人的利益，而不是为了航保行中的船货等多方利益。

第二，施救行为是被保险人、代理人或其雇佣人员为了避免或减少损失直接行使的抢救行为，而不是第三方采取的行为。

第三，施救费用必须是承保的风险引起的，否则保险人不承担施救费用。

第四，施救费用的支出是为了避免责任范围内的损失。如果只承保了全损险，而发生了部分损失，对部分损失的施救所产生的施救费用，保险人不负责赔偿。

第五，施救费用的支出必须合理谨慎。被保险人对受损财产必须全力施救且合理支出施救费用。否则，保险公司不予赔偿。

2. 救助费用

救助费用是指被保险标的遭遇保险责任范围以内的灾害事故时，由保险人和被保险人以外的第三者采取救助行为，对于此种救助行为，按照国际法规规定，获救方应向救助方支付相应的报酬，所支付的该项费用，被称为救助费用。随着航海事业的发展，国际上普遍采用的是契约救助，通常采纳的是英国劳合社的"无效果、无报酬"契约格式。该契约在救助前对遇难船舶和救助人之间报酬、支付办法等做了合理明确的规定，尽管这样，救助费用的确定仍非易事，事后往往需要仲裁而定。

二、国际海上货物运输保险惯例

在国际货物运输保险中，海上货物运输保险历史最悠久、影响最深远。这主要是由于商船在海洋航行中的风险大、海运事故频发所致。各国对海上货物运输保险所涉及的海上风险及损失等都有自己的界定。由于多式联运的出现、海上设施及责任的增加，现代海上保险已经由海洋拓展到内河、陆地和空中，保险种类也不断增加。

现代意义的保险法产生于14世纪之后。当时意大利的一些商业城市，由于海上贸易较发达，海上保险业务成为一种通常的交易，且保险纠纷不断增加。15世纪，随着资本主义萌芽，有了海上保险的法律。1369年的《热那亚法令》的规定中已涉及保险业务。1425年西班牙的《巴塞罗那法令》规定了海上保险的承保规则和损害赔偿程序，把西方海运世界的保险业务予以系统化，这是最早的海上保险法。到了19世纪，欧洲的主要海运国家都把海上保险作为海商法的重要组成部分编入商法典。其中，最具代表性的是1807年的《法国商法典》和1861年的《德国商法典》。

对现代海上保险影响最大的是1906年《英国海上保险法》，它是 Mackenizie Dalzell Chalmers 爵士在1894年完成起草的，并于1906年获得上议院的通过。制定该法的目的是为了调整海上保险合同，承认其法律特征，赋予其法律效力，解释其法律含义并给予其法律上的其他支持。该法的规定相当完整，包括海上保险合同的定义、形成、形式要件、基本法律特征、默示内容、合同条款的法律界限及适当解释等。该法将1779年劳氏 S. G 格式保单列为"附件一"，其第30条规定，保险单得采用本附件一之格式，该条款虽非强制性规定，但事实上已被广泛采用而成为英国海上保险市场上的标准保险单。1906年《英国海上保险法》是一部对很多国家的海上保险立法都有重要影响的法律，被世界各国视为海上保险法的范本。目前世界上有船舶保险和货物运输保险的国家中几乎有2/3的保单内容，采用英国保险条款，或者是既采用英国保险法的规定，又采用保险单条款。

另外，目前国际上使用最广泛的共同海损理算规则是《约克—安特卫普规则》，于1974年国际海事委员会汉堡会议通过。最近一次修订时由于国际海上保险联盟认为1994年《约克—安特卫普规则》共同海损范围太广，理算过于繁琐，因而在国际海事委员会第38届大会上通过了2004年《约克—安特卫普规则》。这一规则不是国际公约，而只是一种国际贸易惯例规则，但由于它在很多问题上基本统一了欧美各国海损理算的做法，并曾取得国际法协会的认可，因此已被国际海运、贸易和保险界所接受，在海洋运输提单、租船合同和保险契约中约定采用，目前，它的适用范围比较广泛，凡是载运国际贸易商品的海轮发生的共同海损事故，都是按照这一规则进行理算。

三、国际海上货物运输保险险别

(一)国际海上货物运输保险的主要险别

主要险别是指可以独立承保,不必附加在其他险别项下的险别,主要包括平安险、水渍险和一切险。

1. 平安险(Free from Particular Average,FPA)

平安险,又称"单独海损不赔",该保险负责赔偿范围包括:

(1)被保险货物在运输途中由于恶劣气候、雷电、海啸、地震、洪水自然灾害造成整批货物的全部损失或推定全损。

(2)由于运输工具遭受搁浅、触礁、沉没、互撞、与流冰或其他物体碰撞以及失火、爆炸意外事故造成货物的全部或部分损失。

(3)在运输工具已经发生搁浅、触礁、沉没、焚毁意外事故的情况下,货物在此前后又在海上遭受恶劣气候、雷电、海啸等自然灾害所造成的部分损失;在装卸或转运时由于一件或数件整件货物落海造成的全部或部分损失;被保险人对遭受承保责任内危险的货物采取抢救、防止或减少货损的措施而支付的合理费用,但以不超过该批被救货物的保险金额为限。

(4)运输工具遭遇海难后,在避难港由于卸货所引起的损失以及在中途港、避难港由于卸货、存仓以及运送货物所产生的特别费用。

(5)共同海损的牺牲分摊和救助费用。

(6)运输契约订有"船舶互撞责任"条款,根据该条款规定应由货方偿还船方的损失。

2. 水渍险(With Particular Average,WPA)

水渍险,又称"负责单独海损的赔偿",其责任范围除包括上列平安险的各项责任外,还负责被保险货物由于恶劣气候、雷电、海啸、地震、洪水自然灾害所造成的部分损失。

3. 一切险(All Risks)

一切险是海上货物运输保险的主要险别之一,其负责的范围很广泛。该险种除了包括平安险和水渍险的全部责任外,还负责被保险货物在运输途中由于外来原因所致的全部或部分损失。

在平安险、水渍险和一切险三种基本险别中,明确规定了除外责任。所谓除外责任是指保险公司明确规定不予承保的损失或费用。中国保险条款规定保险公司有以下除外责任:

第一,被保险人故意行为或过失所造成的损失。

第二,属于发货人责任所引起的损失。

第三,在保险责任开始前,被保险货物已存在的品质不良或数量短量所造成的损失。

第四,被保险货物的自然损耗、本质缺陷、特殊性以及市价跌落、运输延迟所引起的损失和费用。

（二）国际海上货物运输保险的附加险别

1. 一般附加险

一般附加险承保各种外来原因造成的货物全损或者部分损失。一般附加险不能独立承保，它必须附加于基本险项下加保。一般附加险包括：偷窃和提货不着险、淡水雨淋险、渗漏险、短量险、钩损险、破碎碰损险、锈损险、混杂沾污险、串味险、受潮受热险、包装破裂险 11 种。

2. 特别附加险

特别附加险主要包括交货不到险、舱面险、进口关税险、拒收险、黄曲霉素险、货物出口到港澳地区的存仓火险。

3. 特殊附加险

特殊附加险主要有战争险、罢工险。

☞【思考】

某外贸公司按 CIF 出口一批货物，装运前已向保险公司按发票总值 110%投保平安险，6 月初货物装妥顺利开航。载货船舶于 6 月 13 日在海上遇到暴风雨，致使一部分货物受到水渍，损失价值为 2100 美元，数日后，该轮又突然触礁，致使该批货物又遭到部分损失，价值为 8000 美元。

请问：保险公司对该批货物的损失是否赔偿，为什么？

分析：保险公司对该批货物的损失应全部赔偿。1. 因为该船触礁所造成的 8000 美元的损失，是意外事故所造成的部分损失，投保平安险，保险公司应予以赔偿。2. 另据平安险规定，在运输工具已发生搁浅、触礁、沉没、焚毁意外事故的情况下，货物在此前后又在海上遭受恶劣气候、雷电、海啸等自然灾害所造成的部分损失，保险公司也予负责。因此，在触礁之前由于暴风雨造成的 2100 美元的货损，保险公司也应予以赔偿。

第三节　海上货物运输保险合同

一、海上货物运输保险合同概述

海上货物运输保险合同是指被保险人支付保险费，由保险人按照合同规定的承保范围、对被保险人遭受保险事故造成保险标的之损失以及产生之责任进行赔偿的合同。

海上货物运输保险合同是被保险人与保险人签订的具有法律拘束力的书面协议。海上货物运输保险合同的当事人主要包括保险人、投保人、被保险人，此外还包括保险代理人、保险经纪人和保险公证人等。

二、海上货物运输保险合同的内容

各国海上保险法对海上货物运输保险合同内容规定不一，由于保险单是保险合同存在的证明，所以，通常把保险单的内容视同保险合同的内容。具体包括以下几个方面：

1. 投保人或被保险人的姓名及住所

投保人栏内，可以记载投保人的姓名，也可记载"或其指定人"，更有甚者，也可以不记载投保人的姓名，但一般都要求签署被保险人本人的姓名。

2. 保险标的

保险标的是指被保险的财产或利益，如海上货物运输的保险标的就是货物。

3. 保险金额

通常由当事人事先约定，在保险事故发生后，保险人负责赔偿的最高金额，是计算保险费的基础。保险金额不得超过保险标的的价值。

4. 保险费

保险费是投保人给付保险人的报酬，作为保险人承保海上风险的对价。保险费的多少，视被保险人和保险人按照保险标的的金额和危险性质议定，一经议定后，双方不得任意变动。但可以因某些特殊情况的发生而有所增减，例如海上风险性质的改变，经双方协商，可以导致保险费的增减。保险费一般由投保人缴纳，有时，也可由利害关系人代为缴纳。如果投保人拖欠或不愿缴纳保险费，经保险人催告仍然不缴纳的，合同即停止生效。

5. 保险期限

保险期限是保险人对事故所负责任的期限，通常就是合同期限。只有在此期限内发生的保险事故，保险人才负赔偿责任。保险期限由当事人事先约定，并在合同中载明它的起讫日期。保险的责任期限，通常自货物起运的仓库到目的地仓库为止，但另有约定的除外。

6. 保险合同的订立日期

合同订立日期对合同是否有效成立，具有重要的意义。通常，当事人在合同上签名的日期即为合同的订立日期。按照各国保险法规定，订立合同时，如果保险标的已经发生危险或者已经灭失，合同无效。

三、海上货物运输保险合同的形式

海上货物运输保险合同的形式即海上货物运输保险单。不同的国家或同一国家的不同时期有着内容和格式不尽相同的保险单。目前，我国海上货物运输保险合同大体有四种形式：保险单、保险凭证、联合凭证和批单。

(一)保险单

保险单俗称大保单。它是我国目前经营各类海上货物运输保险所采用的一种标准保险单。其内容分为正面与反面。正面印有该保险所需填写的基本事项。包括被保险人和保险人名称；保险标的名称、数量和包装；保险金额；保险费率与保险费；运输工具；开航日期；装运港和目的港；承保险别；检验理赔人或代理人名称；赔款偿付地点；合同签订日期等。背面则载有保险条款，规定保险人与被保险人的各项权利和义务、保险责任范围、除外责任、责任起讫、损失处理、索赔理赔、保险争议处理、时效条款等项内容。

（二）保险凭证

保险凭证是一种简化的保险单。用以证明海上货物运输保险合同的有效存在。保险凭证与上述保险单具有同等的法律效力，故又被称为小保单。保险凭证的正面所列内容与上述保险单相同。但无背面条款。只是在正面注明以海上货物运输保险单所载条款为准。

（三）联合凭证

联合凭证是指国际贸易的发货票与海上货物运输保险单相结合的一种特殊的保险凭证，亦称联合发票。其具体程序是：保险人在出口公司为国际贸易活动签发的出口商品发票上加注承保的保险种类、保险金额等内容，并加盖保险人的公章。至于保险单上所列明的其他项目，诸如承保货物名称、数量、包装、承运工具、装运港和目的港等，均以发票记载为准。一旦发生海上事故，保险人按有关承保险别规定的保险责任向被保险人进行赔偿。

（四）批单

批单是保险人为变更已有海上货物运输保险合同的内容而出立的补充性书面凭证，又称批改单。海上货物运输保险合同的变更，如更改险别、被保险人名称、地址、运输工具名称、保险期限、保险金额、保险权益转让等。经保险人与被保险人协商一致后，均需由保险人出立批单。批单可以是在保险单或保险凭证上进行批注，也可以另行出具变更单证。保险单一经批改。保险公司即应按批单上规定的内容承担保险责任。

四、海上货物运输保险合同的订立

海上货物运输保险合同通常经过被保险人向保险人提出保险申请、填写投保单、由保险人核保、被保险人缴纳保险费、保险人签发保险单等程序来完成。但是，从保险合同订立的时间来分析，保险合同的订立是以保险人对被保险人提出的订立保险合同意思表示作出承诺时为准，而不是以保险人出具保险单之时为准。

在英国，签订海上保险合同一般通过经纪人来完成。被保险人以保险经纪人作为其代理人向保险人提出订立合同的意向。保险经纪人出具承保单，保险人在保单上签字，保险合同即成立。保险经纪人可以代保险人向被保险人收取保险费并收取自己的保险佣金。

在中国的实践中，海上货物运输保险合同的签订往往由被保险人直接向保险公司投保，经保险公司同意，双方对合同条款达成协议，保险合同即成立。例如，《中华人民共和国海商法》第 221 条规定："被保险人提出保险要求，经保险人同意承保，并就海上保险合同的条款达成协议后，合同成立。保险人应当及时向被保险人签发保险单或者其他保险单证，并在保险单或者其他保险单证中载明当事人双方约定的合同内容。"

第四节　其他方式货物运输保险

一、陆上货物运输保险

陆上货物运输保险是指保险人与投保人之间达成的，以陆上货物运输过程中的货物作为保险标的，由保险人对于被保险货物因自然灾害或意外事故造成的损失承担赔偿责任的协议。国际陆上货物运输保险合同适用于国际贸易进出口货物及其他涉外经济活动的物品，在跨越国界的陆上进行的运输活动。在我国，国际陆上货物运输保险合同习惯称为陆运保险合同；但仅限于使用火车、汽车进行的运输活动，使用其他陆上运输工具的货物运输活动则不予承保。

(一)陆运保险的基本险别及保险责任

陆运保险的主要险别分为陆运保险和陆运一切险，陆上运输货物战争险是陆上运输货物保险的附加险。

1. 陆运保险的保险责任

(1)保险人负责赔偿被保险货物在运输途中遭受暴风、雷电、洪水、地震等自然灾害或由于运输工具遭受碰撞倾覆、出轨或在驳运过程中因驳运工具遭受搁浅、触礁、沉没、碰撞，或由于遭受隧道坍塌、崖崩或失火、爆炸等意外事故造成的全部损失或部分损失。

(2)被保险人对遭受承保责任内危险的货物采取抢救，防止或减少货损的措施而支付的合理费用，但以不超过该被救货物的保险金额为限。

2. 陆运一切险的保险责任

陆运一切险的责任范围除了陆运保险的责任外，保险人还负责被保险货物在运输途中由于外来原因所致的全部损失或部分损失。

3. 陆运保险不负责赔偿的损失

(1)被保险人的故意行为或过失所造成的损失。

(2)属于发货人责任所引起的损失。

(3)在保险责任开始前，被保险货物已经存在的品质不良或数量短差所造成的损失。

(4)被保险货物的自然损耗、本质缺陷、特性以及市价跌落、运输延迟所引起的损失和费用。

(5)陆上货物运输战争险条款和货物运输罢工险条款规定的责任范围和除外责任。

(二)陆上货物运输保险责任起讫期限

本保险负"仓至仓"责任，自被保险货物运离保险单所载明的起运地仓库或储存处所开始运输时生效，包括正常运输过程中的陆上和与其有关的水上驳运在内，直至该项货物运达保险单所载目的地收货人的最后仓库或储存处所或被保险人用作分配、分派的其他储存处所为止，如未运抵上述仓库或储存处所，则以被保险货物运抵最后卸载的车站满 60 天为止。如在中途转车，不论货物在当地卸车与否，保险责任从火车到达中途站的当日午夜起满 10 天为止。如果被保险货物在 10 天内重新装车续运，则保险责任继续生效。

二、航空货物运输保险

航空货物运输保险是以航空运输过程中的各类货物为保险标的，当投保了航空货物保险的货物在运输途中因保险责任造成货物损失时，由保险公司提供经济补偿的一种保险业务。

(一)航空货物运输保险的险别及保险责任

我国航空货物运输保险分为航空运输险和航空运输一切险两种。

1. 航空运输险

航空运输险的承保责任范围：

(1)被保险货物在运输途中遭受雷电、火灾、爆炸或由于飞机遭受恶劣天气或其他危难事故而被抛弃，或由于飞机遭碰撞、倾覆、坠落或失踪意外事故所造成的全部或部分损失。

(2)被保险人对遭受承保责任内危险的货物采取抢救、防止或减少货损的措施而支付合理费用，但以不超过该批被救货物的保险金额为限。

2. 航空运输一切险

除包括上述所列航空运输险责任外，航空运输一切险还负责被保险货物由于外来原因所致的全部或部分损失。

3. 航空货物运输保险的除外责任

航空货物运输保险对下列损失不负赔偿责任：

(1)被保险人的故意行为或过失所造成的损失。

(2)属于发货人责任所引起的损失。

(3)在保险责任开始前，被保险货物已经存在的品质不良或数量短差所造成的损失。

(4)被保险货物的自然损耗、本质缺陷、特性以及市价跌落、运输延迟所引起的损失和费用。

(5)航空货物运输战争险条款和货物运输罢工险条款规定的责任范围和除外责任。

(二)航空货物运输保险责任起讫期限

航空货物运输保险责任起讫期限也采用"仓至仓"条款。航空运输保险的保险责任是自保险货物经承运人收讫并签发保险单(凭证)时起，至该保险单(凭证)上的目的地的收货人在当地的第一个仓库或储存处所时终止。

保险货物运抵目的地后，如果收货人未及时提货，则保险责任的终止期最多延长至以收货人接到《到货通知单》以后的 15 天为限(以邮戳日期为准)。

由于被保险人无法控制的运输迟延、绕道、被迫卸货、转载或承运人运用运输契约赋予的权限所做的任何航行上的变更或终止运输契约，致使被保险货物运到非保单所载目的地时，在被保险人及时将获知的情况通知保险人，并在必要时加缴保险费的情况下，本保险仍继续有效，保险责任按下列规定终止：

（1）被保险货物在非保单所在地的目的地出售，保险责任至交货时为止。但不论任何情况，均以被保险的货物在卸载地卸离飞机后满 30 天为止。

（2）被保险货物在上述 30 天期限内继续运往保险单所载目的地或其他目的地时，保险责任扔按上述规定终止。

三、国际货物多式联运保险

国际多式联运保险是以国际货物多式联运的货物为保险标的的保险。

（一）国际集装箱多式联运保险涉及的范围

多式联运保险中，在以集装箱进行多式联运时，保险利益所涉及的范围有所扩大。主要的保险利益人归纳如下：

1. 海运经营人

如果集装箱由船公司拥有，则由船公司进行投保，包括延长集装箱船舶保险期、扩大承保范围、单独的集装箱保险等。在实际业务中，单独的集装箱保险比延长船舶保险期应用得更为广泛。

2. 陆上运输经营人

通常指国际货运代理人、公路承运人、铁路承运人等。他们在对货主提供联运服务时，通常都由自己对集装箱进行投保。

3. 租箱公司

在选择租箱运输时，都应确定由谁对集装箱进行投保。较为实际的做法都是由租箱公司继续其保险，再向承租人收取费用。

4. 第三方责任

在集装箱多式联运过程中，除因箱子损坏而产生经济损失外，还有可能对第三方引起法律责任。由于对第三方的损失责任可能发生在世界任何用箱地，因此其签订的保险单也必须是世界范围内的。

（二）多式联运经营人的责任保险和货物保险之间的关系

在多式联运条件下，多式联运经营人应对多式联运全程负责，但多式联运经营人对于运输过程中造成的货物损坏或灭失的赔偿责任，通常以货物赔偿责任保险向保险公司或赔偿协会投保。

货物运输保险可分为两种形式：一种是货物保险，由货主向货物保险公司投保；另一种是责任保险，由承运人（经营人）向互保协会（TTCLUB）投保。

实际业务中，多式联运经营人的多式联运责任保险所承担的风险取决于他签发的提单所规定的责任范围，即货物保险承保的是货主所承担的风险，而责任保险所承担的则是多式联运经营人所承担的风险。根据有关的国际公约和规则的规定可以看出，两者之间既存在共同承保货物运输风险的关系，也有互为补充的关系。例如，在多式联运提单下由于不可抗力以及罢工、战争原因所造成的损害是免责的，而在全损险和战争险、罢工险条件下的货物保险则包括上述事项。不论把多式联运经营人的责任扩大到什么范围，或严格到什么程度，货主都不会不需要货物保险。

另外，责任保险是以由运输合同约束的货主与承运人（经营人）之间的权利、义务为基础的保险。与此相对，货物保险则是由有无损害发生的事实约束的货主与保险人之间以损害赔偿合同约定的保险。因承运人保留权利而不得不由货主负担的各种风险，理所当然地属于货物保险的范围。

（三）国际货物多式联运保险的责任划分

海上货物运输保险与国际多式联运的风险保护，在某种意义上说是一致的。目前，以国际贸易运输货物为承保对象的英文保险单大多是以 1906 年《英国海上保险法》为依据的。在货物运输过程中，货运保险应就运输全程所发生的危险，向被保险人提供连续、不间断的保险。从这一传统的海上货物运输保险的基本概念来看，海上货物运输保险与因集装箱化而出现的真正意义上的多式联运过程中所发生的货物风险，从体制上讲是相适应的。

从构成保险合同的条款和保险期限等方面看，海上货物运输保险也能提供适应于集装箱化和国际多式联运下的"门到门"运输的全程货物保险体制。以目前世界各国保险市场上广泛使用的英国保险协会货物条款为例，根据协会的"仓至仓"条款，不论贸易当事人之间对与货物的风险、责任转移的时间和地点等约定有什么差异，从货物离开起运地仓库或其他场所时开始，至进入最终目的地仓库时止，货物保险均应对货物运输给予全程保险。

第八章　国际服务贸易法

☞【学习目标】

1. 掌握《服务贸易总协定》对国际服务贸易的分类
2. 理解并掌握《服务贸易总协定》的基本原则
3. 了解特定服务部门的国际规范
4. 了解我国服务贸易的形成和发展

第一节　国际服务贸易法概述

一、国际服务贸易的概念及特征

(一)国际服务贸易的含义

服务贸易是以服务的转换或流动为交易的基本形态,而国际服务贸易是指国际间服务的输入和输出的一种贸易方式,即一国的服务提供者向另一国的消费者提供服务并收取报酬的活动。国际服务贸易狭义的概念是指传统的为国际货物贸易服务的运输、保险、金融以及旅游等无形贸易。而广义的概念还包括现代发展起来的,除了与货物贸易有关的服务以外的新的贸易活动,如承包劳务、卫星传送和传播等。

乌拉圭回合谈判所签订的《服务贸易总协定》按照服务的提供方式,将国际服务贸易解释为跨境提供、境外消费、商业存在、自然人流动。《服务贸易总协定》的解释是一个权威性的定义,被普遍接受。这些交易活动的具体解释包括:

1. 跨境提供(cross border supply)

从一成员方境内向另一成员方境内提供服务,其中的"跨境"是指"服务"过境,通过电信、邮电、计算机联网等实现,至于人员和物资在现代科技环境下则一般无须过境。例如,国际金融中的电子清算与支付、国际电信服务、信息咨询服务、卫星影视服务等。

2. 境外消费(consumption abroad)

在一成员方境内向另一成员方的服务消费者提供服务。例如,本国病人到外国就医、外国人到本国旅游、本国学生到外国留学等。

3. 商业存在(commercial presence)

一成员方的服务提供者通过在另一成员方境内的商业实体提供服务。它是四种服务提供方式中最主要的方式,也是服务贸易活动中最主要的形式。它主要涉及市场准入和直接投资，即允许一成员方的服务提供商在另一成员方境内投资设立机构并提供服务，包括投资设立合资、合作和独资企业，该机构的服务人员既可以从提供商母国带来，也可以从东道国雇佣。例如，外国公司到中国来开酒店、建零售商店和开办律师事务所等。

4. 自然人流动(movement of natural persons)

一成员方的服务提供者通过自然人的实体在另一成员方境内的商业现场提供服务。进口方允许个人入境来本国提供服务。例如，外国教授、工程师或医生来本国从事个体服务。

(二) 国际服务贸易的特征

国际服务贸易所表现出来的特征不仅是服务产品本身的特征所决定的，也是由不同于国内环境的国际特殊环境所决定的。而国际服务贸易和国际货物贸易最直观的区别就在于交易对象的差异，前者为服务，后者为货物。一般来说，国际服务贸易与国际货物贸易的不同点主要体现在以下几个方面：

1. 服务贸易主要是无形贸易

与货物贸易的有形性和可见性不同，服务贸易的空间形态一般是不固定的，不具有可视性。

2. 大多数服务的生产和消费具有时间和空间上的同步性

货物的生产和消费在时空上是可以分离的，但服务的生产和消费却大多具有同步性。比如医生给病人看病、律师向当事人提供法律咨询意见等。

3. 同类服务的质量具有明显的差异性

货物的消费效果和品质一般具有一定的均质性，如同一品牌的同种货物的质量往往相差无几。但同种服务由于服务提供者素质的不同以及消费者要求的差异，其品质往往存在着明显的区别。

除此之外服务贸易还具有市场的高度垄断性，服务贸易惯例约束的相对灵活性以及营销管理的复杂性等特征。

二、国际服务贸易法的概念和特征

(一) 国际服务贸易法的含义

所谓的国际服务贸易法是指调整国际服务贸易的特殊法律体系，其核心在于对输入、输出服务的保护与管理，它是国际经济法的一个分支。由服务贸易多边性决定，国际服务贸易法的表现形式可以包括国内法规范和国际法规范。协调跨国流动的服务贸易关系是国际服务贸易法的主要目标，规范国际服务提供者在开放的幅度内实践服务行为是国际服务贸易法的基本目标。

(二) 国际服务贸易法的特征

与国际经济法的其他分支相比，国际服务贸易法呈现出以下几个特点：

1. 国际服务贸易法的调整对象具有复杂性

国际服务贸易法的调整对象既包括不同国家的平等主体之间服务贸易法律关系，同时又包括国家、国际经济组织对服务贸易进行管制的服务贸易法律关系。

2. 国际服务贸易法以国内法律规范为主

在国际服务贸易领域，由于各国服务贸易水平相距甚远，各国执行的方针、政策也不同，因此，主要依靠各国的国内法来调整国际服务贸易法律关系。

3. 国际服务贸易法律体系缺乏系统性

由于国际服务贸易法产生较晚，因此，其相关的法律体系、理论体系尚未建立、健全。

第二节 乌拉圭回合与《服务贸易总协定》

一、《服务贸易总协定》的产生——乌拉圭回合谈判

1986 年 9 月在乌拉圭的埃斯特角城举行了关贸总协定部长级会议，决定进行一场旨在全面改革多边贸易体制的新一轮谈判，故命名为"乌拉圭回合谈判"。这是迄今为止最大的一次贸易谈判，历时 7 年半，于 1994 年 4 月在摩洛哥的马拉喀什结束。

在此次乌拉圭回合谈判中，明确了以下四个主要目标：一是为了所有缔约方的利益特别是欠发达缔约方的利益，通过减少和取消关税、数量限制和其他非关税措施与改善进入市场的条件，进一步扩大世界市场。二是加强关税与总协定的作用，改善建立在关税与总协定原则和规则基础上的多边体制，将更大范围的世界置于有效的多边规则之下。三是增加关税与总协定体制对不断演变的国际经济环境的适应能力，特别是促进必要的结构调整，加强关税与总协定同有关国际组织的联系。四是促进国内和国际合作以加强与其他影响增长和发展的经济之间的内部联系。

乌拉圭回合谈判议题包括传统的货物和新议题。传统议题包括关税、非关税措施、热带产品、自然资源产品、纺织品服装、农产品、保障条款、补贴和反补贴措施、争端解决问题等。新议题则涉及服务贸易、知识产权和与贸易有关的投资。

其中，涉及服务贸易的谈判中，主要的成果是服务业的市场准入问题，并经过长达8 年的谈判后，最后签署了《服务贸易总协定》（GATS），这是第一个涵盖了服务贸易的多边贸易协定，是继 1947 年《关税与贸易总协定》（GATT）生效后近半个世纪出现的、对应商品贸易的一个新的协定。

二、《服务贸易总协定》规范提要

《服务贸易总协定》将服务业分为12 个部门160 个分部门。在12 个部门中，有涉及律师、会计、审计、计算机硬件安装和软件服务的专业服务，与邮政、电信、电传和邮件有关的服务，建筑与工程服务，包括批发在内的商业分销服务，不同层次的教育服务，保护环境的服务，包括保险与银行业务的金融服务，以及医疗、旅游、娱乐、文化和体育服务其他服务等。

其宗旨是通过建立服务贸易多边规则，在透明度和逐步自由化的条件下扩大全球服务贸易。

《服务贸易总协定》将成员方应遵循的义务分为一般性义务和具体性义务两种。其中一般性义务指的是成员方在所有服务贸易部门都需要遵守的义务，这种义务与该服务贸易领域是否开放以及开放的程度没有关系；而具体性义务指的是各成员方通过谈判在具体服务贸易领域中所承担的关于市场准入和国民待遇的义务，这种义务会因为成员不同、服务领域不同、服务贸易模式不同而有所差异。

三、《服务贸易总协定》的基本构架

《服务贸易总协定》由序言、6 个部分共 29 条组成。前 28 条为框架协议，规定了服务贸易自由化的原则和规则，第 29 条为附件（共有 8 个附件）。主要内容包括：范围和定义、一般义务和纪律、具体承诺、逐步自由化、机构条款、最后条款等，其核心是最惠国待遇、国民待遇、市场准入、透明度及支付的款项和转拨的资金的自由流动。《服务贸易总协定》适用于各成员采取的影响服务贸易的各项政策措施，包括中央政府、地区或地方政府和当局及其授权行使权力的非政府机构所采取的政策措施。《服务贸易总协定》是由如下几个部分构成的：

（一）正文部分

正文部分，又称《服务贸易总协定》框架协议。它确定了国际服务贸易的一般规则和纪律，是《服务贸易总协定》的基本内容，在该协定中处于核心地位。它由 1 个序言和 6 个部分构成，共 29 条，规定了所有成员方的权利和义务。

（二）正文附件

正文附件，又称框架协议附件，共有 8 个，分别是《关于第二条豁免附件》、《本协定下提供服务的自然人流动附件》、《空运服务附件》、《金融服务附件》、《金融服务第二附件》、《海运服务谈判附件》、《电信服务附件》、《基础电信谈判附件》。

（三）各成员方政府关于服务贸易自由化的具体承诺表和最惠国待遇豁免清单

它们对各成员方具有法律约束力。通过这些承诺表和豁免清单，人们可以清楚地了解到提交它们的世界贸易组织成员在哪些服务部门或分部门以什么样的条件实施《服务贸易总协定》的市场准入、国民待遇、最惠国待遇以及透明度等各项基本原则。

四、《服务贸易总协定》的一般义务和纪律

这是《服务贸易总协定》的核心部分之一，包括第 2~25 条共 24 条内容。规定了各成员必须遵守的普遍义务与原则。具体内容如下：

（一）最惠国待遇原则

GATS 第 2 条规定了最惠国待遇原则：每一成员对于任何其他成员的服务和服务提供者，应立即和无条件地给予不低于其给予任何其他国家同类服务和服务提供者的待遇。其中对于最惠国待遇原则有如下 4 条解释：

（1）最惠国待遇不仅适用于服务产品，而且还包括服务提供者。

（2）GATS 关于最惠国待遇的规定属于"普遍义务"（General Obligation）。

（3）参照标准是以成员方对"任何其他国家"（any other country）的服务和服务提供者的待遇，这里任何其他国家应理解为包括非 GATS 成员。

(4)允许成员方对最惠国待遇提出保留。

关于例外条款：

(1)豁免清单。GATS 规定，成员可将不符合 GATS 要求的国内法律、条例和规定列入豁免清单作为第 2 条的附件从而享受为期不超过 10 年的豁免。

(2)提供给邻国的优惠。

(3)成员方参与的经济一体化安排。

(4)政府采购服务的法律、条例和规定。

(5)弃权或免除。

(二)透明度原则

GATS 第 3 条从以下三个方面规定了成员方透明度的基本义务：

(1)立即公布相关法规。各成员国应在协定实施前公布影响本协定实施的法律法规和做法。

(2)每年向服务贸易理事会报告新的或更改的措施。

(3)设立咨询点(Inquiry Points)。应其他成员国的要求回答有关询问。

第 3 条附则还对可能损害公共利益或合法商业利益的秘密资料的公布作出了限制。

(三)国内法规

GATS 允许成员国实施有关的国内规定和措施，对于已作出具体承诺的领域，成员国应确保影响服务贸易的措施在合理公正客观情况下实施。

在受影响的服务提供者的请求下，成员国应提供切实可行的司法、仲裁、行政手段等程序，迅速审查这些措施，并作出公正决定和适当补偿。

(四)学历与履历的承认

就服务提供者的教育、经验、技能的资格，证明的批准、承认及其标准方面，GATS 成员之间应通过双边或多边协议或自动安排或采用自动许可形式予以认可，并逐步制定和推行认可的统一国际标准和服务的统一国际标准。

(五)公平竞争

公平竞争原则主要针对成员境内的垄断与专营服务提供者，在其提供垄断或专营服务范围之外提供服务时，不得滥用垄断、专营的优势地位。

五、一般例外

与《货物贸易总协定》一样，GATS 也规定了对一般义务和原则的例外，包括一般例外和安全例外。GATS 第 14 条规定了一般例外，包括为维护公共道德和公共秩序所必需的措施；为保障人类、动植物生命、健康所必需的措施；为保障与本协定不相抵触的法律和条例的实施及安全例外，即为了国家基本安全利益而实施的直接或间接供给军事部门使用而提供的服务除外。

六、具体的自由化承诺

各成员方将各自的具体承诺列入服务贸易减让表，分为两个部分：第一个部分是"水平承诺"，该部分的承诺适用于有关成员方承诺开放的所有服务部门；第二部分是具体承诺，是成员方针对具体服务部门和具体的服务提供方式所作出的承诺。

（一）市场准入

由于一些敏感的服务部门的开放直接涉及国家主权和安全，会影响国家宏观调控能力，许多国家都难以承受，因此 GATS 实行逐步的有所保留的市场准入。GATS 第 16 条规定，每一成员国给予其他成员国的服务和服务提供者的待遇不应低于其承诺表中所同意的和明确的规定、限制和条件。

（二）国民待遇

1. 内容

GATS 第 17 条规定了国民待遇原则，要求每一成员应按具体承诺细目表所列的条件和资格，给予任何其他成员的服务和服务提供者的待遇应不低于其给予本国相同服务和服务提供者的待遇。这种待遇不管形式相同或不同，均不得改变竞争条件，使本国服务或服务提供者比其他成员的服务或服务提供者更为有利。

2. 适用条件

首先，国民待遇在服务贸易中只适用于已作出具体承诺的部门。

其次，对于已作出具体承诺的服务部门或分部门，成员方还可以对国民待遇进一步施加与国民待遇不一致的限制措施。

3. 国民待遇的特点

（1）GATS 国民待遇规则属于特定义务，GAT 的国民待遇属于普遍义务。

（2）GATS 国民待遇规则属于有条件的国民待遇，GATT 的国民待遇适用是无条件的。

（3）GATS 国民待遇适用客体是任何其他成员的服务与服务提供者，GATT 则只限于产品而不包括产品提供者。

（4）GATS 国民待遇规则是有限制的国民待遇，GATT 框架下的国民待遇不得附加任何条件。

（5）GATS 国民待遇要求成员国不得改变内外国服务或提供者的竞争条件，较 GATT 不低于国内同类产品待遇的标准更加明确，也更注重实际效果保护而非形式上的保护。

（6）与 GATT 相比，GATS 国民待遇与市场准入的关联程度不同。

4. 适用例外

主要包括：一般例外措施、安全例外措施、政府采购例外、经济一体化例外这四条。

（三）逐步自由化

GATS 第 19 条规定，GATS 成员应在《世界贸易组织协定》生效日后不迟于 5 年开始逐步自由化的多轮定期谈判，以逐步实现更高的自由化水平。

七、争端的解决

服务贸易争端由服务贸易理事会负责，按照世界贸易组织争端解决的程序和规则处理。GATS 第 23 条允许各成员提起"非违约之诉"，对不执行争端解决机构意见和建议的争端方允许使用交叉报复手段。

八、附件

GATS 的 8 个附件是 GATS 的组成部分，是对 GATS 相关条款所作的补充规定。

1. 关于第 2 条豁免的附件

该附件要求成员提供最惠国待遇豁免的清单；对于《世界贸易组织协定》生效后申请的豁免则要部长会议 3/4 的多数成员通过；服务贸易理事会应对批准 5 年以上的豁免在《世界贸易组织协定》生效日后的 5 年内进行审查。

2. 关于本协定项下提供服务的自然人流动的附件

该附件仅适用于以提供服务为目的的自然人出入境及临时停留，不适用于涉及公民权、居留权及永久性雇佣等问题，这类问题与大量劳工、移民国籍管理方面的国内法有关。

3. 关于空运服务的附件

GATS 不适用于调整通行权以及与该项权利有关的民用航空活动，这类权利由有关国际公约和双边条约调整。但是，GATS 适用于飞机的修理保养服务、出售或营销空中运输服务、计算机储存服务。

4. 关于金融服务的两个附件

明确了金融服务的概念，将银行、担保和保险都纳入 GATS 的管辖范围，附件中允许各成员出于谨慎理由采取保护客户利益，实施货币政策，保证金融体系完整稳定的措施，这些措施可通过协议安排或自动承认的方式确立，但是当这些措施与本协定不相符时，上述规定不能作为签字国逃避其承诺的责任和义务的借口。

5. 关于海运服务谈判的附件

在海上运输服务领域，乌拉圭回合没有达成具体承诺。1994 年服务贸易委员会组成海运服务谈判组，授权就海上运输、辅助服务、港口设施的获得和使用，限期取消海运服务限制等问题举行谈判，有 34 个国家代表参加。1996 年 6 月，谈判组提交最后报告的期限到来时，因美国拒绝承诺开放市场而未能达成协议。

6. 关于电信服务和基础电信谈判的附件

规定各成会员有义务确保其他成员服务提供者合理地非歧视地进入和使用本国电信网及其服务从事商业活动，所提供的服务包括在承诺清单中。成员可以采取必要措施保证安全和信息秘密，但是这些措施不应构成对服务贸易武断的、歧视性的和隐蔽的限制。

全球基础电信谈判已于 1997 年 2 月 15 日达成协议，新协议涉及语音电话、数据传输、电传、电报；文传专线及移动电话，移动数据传输和个人通信等诸方面短途、长途国际电信服务，协议规定各成员必须在规定时间内取消国内市场的政府垄断，全面开放电信市场，允许相互在电信服务方面投资、融资和持股。

九、《服务贸易总协定》评价

(1) GATS 是世界上第一套关于政府管制服务贸易的多边规则，使服务贸易并入了世界性的多边贸易体制中。

（2）拓展了多边贸易体制的调整范围，标志着"一揽子"多边贸易规则的形成。

（3）在一定程度上起到了抑制国际服务贸易领域保护主义的作用，为服务贸易的发展扫除了障碍。

（4）通过市场准入、国民待遇和最惠国待遇原则，为服务贸易的国际化、自由化及法制化奠定了基础，推动了全球服务市场的开放，并带动了与服务相关的货物贸易和国际直接投资的增长。

（5）GATS只是一个初步的服务贸易框架协议，是不同国家妥协的产物。诸多重要的服务部门有赖于延续的谈判来确定具体的开放承诺。

第三节　特定服务部门的国际规范

一、金融服务的国际规范

（一）国际金融服务的概念

金融服务贸易是指通过金融服务业进行的贸易。金融服务贸易是服务贸易的一种。根据服务贸易总协定（GATS）金融服务附件的定义，金融服务是指成员的金融服务提供者向金融人提供的服务，包括所有保险和与保险相关的服务，以及所有银行和其他金融服务（保险除外）。GATS金融服务附件对除保险以外的金融服务详细列出了12条，包括了所有可能的融资、支付、证券发行、金融中介和咨询、资产管理等金融服务形式。

国际金融服务具有如下三个特征：

（1）金融服务贸易是商业性的金融服务活动，它排除所有基于公共利益的政府行为，且不管行为主体是国有的或私营的实体。

（2）服务的内容涵盖银行、保险、证券、金融信息等领域。

（3）服务的提供方式为跨境提供、国外消费、商业存在和人员流动。

（二）国际金融服务贸易的自由化

国际金融服务贸易自由化是指一个国家或地区逐步减少和消除各种金融服务的贸易限制和贸易壁垒，使金融服务贸易活动逐步纳入自由竞争法则的轨道，使贸易体制逐步由保护贸易体制向自由贸易体制转变的过程和状态。需要注意的是，国际金融服务贸易自由化与国际金融自由化存在着差别。前者侧重于强调一国金融服务市场对外采取自由化态度，进行金融服务业的对外开放和国际化经管；而后者则既包括对外自由化，也包括对国内金融体系实施自由化措施，放松管制。由此可见，国际金融服务贸易自由化只是国际金融自由化的一个方面。当然，二者并不能截然分开，因为对内开放和对外开放是相辅相成、不可偏废的。

（三）中国金融服务贸易发展现状

由于我国的金融市场开放较晚，基础比较薄弱，产品比较单一，因此，从国内行业来看，我国的金融服务贸易占总服务贸易的比重较小，从国际的角度来看，我国的金融服务贸易占服务贸易的比重排名也比较落后。关于商业存在模式下的金融服务贸易，宏观指标和微观指标都表明，中国的银行业不论是与"金砖四国"的其他成员相比，还是与东亚的经济体(除日本以外)相比，都具备了较强的竞争力，但与发达经济体相比，特别是美国、日本、德国和英国，还有较大的差距。

因此，在现阶段的金融全球化高速发展的时代，如何使金融服务贸易在短时间内又好又快地增长，在国内服务业中的比重提升，在国际上占比排名跻身世界前列，便是当前的主要任务，而顺利完成该任务的首要条件，便是从各个角度，例如拓宽资金来源、提升人员素质、改进管理模式等来提高我国金融服务贸易水平、稳定金融服务增长率，努力向金融服务贸易顺差迈进。

二、电信服务的国际规范

(一)国际电信服务贸易的概念

电信服务贸易作为国际服务贸易的重要组成部分，为经济活动的独特部门和作为其他经济活动的基本传输手段起到了双重作用，是近年来对外服务贸易中发展较快的部分。根据《服务贸易总协定》中关于电信服务附录的定义，"电信服务就是指传送与接收任何电磁信号的服务"，更进一步解释，电信服务是指通过电信基础设施，为客户提供的实时信息(声音、数据、图像等)传递活动。国际电信服务贸易中的电信服务一般指公共电信传递服务，包括明确而有效地向广大公众提供的任何电信传递服务，如电话、电报、电传和涉及两处或者多处用户提供信息的现实传递，以及由用户提供的信息，无论在形式上还是内容上两终端不许变化的数据传送。将电信服务的提供范围在地域上从国内扩展到全球范围，就产生了国际电信服务贸易的概念。

(二)国际电信服务的基本特征

国际电信服务贸易作为服务贸易的一种，具有国际服务贸易的一般特性，如服务商品的不可感知性或贸易标的的无形性，生产过程与消费过程的不可分离性，贸易主体地位的重要性，服务贸易的差异性、不可储存性，服务贸易市场的高度垄断性，贸易保护方式具有隐蔽性和国际服务贸易的约束条例相对灵活性等特点外，同时由于电信服务部门的特殊性，特别是其作为经济活动的独特部门和作为其他经济活动的基本传输手段而起到双重作用，具有特有的基本特征。

1. 全程全网和互联互通

全程全网和互联互通作为电信服务网络性的主要特征，成为国际电信服务贸易基本特征的重要组成部分。国际电信服务贸易的基本特点主要是通过国际间电信网络系统的互联互通来实现的，需要各国电信企业的通力合作。

2. 技术标准的锁定性

电信服务贸易与其他服务贸易或商品贸易最大的不同点在于技术标准的垄断性。电信行业是典型的网络型企业，网络结构的一个基本问题是沟通和协调，而标准则是沟通和协调的基础。在赢者通吃的网络结构下，掌握标准的企业将会成为行业中的主导者和行业利润的主要攫取者。

(三)我国电信服务贸易市场准入的占有状况

随着全球经济一体化进程的加快，通信与信息技术的飞速发展，社会主义市场经济体系的逐步建立和完善，我国电信所面临的国际国内市场环境均发生了重大变化，从国际上看，以信息化、全球化、自由化为特征的全球经济一体化进程逐步加快，以电信业为代表的信息经济已成为全球经济的重要组成部分，电信业的发展又加速了全球经济一体化进程。

中国被普遍公认为是"世界上最后也是最大一块电信市场"。改革开放以来，国外著名的电信设备生产商如 SIEMENS、NORTEL、ALCTEL 等已经进入中国，在电信服务业方面，它们是外资电信进入的先遣部队，早在中国改革开放初期就在北京设立了临时代办处。

☞【案例】

服务贸易第一案——2004 年美墨电信服务案

1997 年之前，墨西哥的国内长途和国际电信服务一直由 Telmex 公司所垄断；1997 年之后，墨西哥政府授权多个电信运营商可以提供国际电信服务，但根据墨西哥国内法，在国际电信市场上对外呼叫业务最多的运营商有权利与境外运营商谈判线路对接条件，而 Telmex 公司作为墨西哥对外呼叫业务最多的运营商，自然就具有了谈判权利，事实上就拥有了排除外部竞争者的权利，从而引发了希望大举进入墨西哥市场的美国电信业巨头的不满。

2000 年 8 月 17 日，美国以墨西哥的基础电信规则和增值电信规则违背了墨西在 GATS 中的承诺为由，向墨西哥提出磋商请求，之后，美墨双方进行了两次磋商，但未能达成共识。2002 年 4 月 17 日，根据 DSU 第 6 款，成立了专家组，因双方未能在规定期限内就专家组的组成达成一致意见，2002 年 8 月 26 日，WTO 总干事最终任命了以 Ernst Ulrich、Peterman 为首的专家组。另有澳大利亚、巴西、加拿大、欧共体、古巴、日本、印度、危地马拉、洪都拉斯和尼加拉瓜等十个国家或地区提交了它们的书面意见。专家组分别于 2003 年 11 月 21 日和 2004 年 4 月 2 日提交了中期报告和最终报告。2004 年 6 月 1 日，经过再次协商，墨西哥放弃了上诉，正式接受了专家的最终报告，并最终就此电信服务争端与美国达成协议。协议中，墨西哥同意废除本国法律中引起争议的条款，并同意在 2005 年引进用于转信的国际电信服务；美国同意墨西哥继续对国际简式电信服务进行严格限制，以组织非投资的电信传输。

分析： 本案涉及的电信服务一直以来是 WTO 体制的服务贸易中的重要领域，它不仅涉及微观层面的两成员电信商之间的贸易条件，也涉及宏观层面一成员调整其引进国外电信服务的许可、竞争等方面的政策。面临日趋激烈的电信业的竞争，我国政府和有关电信企业还应努力熟悉 GATS 下的争端解决机制，勇敢面对潜在的一些争端，争取使我国电信服务企业能在激烈的市场竞争中争得一席之地并获得长足的发展。我国应按 GATS 及其有关电信服务的附件的要求和中国电信改革开放的方向，加快制定和出台有关的电信法律法规，建立健全完善的电信服务贸易方面的法律体系。

三、海运服务的国际规范

（一）相关概念

海运服务贸易指的是服务的提供者使用船舶或其他运输工具，通过海上航线运送货物和旅客并获取收益的运输服务方式，以及与这种运输服务方式相关的辅助活动的总称。根据《服务贸易总协定》的附则《关于海运服务贸易谈判的部长决议》中对海运服务贸易的分类，海运服务贸易分为海上运输服务贸易、海运辅助性服务以及港口的进入和使用三个方面。

（二）我国海运服务贸易发展现状

凭借我国庞大的货物进出口贸易，我国海运服务贸易整体呈现逐年递增的趋势，总额从 2001 年的 89.07 亿美元增加到 2016 年的 938.08 亿美元，年均增长 25.79%；在世界海运服务贸易总额中所占比重从 2001 年的 3.73% 上升至 2016 年的 13.65%。改革开放以来，我国海运服务贸易进出口额均以较快速度增长，这对我国经济和服务贸易的增长都极为有利，我国海运服务贸易在世界海运市场中的作用也持续上升，海运企业已经有两家排在世界前十位，多数港口在集装箱吞吐量和货物吞吐量方面已位居前二十之列，远洋货运量和周转量不断加大，与此同时，我国海运服务贸易的逆差额也在持续增加。然而，以上问题均与我国海运服务贸易目前的国际竞争力水平有极大关联。因此，我们须对它进行系统、深入的测算与分析。

四、专业服务的国际规范

（一）相关概念

根据联合国服务贸易统计数据库所采用的 EBOPS（扩大的国际收支服务分类），专业服务是其他商务服务（other business services）中的一部分，被称为"各种各样的商务专业技术服务"（miscellaneous business professional, and technical services），具体分为 7 类：法律、会计、管理咨询和公关服务；广告、市场研究和民意调查服务；研究与开发服务；建筑、工程和其他技术服务；农业、矿业和现场处理服务；其他商务服务；关联企业间服务。

（二）中国专业服务贸易发展现状

在过去的 30 多年间，我国服务贸易持续高速增长，服务进出口总额年均增长 17.48%，远高于同期全球年均增速（8.66%）。进入 21 世纪以来，与参照国家相比，无论是贸易规模、贸易增速，还是贸易收支、贸易比重，我国专业服务贸易的发展均表现出众。

（1）专业服务贸易规模持续扩大，世界排名不断靠前。

（2）专业服务贸易增速总体呈放缓趋势，但始终快于欧美发达国家平均水平。

（3）中国专业服务贸易收支长期为逆差，近期扭亏为盈。

（4）专业服务贸易占总服务贸易比重较低，但占比提高较快。

五、国际劳动力服务贸易

劳务输入可能涉及移民的问题，因此有劳务输入的国家会有一系列的法律和政策措施来加以规范或限制，即使一国对外国劳务者开放了劳务市场，政府还可使用一些管理限制措施对外国劳务者进行限制，使他们不能在平等的基础上与国内劳务者竞争。

1. 生活条件和公民权限制

对外国劳务者的居住地、居住条件的限制；对外国劳务者及其家属在东道国内迁移的限制；外国劳务者无选举权和被选举权，不能参加劳工委员会与工会，其利益得不到这些组织的保护。

2. 家属权利限制

若外国劳务者的家属随同劳务者一起入境，也会受到权利的限制。

3. 对外国劳务者的汇款限制

这主要是指对货币转移与汇兑限制。

4. 对外国劳务者的福利限制

一国政府也往往限制外国劳务者在本国享受医疗保险与其他社会保障福利(包括养老金、人身保险等)。

☞【案例】

安提瓜和巴布达原为英属西印度群岛中的两个小岛，1981年11月1日宣布独立并成为一个联合国家，当时总面积为170平方公里、人口约6.7万。由于其传统旅游业在20世纪90年代受到一系列飓风冲击，该国政府开始建立主要通过互联网提供"远程"博彩服务的赌博业，作为该国经济发展战略的重要组成部分。目前安提瓜是世界上提供网络赌博最活跃的国家之一，该行业大约1/4的服务是由设在安提瓜的网络公司提供。该国政府每年2亿美元的财政收入中约1/6来自网络赌博行业。

美国是世界上最大的赌博服务消费市场。根据"美国国家赌博影响评估委员会"这一官方机构的统计，1999年赌博者仅在美国各州的合法赌博场所投入的赌金就超过了6300亿美元，消耗赌金约为500亿美元。1998年68%的美国人至少进行过一次赌博，而86%的美国人在其一生中进行过至少一次赌博。而根据美国宪法第十修正案，各州有权制定立法对赌博进行管制。现有48个州，以宾果(bingo)、赌马、商业赌场、政府操作的彩票等不同形式允许进行赌博活动。尽管美国各州的赌博立法不尽相同，但对于通过互联网进行的大部分形式赌博目前各州都无一例外地加以禁止。就联邦立法来说，一方面对于从事任何"跨州赌博"在加以禁止的同时也有一系列分散的法令适用于对网络赌博的管制。例如1961年《电信法令》规定："在针对任何体育活动或竞赛的跨州或涉外赌博或下注的商业活动中，故意使用电信设施发送信号或用于帮助提供赌博或下注方面的信息"，应作为一种罪行加以追诉，而这在司法判例中被确认为包括通过互联网进行的信息发送。美国司法部在适用有关法律对网络赌博活动进行惩处方面尺度并不一致。不过由于网络赌博随着互联网技术的发展而日益普及由此产生的各种法律和道德问题，引起了美国政府的关注。近几年来外国网络赌博公司在向美国提供此项服务方面受到越来越严格的限制，安提瓜政府认为美国对网络赌博的禁止措施对其网络赌博业造成了严重损害。据称，在美国采取禁止措施前安提瓜的网络赌博业共有约 3000 人受雇于 119 家公司，三年后其规模降至不到 500 人，28 家公司。该国因美国禁止措施所受损失达 9000 万美元。在此背景下，安提瓜根据 WTO《争端解决规则与程序》DSU 第 4 条和 GATS 第 23 条于 2003 年 3 月 13 日请求与美国就其联邦和地方当局采取的影响跨境提供赌博和博彩服务的措施进行磋商。在磋商未果的情况下，WTO 争端解决机构 DSB 根据安提瓜的请求，于 2003 年 7 月 21 日正式成立专家组来处理该争端。

2005 年 4 月，WTO 上诉机构对安提瓜和巴布达投诉美国禁止通过互联网提供赌博服务的贸易争端作出审理，裁定美国的禁止措施违反了其在《服务贸易总协定》下承担的有关义务。

分析：网络赌博是世界上一个迅速发展的产业。根据《华尔街时报》的一份报告表明，该行业的收入从 1998 年的 6.5 亿美元迅速上升到 2003 年的 60 亿美元。从很多方面来看，因美国对通过互联网提供赌博服务采取禁止措施而引起了这起贸易争端。

首先，在相当长的时间内服务贸易就争端解决而言，可以说是 WTO 内的一个"冷门"，但是随着服务贸易自由化谈判的深入和服务贸易本身在国际贸易中重要性的不断提升，未来服务贸易争端将会不断增多。作为迄今为止多边贸易体制内的少数几个服务贸易争端之一，本案专家组和上诉机构针对 GATS 有关条款，包括成员的具体承诺减让表作出了一系列重要解释，特别是着重分析的具体承诺减让表的结构和含义、援引第 14 条例外条款的举证责任分配以及"全面禁止措施"与 GATS 第 16 条市场准入有关规定的关系等，必将对未来的服务贸易自由化谈判和争端解决产生重要影响。同时，这起涉及主权国家基于公共道德或公共秩序的理由，禁止通过互联网提供赌博服务的贸易争端也是 GATT WTO 体制内第一次通过争端解决对"公共道德"和"公共秩序"这些敏感问题作出详细解释。与此前激起广泛讨论的自由贸易与环境保护的关系，如委内瑞拉和巴西与美国关于汽油标准的争端，印度等国与美国关于海虾进口限制的争端自由贸易与公共健康的关系如美国和加拿大与欧共体关于荷尔蒙牛肉进口限制的争端，美国、加拿大等与欧共体关于转基因食品的争端相似。这起贸易争端所触及的自由贸易与公共道德的关系问题又一次显示了 WTO 规则可以在多深的程度上渗入传统上属于各国哪怕是最强大的国家国内管辖的事项。人们注意到，在 2004 年的美国总统大选中，"道德价值"成为美国社会一个重要的分歧。在选举一周后发表的这份报告有可能在美国激起强烈反响。有学者因此评价说，WTO 争端解决程序是美国所接受的为数不多的国际争端解决机制之一，如果 WTO 对美国的要求包括与道德价值有关的要求不敏感，它将有可能失去这个最坚定的支持者之一。无论如何这反映了本争端所涉主题的特殊敏感性。

本争端另一个引人注目之处在于该案也是加勒比海地区人口少于 10 万的国家，第一次通过 WTO 争端解决机制来解决贸易争端。与其诉讼对手相比，安提瓜的国土面积仅相当于美国北达科他州的十分之一，国民生产总值仅相当于 2000 年福布斯财富排行榜上 1700 名以后的一个跨国公司，但这个世界上最弱小的国家之一利用 WTO 争端解决机制投诉最强大的国家并取得初步成功。如安提瓜政府官员在专家组报告发表后所说，这是 WTO 争端解决程序的一大胜利，因为"它表明一个弱小国家也能在该体制内寻求救济"。当然这起贸易争端在精神上对美国的冲击也许远大于其对美国政府在网络赌博问题所持立场的实际影响。即使根据专家组报告的认定，美国所需要做的主要是同安提瓜进行磋商以确定能否找到一项合理存在的对公共道德的保护水平与现有措施相当而又与 WTO 法相符的替代措施。而根据上诉机构的结论，美国所采取的禁止措施与 GATS 有关规定相冲突的程度又大为减轻了。事实上，如果美国在国内加大对一些美国公司提供远程赛马博彩服务的惩处，从而证明其禁止措施在赛马方面，是以一致的方式适用于国内提供的服务和从其他成员提供的服务，安提瓜也许很难提出上述合理存在的替代措施。毕竟本案专家组在其报告中也特别强调"我们并不是裁定 WTO 成员无权管制——包括禁止——赌博和博彩服务……裁定美国的禁止措施与 GATS 不相符，是因为在本案的具体情况下被投诉的措施与美国减让表中的承诺和 GATS 的有关条款不相符"。

第四节　中国服务贸易法律制度

一、中国的服务贸易立法

长期以来，在中国经济立法中，服务贸易立法相对而言是最为薄弱的环节，在相当一部分领域中，法律甚至处于空白状态。作为对外贸易基本法的《中华人民共和国对外贸易法》将国际服务贸易纳入其调整范围，并以第四章专章制定了"国际服务贸易"，这既是中国服务贸易进一步发展的需要，也体现了中国有关立法与《关税与贸易总协定》和世界贸易组织原则的衔接。

与此同时，中国也加快了服务贸易的立法，制定了一大批涉及服务贸易领域的重要立法，并为适应 WTO 的需要，对一些与 WTO 原则相抵触的法律法规进行了部分清理，先后颁布了包括《对外贸易法》、《海商法》、《商业银行法》、《保险法》、《广告法》、《民用航空法》、《注册会计师法》、《律师法》、《外资金融机构管理条例》等一批重要的服务贸易法律法规，涵盖金融、分销、物流、旅游、建筑等几十个领域。尤其是一些重要的服务部门立法成就突出，如金融服务业、海运服务业、建筑服务业、律师事务所、注册会计师服务业等。除了少数领域外，我国较好地履行了 WTO 承诺，基本形成了与我国 WTO 承诺相符合的外商投资服务贸易领域的法律体系。这些法规规范拓展了外国服务者进入我国的领域和地域范围，在扩大对外资开放的同时，促进了我国服务贸易行业的发展，对建立统一开放、有序竞争、规范管理的服务贸易体制起到了重要的作用。

依效力等级不同，我国调整服务贸易的法律法规可划分为下列四个层次：

（1）全国人民代表大会及其常务委员会制定的有关服务贸易的法律，如《对外贸易法》、《中外合资经营企业法》、《中外合作经营企业法》、《外资企业法》、《商业银行法》、《保险法》、《注册会计师法》、《律师法》等。

（2）国务院发布的行政法规，如《外资金融机构管理条例》等。

（3）国务院各部、委、局制定的行政规章，如《关于外国律师事务所在中国境内设立办事处的暂行规定》、《关于设立外商投资建筑企业的若干规定》、《国际船舶代理管理规定》、《国际货物运输代理业管理规定》等。

（4）地方性法规。如北京市《关于外商投资开发经营房地产的若干规定》、上海市《鼓励外商投资浦东新区的若干规定》、大连市《涉外房地产开发经营管理办法》、云南省《涉外房地产开发经营管理暂行办法》等。

二、中国服务贸易发展概况

随着世界服务贸易的逐步发展，我国的服务业逐渐对外开放，我国服务贸易发展迅速。1982年我国服务贸易总额为43亿元，而到了2007年我国的服务贸易总额已经突破2560亿美元，25年之内增长了约60倍，年均增长率为18.64%。2008年受全球金融危机的影响，我国服务贸易进出口总额为3044亿美元，虽然较之前的增长速度有一定的回落，但是仍然比2007年增长了21.3%。截至2017年，中国服务贸易出口和进口连续4年同时位居世界第二位，中国已经成为全球服务贸易的重要国家。从总体上来看，我国服务贸易的发展呈现出以下几方面的特点：

首先，服务贸易总量逐年增加，而且增长率一直保持在较高的水平。我国服务贸易自改革开放以来一直呈现出快速发展的良好态势，特别是近几年我国服务贸易无论是出口还是进口年增长率都保持在了20%以上。但服务贸易在保持高增长率的同时贸易逆差也保持在较高的水平，这一点值得关注。

其次，尽管服务贸易仍然以传统贸易占主导地位，但是新兴服务贸易呈现出良好的发展趋势。随着社会经济的不断变迁，特别是经历了2008年全球金融危机之后，我国的服务业以及服务贸易的发展重心正在逐步地从传统的劳动、资源密集类型向知识密集类型进行转移。

最后，服务贸易领域的外国在华投资依然集中在一些成熟的行业之中，对于我国下一步发展新兴行业产生了一定的影响。但是我国加入世贸组织后，我国服务贸易领域的开放程度也在极大提高，涵盖GATS涉及的将近100个服务行业，并且随着下一步我国在服务市场的进一步开放投资集中的问题会得到很好的解决。

总而言之，国际服务贸易已经成为推动世界经济贸易发展的重要力量，大力发展服务贸易将是未来我国加快对外贸易发展方式转变的重要战略任务。

第九章　知识产权保护法

☞【学习目标】
1. 掌握知识产权的概念及法律特征
2. 理解知识产权保护的国际条约与国内立法体系
3. 掌握《与贸易有关的知识产权协定》的主要内容
4. 掌握专利法、商标法的概念、特点及其法律程序

第一节　知识产权保护概述

一、知识产权的含义与范围

知识产权，英文为"intellectual property"，其原意为"知识（财产）所有权"或者"智慧（财产）所有权"，也称为智力成果权。在中国台湾和香港，则通常称之为智慧财产权或智力财产权。根据中国《民法通则》的规定，知识产权属于民事权利，是基于创造性智力成果和工商业标记依法产生的权利的统称。有学者考证，该词最早于17世纪中叶由法国学者卡普佐夫提出，后为比利时著名法学家皮卡第所发展，皮卡第将之定义为"一切来自知识活动的权利"。直到1967年《建立世界知识产权组织公约》签订以后，该词才逐渐为国际社会所普遍使用。

所谓的知识产权是指人们就其智力劳动成果所依法享有的专有权利，通常是国家赋予创造者对其智力成果在一定时期内享有的专有权或独占权。

知识产权有广义与狭义之分。广义上的知识产权一般是通过划定知识产权的涵盖范围来明确其含义。《建立世界知识产权组织公约》涵盖的范围概括起来说有两类：一类是创造性成果权利，包括专利权、版权、外观设计权等；另一类是识别性标记权利，包括商标权、商品名称权等。世贸组织制定的《与贸易有关的知识产权协定》规定，知识产权术语系指版权和相关权利、商标、地理标识、工业设计、专利、集成电路布图设计（拓扑图）、对未披露信息的保护等。狭义上的知识产权，也称为传统的知识产权，包括工业产权和著作权两大部分。

二、知识产权的分类

（一）按照智力活动成果的不同，知识产权包括著作权与工业产权

著作权又称版权，是指自然人、法人或者其他组织对文学、艺术和科学作品依法享

有的财产权利和精神权利的总称。主要包括著作权及与著作权有关的邻接权；通常我们说的知识产权主要是指计算机软件著作权和作品登记。

工业产权则是指工业、商业、农业、林业和其他产业中具有实用经济意义的一种无形财产权，由此看来"产业产权"的名称更为贴切。它主要包括专利权与商标权。

（二）从权利的内容上看，知识产权包括人身权利和财产权利

所谓人身权利，是指权利同取得智力成果的人的人身不可分离，是人身关系在法律上的反映，也称之为精神权利。例如，作者在其作品上署名的权利，或对其作品的发表权、修改权等。

所谓财产权是指智力成果被法律承认以后，权利人可利用这些智力成果取得报酬或者得到奖励的权利，这种权利也被称为经济权利。它是指智力创造性劳动取得的成果，并且是由智力劳动者对其成果依法享有的一种权利。

三、知识产权的法律特征

（一）知识产权的无形性

这是知识产权区别于物权等民事权利的首要特征，其客体是智力成果或是知识产品，是一种无形财产或者一种没有形体的精神财富，是创造性的智力劳动所创造的劳动成果。

（二）知识产权的独占性

除权利人同意或法律规定外，权利人以外的任何人不得享有或使用该项权利。这表明权利人独占或垄断的专有权利受严格保护，不受他人侵犯。只有通过"强制许可"、"征用"等法律程序，才能变更权利人的专有权。

（三）知识产权的地域性

即只在所确认和保护的地域内有效；即除签有国际公约或双边互惠协定外，经一国法律所保护的某项权利只在该国范围内发生法律效力。所以知识产权既具有地域性，在一定条件下又具有国际性。

（四）知识产权的时间性

即只在规定期限保护。即法律对各项权利的保护，都规定有一定的有效期，各国法律对保护期限的长短可能一致，也可能不完全相同，只有参加国际协定或进行国际申请时，才对某项权利有统一的保护期限。

（五）知识产权的可复制性

知识产权作为无形财产，必须通过一定的有形载体表现出来，这就是知识产权的可复制性。

四、知识产权法概述

知识产权法从总体上看，分为广义和狭义两方面。广义上的知识产权法是泛指一切调整智力成果权和工商业标记的社会关系的法律规范总称。狭义上的知识产权，则仅指专利法、商标法和著作权法等传统知识产权的范围。各国立法中一般将知识产权法限定

为与知识产权有关的社会关系的法律规范。我们可以认为，知识产权法是确认知识产权的所有权形式和管理知识产权，保护其不受侵犯等活动中所产生的社会关系的法律规范的总称。

知识产权法所调整的法律关系是在知识产权产生、使用、保护、管理等活动中形成的、以权利义务为内容的社会关系。知识产权法律关系的主体是指参加知识产权法律关系，并在其中享有权利和承担义务的人，包括自然人、法人和其他组织。知识产权法律关系的客体是指知识产权法律关系主体的权利义务指向的对象，可称为"知识产品"。知识产权法律关系的内容是指知识产权法律关系主体具体所享有的权利和应承担的义务。

五、知识产权的国际保护与国内立法

(一)知识产权的国际保护

知识产权的国际保护，并不是认可并保护依外国法而产生的知识产权，更不是单纯地以国际公约或地区性协定代替国内法，它是指在遵守国际公约与协定的"最低要求"的基础上，履行一个国家对知识产权保护的国际公约、协定规定的义务，以本国国内法对于外国的知识产权提供保护。

知识产权的国际保护的产生是源自于18世纪英国与法国的版权立法。由于英、法两国对国内创作给予了版权的保护，在国内创作被鼓励的同时，国外盗版大量出现。为了遏制这一现象，英法两国纷纷确立相应的国际保护制度：法国采用了"单一国家保护制度"，英国确立了"互惠制度"。

19世纪初期，随着资本主义商品经济发展的，知识产权保护的地域性被逐渐突破，知识产权保护的双边协定大量涌现。这缓解了知识产权国际保护领域存在的本国知识产权在外国得不到有效保护和外国的知识产权在本国也得不到有效保护的尴尬局面。尤其是在普遍适用的国民待遇原则确立之后，越来越多的国家加入到了知识产权保护的队伍中，大量的知识产权双边协定的签订有力地推动了知识产权国际保护的发展。

1.《保护工业产权巴黎公约》

《保护工业产权巴黎公约》(以下简称《巴黎公约》)是知识产权领域的第一个国际公约，开启了知识产权国际公约保护的时代。《巴黎公约》在生效后的100多年里经过了八次修订，逐步完善起来，越来越适合各国共同保护知识产权的需要。现在大多数国家(包括我国)使用的是第八次修订的1967年的斯德哥尔摩文本。该文本共有30条，按其结构分为实质性条款、行政性条款和最终条款三部分。其中实质性条款规定了工业产权国际保护标准的核心部分。它确立了国民待遇原则、优先权原则、独立原则和强制许可原则；界定了工业产权国际保护的范围，包括发明、实用新型、工业品式样、商标、服务商标、商店名称、产地标记或原产地名称以及制止不正当竞争；对于工业产权做了广义的理解，适用于工业和商业、农业和采掘业以及一切制造品或者天然品；它还规定了专利包括联盟成员国法律所承认的各种权利，如输入专利、改良专利、增补专利等。

《巴黎公约》所确立的知识产权国际保护的几项基本原则是各成员国必须共同遵守的准则，是各成员国制定和修改本国工业产权法的重要依据。《巴黎公约》中规定的知

识产权，尤其是工业产权的国际保护标准的初步确立和在各成员国的贯彻执行，标志着专利制度国际化和工业产权制度国际协调的初步确立，对于促进各国工业产权制度的协调统一，起到了重要的作用。

2.《保护文学和艺术作品伯尔尼公约》

在版权的国际保护领域，《保护文学和艺术作品伯尔尼公约》(以下简称《伯尔尼公约》)是第一个，也是处于主导地位的国际条约。《伯尔尼公约》规定了版权国际保护领域适用的国民待遇原则、自动保护原则、独立保护原则和最低限度保护原则；详细地规定和说明了保护的作品的范围；明确了作者应受保护的权利，包括经济上的权利和精神方面的权利；并将版权的保护期限按照普通版权、电影作品、匿名作品或假名作品、摄影作品及适用艺术品、共有作品分类为依据分别作出了明确的保护期的规定等。《伯尔尼公约》首次确定了版权领域的国际统一保护标准，为各国合理安排国内的版权保护制度提供了基础和依据。

《巴黎公约》和《伯尔尼公约》的缔结和生效，标志着工业产权和版权这两大知识产权主要领域的国际保护体系正式开始形成。工业产权和版权的国际保护标准初步确立，此后逐渐得到发展和完善。

3.《与贸易有关的知识产权协定》

1987年关贸总协定回合谈判达成的《与贸易有关的知识产权协定》(以下简称TRIPS协定)的订立，标志着知识产权国际保护标准最终得到确立并且被提升到了新的高度。TRIPS协定由序言和七个大部分组成，共73个条款，是WTO所有文件中最长的一个协定。它确立了广泛的保护范围，几乎涉及当今知识产权的各个领域；确定了更高的保护水平，把《关税与贸易总协定》关于有形商品货物贸易的原则和规则引入了知识产权领域，强化了知识产权保护的执行措施和争端解决机制；并且确定了最低保护标准，要求各成员的国内立法不得低于协定的保护水平，对高于协定保护水平的国内立法不做强制性规定；确定了保护的原则和待遇，最主要的有国民待遇原则和最惠国待遇原则。

TRIPS协定与以往国际知识产权条约的规定相比还有一些区别。比如在专利的保护方面，把保护范围拓展到了未公开的信息，即对技术秘密的保护；保护的强度也增强了，规定了对专利侵权的惩罚。在版权和邻接权的保护方面，TRIPS协定只保护作品的形式，而不保护作品所传达的思想；只保护作者的经济权利，而不保护作者的精神权利；将版权的保护范围拓展到计算机程序，要求必须把计算机程序作为《伯尔尼公约》中所指的文字作品予以保护。在商标的保护方面，把对商标的保护范围拓展到了对驰名商标和原产地的保护，而且对保护措施增加了司法程序等。

TRIPS协定的通过标志着在知识产权保护方面新的国际标准已经正式确立。

(二)知识产权保护的国内立法

20世纪80年代，在改革开放的初期，中国就开始了知识产权保护的法制建设。为了适应经济发展和科技进步的要求，根据中国国民经济发展的客观需要，通过借鉴国际公约、条约规定和其他国家在知识产权保护立法方面的先进经验，中国不断建立健全了知识产权保护的立法体系。中国现有的知识产权保护法律体系主要由法律、行政法规和部门规章三个部分组成。其中，专门法律主要包括《商标法》、《专利法》、《著作权法》

等；专门行政法规包括《商标法实施条例》、《专利法实施细则》、《著作权法实施条例》、《知识产权海关保护条例》、《计算机软件保护条例》、《集成电路布图设计保护条例》、《植物新品种保护条例》等；专门部门规章包括《驰名商标认定和保护规定》、《集体商标、证明商标注册和管理办法》、《专利实施强制许可办法》等。此外，中国的民法、刑法、对外贸易法以及最高人民法院和最高人民检察院发布的有关司法解释中也包括了对知识产权保护的专门规定。总之，中国已经建立了比较健全的知识产权保护法律体系，这已经得到了世界各国及国际组织的普遍认可。

在不断建立健全知识产权法律体系的同时，中国也根据实际需要对相关法律法规进行了修改。特别是在加入世界贸易组织的过程中，为履行入世承诺，中国政府严格遵循世界贸易组织《与贸易有关的知识产权协定》的有关规定对国内知识产权立法进行了修改和完善。修改后的法律法规扩大了权利保护的范围，增强了对权利人的保护力度和司法审查的有关内容，从而完善了中国的知识产权保护法律制度，使中国的知识产权保护法律同 TRIPS 协定的规定完全一致。如修改后的《中华人民共和国商标法》和《中华人民共和国商标法实施条例》扩大了可作为商标保护的客体范围，专门规定了对地理标识和驰名商标的保护，增加了关于优先权的规定，增加了对商标确权的行政裁决的司法审查，加强了对侵权行为的查处力度；修改后的《中华人民共和国专利法》和《中华人民共和国专利法实施细则》将专利的保护客体扩大到药品、食品及通过化学手段获得的物质等，延长了专利的保护期限，完善了授予专利强制许可的条件，增加了对外观设计、实用新型专利的行政裁决的司法审查；修改后的《中华人民共和国著作权法》和《中华人民共和国著作权法实施条例》增加了受保护权利的种类，明确界定了表演者和制作者的权利，增加了关于财产保全和证据保全临时措施的规定，增加了关于法定赔偿额的规定，加重了对损害社会公共利益的侵权行为的行政处罚。修改后的《中华人民共和国专利法》、《中华人民共和国商标法》、《中华人民共和国著作权法》等还增加了诉前责令停止有关行为的临时禁令，增强了对权利人的保护力度。这些法律法规的修改都进一步完善了中国知识产权保护的法律体系。

此外，自 2004 年 12 月 22 日起施行的《最高人民法院、最高人民检察院关于办理侵犯知识产权刑事案件具体应用法律若干问题的解释》，于 2005 年 3 月 1 日开始实施的《著作权集体管理条例》以及于 2006 年公布、2013 年修订的《信息网络传播权保护条例》等法律法规使中国的知识产权保护法律体系进一步得到健全与完善。

第二节 专 利 法

一、专利与专利法的概念

(一)专利的概念

广义的"专利"一词，通常有三种含义：一是指由国家专利机关授予的专利权；二是指受专利法保护的发明创造，一般包括发明、实用新型和外观设计三种形式；三是指专利文献,主要是记载发明创造内容的专利说明书。狭义的专利仅指专利权,是指国家专利机关依照专利法的规定,授予发明人、设计人或其所属单位,在一定期限内对某项发明享有的专用权。

(二)专利法的概念

专利法是调整在确认和保护发明创造的专有权以及在利用专有的发明创造过程中发生的社会关系的法律规范的总称。

1984年3月12日,第六届全国人民代表大会常务委员会第四次会议通过并公布了《中华人民共和国专利法》(以下简称《专利法》),自1985年4月1日起施行。1992年9月4日第七届全国人民代表大会常务委员会第二十七次会议和2000年8月25日第九届全国人民代表大会常务委员会第十七次会议两次通过并公布《关于修改〈专利法〉的决定》。《专利法》共8章69条。2001年6月15日国务院发布命令公布了《中华人民共和国专利法实施细则》,自2001年7月1日起施行。2008年12月27日第十一届全国人民代表大会常务委员会第六次会议《关于修改〈中华人民共和国专利法〉的决定》对《专利法》进行了第三次修正,自2009年10月1日起施行。

☞【知识拓展】

《保护工业产权巴黎公约》

《保护工业产权巴黎公约》(以下简称《巴黎公约》)于1883年3月20日在巴黎签订。《巴黎公约》关于专利权的规定有以下内容:

1. 国民待遇原则

其成员的国民在保护工业产权方面享受与本国国民同样的待遇。如果非缔约国国民在一个缔约国领土内有永久性住所或真实有效的工商营业所,也享受与成员国国民同样的待遇。

2. 优先权原则

成员国的国民向一个缔约国提出专利申请或注册商标申请后,在一定期限内(发明、实用新型规定为12个月,外观设计、商标为6个月)享有优先权。即当向其他缔约国又提出同样的申请,则后来的申请视作是在第一申请提出的日期提出的。

3. 独立性原则

各成员国授予的专利权和商标专用权是彼此独立的,各缔约国只保护本国授予的专利权和商标专用权。

4. 强制许可专利原则

《巴黎公约》规定,某一项专利自申请日起的4年期间,或者自批准专利日起3年期内(两者以期限较长者为准),专利权人未予实施或未充分实施,有关成员国有权采取立法措施,核准强制许可证,允许第三者实施此项专利。如在第一次核准强制许可特许满2年后,仍不能防止赋予专利权而产生的流弊,可以提出撤销专利的程序。《巴黎公约》还规定强制许可,不得专有,不得转让;但如果连同使用这种许可的那部分企业或牌号一起转让,则是允许的。

5. 在法律限制销售的情况下取得专利的条件

《巴黎公约》规定，成员国不得以一种专利产品或一种专利方法取得的产品出售受到本国法律的管制或者限制为由，而拒绝授予专利权或宣告该项专利权无效。

6. 不视为侵犯专利权的例外

《巴黎公约》规定，公约一成员国的船舶或车辆暂时进入另一成员国时，在船舶的船身、机器、船具、设备及其他附件上，或在飞机或车辆的构造或附件上，使用了后一国家批准的专利发明，不视为专利侵权，只要使用这些发明是专为运输工具所需要。

二、专利权的主体和客体

(一)专利权的主体

专利权的主体，是指可以申请并取得专利以及承担相应义务的单位或个人。享有专利权的单位或个人统称为专利权人。根据《专利法》的规定，发明人或者设计人、发明人或者设计人所属单位、外国的单位和个人都可以成为我国专利法规定的专利权的主体。

1. 发明人或者设计人

发明人或者设计人是指对发明创造的实质性特点作出创造性贡献的自然人，可以是一个人，也可以是多个人。在完成发明创造过程中，只负责组织工作的人、为物质条件的利用提供方便的人或者从事其他辅助工作的人，不应当认为是发明人或者设计人。

2. 职务发明创造中发明人或者设计人所属的单位

职务发明创造是指发明人或者设计人执行本单位的任务或者主要是利用本单位的物质技术条件所完成的发明创造。职务发明创造申请专利的权利属于该单位；申请被批准后，该单位为专利权人。

职务发明创造包括以下四种情形：

(1)在本职工作中作出的发明创造。

(2)履行本单位交付的本职工作之外的任务所作出的发明创造。

(3)退职、退休或者调动工作后1年内作出的，与其在原单位承担的本职工作或者原单位分配的任务有关的发明创造。

(4)主要利用本单位的物质技术条件(包括本单位的资金、设备、零部件、原材料或者不对外公开的技术资料等)完成的发明创造。

3. 共同发明人或者共同设计人

共同发明创造是指两个以上的单位或者个人合作完成的发明创造。完成该发明创造的单位和个人，称为共同发明人或者共同设计人。根据《专利法》的规定，两个以上单位或者个人合作完成的发明创造、一个单位或者个人接受为其他单位或者个人委托所完成的发明创造，除另有协议的以外，申请专利的权利属于完成或者共同完成的单位或者个人；申请被批准后，申请的单位或者个人为专利权人。

4. 发明人或者设计人的权利继受人

发明创造申请并获得专利的权利是一种财产权，发明人或者设计人可以把这种权利转让于他人。根据《专利法》的规定，专利申请权和专利权可以转让。转让专利申请权或者专利权的，当事人应当订立书面合同，并向国务院专利行政部门登记，由国务院专利行政部门予以公告。专利申请权或者专利权的转让自登记之日起生效。合法受让人取得专利申请权并就受让的发明创造申请专利，申请被批准后，该申请人为专利权人。

5. 外国人

外国人在我国申请专利必须满足以下三个条件之一：

(1) 向我国申请专利的外国人在我国国内有经常居所或营业所；

(2) 该外国人的所属国与中国签订了专利保护的双边条约或共同参加了有关国际公约；

(3) 如果向我国申请专利的外国人不能满足以上任何一个条件，则可以按互惠原则办理。

☞【思考】

A厂工程师艾某2015年6月退休后，在1年之内完成了甲、乙两项发明创造。其中甲项目是艾某退休前承担的本单位新产品开发项目，乙项目是B厂委托艾某完成的外观设计方案。2016年5月，艾某将两项目以个人名义申请专利，同年8月，专利局驳回艾某甲项目的专利申请。根据上述事实，请问：

1. 谁是甲、乙两项目的专利申请人？为什么？

2. 申请甲、乙两项目专利，应当分别提交哪些主要文件？

3. 艾某对专利局驳回甲项目的专利申请不服时，可以采取哪些措施？

(二) 专利权的客体

《专利法》规定，在中国境内没有经常居所或者营业所的外国人、外国企业或者外国其他组织在中国申请专利的，依照其所属国同中国签订的协议或者共同参加的国际条约，或者依照互惠原则，根据《专利法》有关规定办理专利权的客体。

专利权的客体，是指专利法保护的对象，即依法可以取得专利权的发明创造。专利权的客体有发明、实用新型和外观设计。

1. 发明

专利法所称的发明，是指对产品、方法或者其改进所提出的新的技术方案。发明分为产品发明和方法发明，前者包括制造品的发明、材料物品的发明、具有特定用途物品的发明；后者包括制造产品方法的发明、使用产品方法的发明、测量方法和通信方法的发明等。

2. 实用新型

专利法所称的实用新型是指对产品的形状、构造或者其结合所提出的适于实用的新的技术方案。实用新型也称小发明，它仅仅涉及具有一定形状的物品发明，不包括方法发明，而且同发明相比，实用新型对产品的创造性要求较低。

3. 外观设计

专利法所称的外观设计是指对产品的形状、图案或者其结合以及色彩与形状、图案的结合所作出的富有美感并适于工业应用的新设计。外观设计只涉及美化产品的外表和形状，不涉及产品的制造和设计技术，它通常是外形、图案和色彩三者的结合。

(三) 不授予专利权的项目

1. 违反法律、社会公德或者妨害公共利益的发明创造

根据我国的国情并参照各国有关法律规定，《专利法》对专利权客体的范围作了某些限制性的规定，对缺乏有益性的发明创造，如违反国家法律、社会公德或者妨害公共利益的发明创造，不能授予专利权。

2. 获取或利用遗传资源的发明创造

对违反法律、行政法规的规定获取或者利用遗传资源，并依赖该遗传资源完成的发明创造，不授予专利权。

3. 不具有技术特征的发现和方法

(1) 科学发现；

(2) 智力活动的规则和方法；

(3) 疾病的诊断和治疗方法；

(4) 动物和植物品种；

(5) 用原子核变换方法获得的物质等，不授予专利权。但对上述动物和植物品种的生产方法，可以授予专利权。

三、授予专利权的条件

(一) 授予发明和实用新型专利权的条件

根据《专利法》的规定，授予专利权的发明和实用新型，应当具备新颖性、创造性和实用性。

1. 新颖性

新颖性，是指在申请日以前没有同样的发明或者实用新型在国内外出版物上公开发表过、在国内公开使用过或者以其他方式为公众所知，也没有同样的发明或者实用新型由他人向国务院专利行政部门提出过申请并且记载在申请日以后公布的专利申请文件中。由此可见，是否公开是判断一项发明创造是否丧失了新颖性的标准。

(1) 公开的地域标准。我国采用世界新颖性与本国新颖性相结合的原则。对于书面公开，我国采用世界新颖性，即在申请日以前在国内外没有公开发表过；对于使用公开或以其他方式公开，则采用国内新颖性，即在申请日以前在国内范围内尚未公开。

(2) 公开的时间标准。我国采用的是申请日标准，即要求在申请日以前没有同样的发明创造公开过。但是，《专利法》规定，申请专利的发明创造在申请日以前6个月内，有下列情形之一的，不丧失新颖性：在中国政府主办或者承认的国际展览会上首次展出的；在规定的学术会议或者技术会议上首次发表的；他人未经申请人同意而泄露其内容的。

2. 创造性

创造性，是指同申请日以前已有的技术相比，该发明有突出的实质性特点和显著的

进步，该实用新型有实质性特点和进步。"已有技术"是指专利申请日以前公开的技术，"实质性特点"是指与已有技术相比有本质性的突破，"显著进步"是指新技术明显超过已有技术的水平，同已有技术相比前进了一大步。实用新型与发明在创造性上的要求是有差别的，它不要求"突出"和"显著"，只要其与现有技术相比有技术上的区别特征和进步即可。

3. 实用性

实用性，是指该发明或者实用新型能够制造或者使用，并且能够产生积极效果。即如果发明创造是一种产品，能够重复制造；如果发明创造是一种方法，能够重复使用。积极效果是指能够产生有益的经济效果、技术效果和社会效果。

(二)授予外观设计专利权的条件

授予专利权的外观设计，应当同申请日以前在国内外出版物上公开发表过或者国内公开使用过的外观设计不相同或不相近似，并不得与他人在先取得的合法权利相冲突。

四、授予专利权的程序

(一)专利的申请

1. 专利申请的原则

依据我国《专利法》的规定，专利申请的原则主要有：

(1)单一性原则，是指一件发明或实用新型专利申请应当限于一项发明或实用新型；一件外观设计专利申请应当限于一种产品所使用的一项外观设计。

(2)申请在先原则，是指两个以上的申请人分别就同样的发明创造申请专利的，专利权授予最先申请的人。同样的发明创造只能授予一项专利权。但是，同一申请人同日对同样的发明创造既申请实用新型专利又申请发明专利，先获得的实用新型专利权尚未终止，且申请人声明放弃该实用新型专利权的，可以授予发明专利权。

(3)优先权原则。按照《保护工业产权巴黎公约》的规定，优先权是指在申请专利方面，各缔约国要相互承认对方国家国民的优先权，即一个发明创造在一个缔约国第一次提出申请以后，在一定期限内(发明和实用新型为12个月，外观设计为6个月)又在其他缔约国提出申请的，申请人有权要求将第一次申请的日期视为后来申请的日期。在优先权期限内，即使有任何第三人就相同的发明创造提出申请，申请人仍因享有优先权而获得专利权。

2. 专利申请文件

(1)申请发明或者实用新型专利可向国务院专利行政部门递交四个文件：①请求书，用以表明请求授予专利权的愿望。②说明书，用以说明专利的实质内容。③摘要，用以概括专利的技术内容，便于审查和了解。④权利要求书，用以限定专利的保护范围。

(2)申请外观设计专利可向国务院专利行政部门递交请求书及外观设计的图片或照片，一般包括主视图、俯视图、仰视图、左视图、右视图、后视图，从不同角度、不同侧面清楚地显示请求保护的对象，同时写明使用该外观设计的产品及其所属类别。

（二）专利申请的审批

1. 发明专利的审批

发明专利的审批涉及以下四个步骤：

（1）初步审查，也称形式审查，主要审查申请手续是否齐全、格式是否符合要求、证件是否齐备、申请人身份是否符合法律规定、是否属于授予专利的范围等形式要件。

（2）早期公开，是指国务院专利行政部门经初步审查认为符合专利法要求的，自申请日起满 18 个月，即行公布其申请。早期公开的内容包括申请人的姓名、地址、申请日期、说明书、权利要求书、摘要等，并刊登在国务院专利行政部门的专利公报中。

（3）实质审查，主要是从技术角度对申请专利的发明创造是否具有新颖性、创造性和实用性进行审查。实质审查主要是应申请人的要求而进行的。申请人从申请日起 3 年内，可以随时请求实质审查；申请人无正当理由逾期不请求实质审查的，该申请即被视为撤回。在 3 年期限内，国务院专利行政部门认为必要时，可以自行对专利申请进行实质审查。国务院专利行政部门经实质审查后，认为不符合规定的，通知申请人在指定期限内陈述意见或修改申请，无正当理由逾期不答复则视为申请撤回。如经申请人陈述意见或进行修改后仍不符合规定，国务院专利行政部门则对该申请予以驳回。

（4）授予发明专利权，发明专利申请经实质审查没有发现驳回理由的，由国务院专利行政部门作出授予发明专利权的决定，发给发明专利证书，同时予以登记和公告。发明专利权自公告之日起生效。

2. 实用新型和外观设计的审批

实用新型和外观设计专利申请经初步审查没有发现驳回理由的，由国务院专利行政部门作出授予实用新型专利权或者外观设计专利权的决定，发给相应的专利证书，同时予以登记和公告。实用新型专利权和外观设计专利权自公告之日起生效。

3. 专利权的复审

国务院专利行政部门设立专利复审委员会。专利申请人对驳回申请的决定不服的，可以自收到通知之日起 3 个月内，向专利复审委员会请求复审。专利复审委员会复审后，作出决定，并通知专利申请人。专利申请人对专利复审委员会的复审决定不服的，可以自收到通知之日起 3 个月内向人民法院起诉。

五、专利权的期限、终止和无效

（一）专利权的期限

专利权的期限，即专利权受法律保护的期限，超过这段期限就失去了法律效力。《专利法》规定，发明专利权的期限为 20 年，实用新型和外观设计专利权的期限为 10 年，均自申请日起计算。

（二）专利权的终止

专利权的终止也称专利权的消灭，是指专利权人丧失对其所拥有的专利的独占权。专利权终止一般有如下原因：

（1）专利期限届满。

（2）有按照规定缴纳年费。

（3）专利权人以书面声明放弃其专利权。

（4）专利权人死亡而又无继承人。

（5）专利权被专利复审委员会宣告无效。

（6）专利权终止后，由国务院专利行政部门登记并公告。

（三）专利权的无效

专利权的无效也称专利权的无效宣告，是指对已经授予的专利权，因不符合《专利法》的规定，由专利复审委员会宣告该专利权不具有法律效力。《专利法》规定，自国务院专利行政部门公告授予专利权之日起，任何单位或者个人认为该专利权的授予不符合专利法有关规定的可以请求专利复审委员会宣告该专利权无效。宣告无效的专利权视为自始即不存在。

六、专利实施的强制许可

（一）专利实施强制许可的概念

专利实施强制许可是指一国的专利主管部门，不经专利权人同意，依法直接允许其他单位或个人实施其发明创造的一种许可方式，又称非自愿许可。

（二）专利实施强制许可的类型

具备实施条件的单位以合理的条件请求发明或者实用新型专利权人许可实施其专利，而未能在合理长的时间内获得这种许可时，国务院专利行政部门根据该单位的申请，可以给予实施该发明专利或者实用新型专利的强制许可。

在国家出现紧急状态或者非常情况时，或者为了公共利益的目的，国务院专利行政部门可以给予实施发明专利或者实用新型专利的强制许可。

一项取得专利权的发明或者实用新型此前已经取得专利权的发明或者实用新型具有显著经济意义的重大技术进步，其实施又有赖于前一发明或者实用新型的实施的，国务院专利行政部门根据后一专利权人的申请，可以给予实施前一发明或者实用新型的强制许可。

（三）专利实施强制许可的程序

国务院专利行政部门作出的给予实施强制许可的决定，应当及时通知专利权人，并予以登记和公告。给予实施强制许可的决定，应当根据强制许可的理由规定实施的范围和时间。强制许可的理由消除并不再发生时，国务院专利行政部门应当根据专利权人的请求，经审查后作出终止实施强制许可的决定。取得实施强制许可的单位或者个人不享有独占的实施权，并且无权允许他人实施。取得实施强制许可的单位或者个人应当付给专利权人合理的使用费，其数额由双方协商；双方不能达成协议的，由国务院专利行政部门裁决。

七、专利权的保护

（一）侵犯专利权的行为

专利侵权行为，是指在专利权有效期限内，任何人未经专利权人许可，也没有其他法定事由的情况下，擅自以营利为目的实施专利的行为。根据侵权行为的性质不同，侵权人承担的法律责任有民事责任、行政责任或刑事责任。侵犯专利权的行为具体表现为：

1. 未经专利权人许可实施其专利的行为

(1)未经专利权人许可制造专利产品。

(2)未经专利权人许可故意使用专利产品。

(3)未经专利权人许可销售专利产品。

(4)未经专利权人许可使用其专利方法以及使用、销售依照该专利方法直接获得的产品。

(5)未经专利权人许可制造、销售外观设计专利产品。

(6)未经专利权人许可进口专利产品或进口依照专利方法直接获得的产品。

2. 假冒或冒充其专利的行为

(1)未经专利权人许可标明专利权人的专利标记或专利号的假冒行为。

(2)将非专利产品或者方法冒充为专利产品或者方法的冒充行为。

(二)不视为侵犯专利权的行为

对于下列行为，《专利法》规定，不视为侵犯专利权：

(1)专利权人制造、进口或者经专利权人许可而制造、进口的专利产品或者依照专利方法直接获得的产品售出后，使用、许诺销售或者销售该产品的。

(2)在专利申请日前已经制造相同产品、使用相同方法或者已经做好制造、使用的必要准备，并且仅在原有范围内继续制造、使用的。

(3)临时通过中国领陆、领水、领空的外国运输工具依照其所属国同中国签订的协议或者共同参加的国际条约，或者依照互惠原则，为运输工具自身需要而在其装置和设备中使用有关专利的。

(4)专为科学研究和实验而使用有关专利的。

☞【延伸阅读】

苹果公司与三星公司的专利侵权诉讼

苹果公司自 2011 年 4 月就开始了一系列针对三星公司的诉讼，在 2012 年 7 月 30 日开庭时最终确定的诉讼申请中，苹果公司称三星公司侵犯了其 iPhone 和 iPad 的技术、用户界面和设计，有 4 项设计专利和 3 项软件专利，并通过非法抄袭获取竞争优势，对苹果公司造成了持续的经济损失，损失额达 25.25 亿美元，不仅要求赔偿，还要求法院在美国市场禁售三星公司相关产品。与此同时，三星公司也就此提起反诉，认为苹果公司反而在抄袭自己的 5 项专利，要求苹果公司赔偿 4.218 亿美元。审理主要关注的是苹果公司的设计团队是如何想到 iPhone 和 iPad 创意的。苹果公司试图证明三星公司剽窃了自己的设计，而三星公司则力图向陪审团证明，自己的产品与苹果公司的不同，并且苹果公司是受索尼公司产品的启发研发出 iPhone 和 iPad 的。苹果公司负责全球营销的高级副总裁希勒(Phil Schiller)出庭作证，透露了苹果公司在营销 iPhone 和 iPad 方面的花费，公开讲述了研发 iPhone 和

iPad 的全过程,展示了这些产品的早期设计,还描述了其产品研发团队的具体情况。而三星公司向法庭提交了它认为可以证明 iPhone 的设计灵感来自索尼产品的证据,旨在削弱苹果公司指责三星公司剽窃 iPhone 的原创设计的说法。但是美国地区法院法官高兰惠(Lucy Koh)阻止三星公司提交的证据,因为他认为这些证据是影响对案件审理的无关因素。最终判决结果是三星公司的产品"抄袭"苹果公司的产品成立,三星公司的 21 款产品抄袭了苹果公司名为"Rubberbanding"的技术。

第三节　商　标　法

一、商标、商标权与商标法的概念

(一)商标

1. 商标的概念

商标,是商品的生产者、经营者或者服务项目的提供者为了使自己生产经营的商品或者提供的服务项目同他人生产经营的商品或者提供的服务项目相区别而采用的一种标志。作为商品或者服务的标志,商标能代表一定商品或者服务的质量和信誉。商标知名度越高,其商品的市场竞争力就越强。

2. 商标的分类

按照不同的标准,可将商标分为不同的种类:

(1)按商标的结构不同,可将商标分为文字商标、图形商标、字母商标、数字商标、颜色组合商标、立体商标和非形象商标(如音响商标、气味商标和电子数据传输标记等)等。

(2)按商标的使用者的不同,可将商标分为产业商标、服务商标、集体商标和无主商标等。

(3)按商标用途的不同,可将商标分为营业商标、证明商标、等级商标、组合商标、亲族商标、防御商标和联合商标等。

(4)按商标的知名度情况,可将商标分为普通商标、著名商标和驰名商标等。其中,著名商标是指在一定的地域范围较为知名的商标。它不属于国际上的专用名词,只是在我国省市级名誉评选中采用。驰名商标是指在较大地域范围内的市场上享有较高声誉,为相关公众普遍熟知,有良好质量信誉并受法律特别保护的商标。《中华人民共和国商标法》(以下简称《商标法》)对驰名商标的认定和保护作了明确规定。

(二)商标权

商标权,是指按商标法的规定,由国家商标管理部门授予商标注册申请人在法定期限内对其注册商标享有的专用权。任何单位和个人未经商标权人许可,不得在相同商品或者类似商品上使用与其注册商标相同或近似的商标。

（三）商标法的概念

商标法是调整在确认、保护商标专用权和商标使用过程中发生的社会关系的法律规范的总称。《中华人民共和国商标法》（以下简称《商标法》）经 1982 年 8 月 23 日第五届全国人民代表大会常务委员会第二十四次会议通过；根据 1993 年 2 月 22 日第七届全国人民代表大会常务委员会第三十次会议《关于修改〈中华人民共和国商标法〉的决定》第一次修正，根据 2001 年 10 月 27 日第九届全国人民代表大会常务委员会第二十四次会议《关于修改〈中华人民共和国商标法〉的决定》第二次修正，根据 2013 年 8 月 30 日第十二届全国人民代表大会常务委员会第四次会议《关于修改〈中华人民共和国商标法〉的决定》第三次修正，自 2014 年 5 月 1 日起施行。

二、商标注册

（一）商标注册的原则

1. 自愿注册原则

《商标法》规定，从事生产、制造、加工、拣选或者经销商品以及提供服务者，需要取得商标专用权的，都可以向商标局提出商标注册。在注册办法上，采用自愿注册原则。但对于人用药品和烟草制品等商品，实行强制注册原则。

2. 申请在先原则

《商标法》规定，两个或者两个以上的申请人，在同一种商品或者类似商品上以相同或者近似的商标申请注册，初步审定并公告申请在先的商标，驳回申请在后的商标。如同一天相同或类似商品上申请的两个或两个以上相同或近似的商标，由国家商标主管机关通知申请人自行协商。协商一致后，30 天内将协商结果书面报送商标局，超过 3 天达不成协议的，在商标局主持下，由申请人抽签决定，或者由商标局裁定。

（二）商标注册的条件

1. 商标应当具有法定的构成要素

商标由文字、字母、数字、三维标志、颜色组合和声音等，以及上述要素的组合，并且具有可视性。

2. 商标应当具有显著特征，便于识别，并不得与他人在先取得的合法权利相冲突。

申请注册的商标不能与商品名称和商品本身的性质相混同，不能与他人已注册的商标相同或者近似。否则，不予注册或注册无效。

3. 商标不得使用禁用标志

（1）同中华人民共和国的国家名称、国旗、国徽、军旗、勋章相同或者近似的，以及同中央国家机关所在地特定地点的名称或标志性建筑物的名称、图形相同的。

（2）同外国的国家名称、国旗、国徽、军旗相同或者近似的，但该国政府同意的除外。

（3）同政府间国际组织的名称、旗帜、徽记相同或者近似的，但经该组织同意或者不易误导公众的除外。

（4）与表明实施控制、予以保证的官方标志、检验印记相同或者近似的，但经授权的除外。

（5）同"红十字"、"红新月"的名称、标志相同或者近似的。

（6）带有民族歧视性的。

（7）夸大宣传并带有欺骗性的。

（8）有害社会主义道德风尚或者有其他不良影响的。

4. 不得作为商标注册的标志

（1）仅有本商品的通用名称、图形、型号的。

（2）仅直接表示商品的质量、主要原料、功能、用途、重量、数量及其他特点的。

（3）缺乏显著特征的。

（三）商标注册的程序

1. 商标注册的申请

申请商标注册应当向商标局提出商标注册申请。商标注册申请人应当按规定的商品分类表填报使用商标的商品类别和商品名称，提出注册申请。商标注册申请人可以通过一份申请就多个类别的商品申请注册同一商标。商标注册申请等有关文件，可以书面方式或者数据电文方式提出。

外国人或者外国企业在中国申请商标注册和办理其他商标事宜的，应当委托国家认可的具有商标代理资格的组织代理。

申请商标注册不得损害他人现有的在先权利，也不得以不正当手段抢先注册他人已经使用并有一定影响的商标。

按照《巴黎公约》的规定，申请商标注册的优先权为6个月。

2. 商标注册的审批

商标注册的审批包括以下几个程序：

（1）初步审定。包括：申请人是否具备合法资格；申请的文件是否齐全，内容是否合格，手续是否齐备；申请注册的商标是否符合法定条件；申请注册的商标是否同已申请在先或者已注册的商标相同或近似等。

（2）核准注册。经过初步审定公告的商标，如在3个月内无人提出异议，或异议不成立，即予以核准注册并注录在《商标注册簿》上，发给商标注册申请人商标注册证并予以公告。至此，申请人便取得注册商标专用权。

☞【知识拓展】

同仁堂在日本遭抢注案

北京同仁堂是全国中药行业著名的老字号，创建于清康熙八年，也就是1669年，是全国药行业百年著名的老字号。自1723年（清雍正元年）起，由皇帝钦定为供奉清皇宫御药房用药，历经八代皇帝。同仁堂作为中国第一个驰名商标和第一个非物质文化遗产，品牌优势得天独厚。然而，正是因为其具有这样的品牌知名度，"同仁堂"三个字开始被人觊觎。1989年，北京市药材公司就发现旗下的商标"同仁堂"在日本被抢注。该公司遂以"同仁堂"为公众熟知的驰名商标为由，请求日本特许厅撤销该不当注册的商标，日本要求提交"同仁堂"系我国驰名商标的证明文件。为了保护我国商标在他国的合法权益，商标局在做了广泛的社会调查之后，于

1989 年正式认定"同仁堂"商标为我国驰名商标。

三、商标权的主体与客体

（一）商标权的主体

商标权的主体，是指商标权的承受者，也称为商标权人，包括申请商标注册并取得商标专用权的人和通过合法转让取得商标专用权的人。

1. 商标权人的权利

（1）商标专用权，是商标权人对其注册商标享有专有使用的权利。具体内容包括：①商标使用权，即商标权人有权在其核准注册的商品上使用其注册商标，并进行广告宣传；②禁止权，即商标权人有权禁止他人未经许可，使用与其注册商标相混同的商标。

（2）商标转让权，商标权作为一种无形财产权，与有形财产权一样，商标权人可以自己使用，也可以依法转让，既可以通过合同方式进行有偿转让，也可以通过继承、遗赠、赠与等方式进行无偿转让。转让时应当履行法定手续，自行转让注册商标的行为无效。

（3）许可使用权，商标权人可以通过签订注册商标使用许可合同，许可他人使用其注册商标。许可人应当监督被许可人使用其注册商标的商品质量，被许可人应当保证使用该注册商标的商品质量。经许可使用他人注册商标的，必须在使用该注册商标的商品上标明被许可人的名称和商品产地。商标使用许可合同应当报商标局备案。

（4）标记权，商标注册人有权标明"注册商标"或者注册标记。使用注册标记，应当标注在商标的右上角或者右下角。

（5）请求保护权，当商标权人的商标权受到侵害时，商标权人可以向人民法院起诉，也可以请求工商行政管理部门处理。

2. 商标权人的义务

（1）应当按规定正确使用注册商标。

（2）应当保证使用注册商标的商品质量和服务质量。

（3）依法缴纳有关费用，如授权注册费、续展注册费、转让注册费等。

（二）商标权的客体

商标权的客体，是指注册商标。注册商标是经商标局核准注册并刊登在商标公告上的商标。注册商标由商标注册人享有专用权，也可以有偿转让或许可他人使用。注册商标与未注册商标具有不同的法律地位。注册商标所有人对该商标享有专用权，可以排除他人在相同或者类似商品上注册相同或近似商标，并能对他人未经许可使用该商标的侵权行为请求依法惩处；未注册商标使用人对该商标不享有专用权，不得对抗其他人的使用或注册，如与他人的注册商标混同则构成侵权。

四、注册商标的期限和续展

（一）注册商标的期限

注册商标专用权具有时间性。《商标法》规定，注册商标有效期为 10 年，从商标核准之日起计算。

（二）注册商标的续展

注册商标有效期满，需要继续使用的，应当在期满前 6 个月内申请续展注册；在此期间内未能提出申请的，可以给予 6 个月的宽展期。宽展期满仍未提出申请的，注销其注册商标。每次续展注册的有效期为 10 年。续展注册经核准后，予以公告。续展不受次数限制。

☞【思考】

甲玩具厂在其制作的玩具上注册的"快乐宝贝"商标，因连续 3 年不使用，于 2015 年 9 月被商标局撤销注册。2016 年 7 月起乙玩具厂在其经营的玩具上使用"快乐宝贝"商标，并向商标局提出了商标注册申请。请问：

1. 乙玩具厂是否可以使用"快乐宝贝"商标？

2. 商标局是否应核准乙玩具厂的商标注册申请？为什么？

3. 商标申请的审查和核准程序是什么？

五、注册商标专用权的保护

注册商标专用权，是指注册商标的所有人对其所有的注册商标享有独占的使用权。未经其许可，任何人都不准在相同商品或者类似商品上使用与其注册商标相同或近似的商标。当他人侵害了注册商标专用权时，商标权人可以请求行政保护或司法保护。

（一）商标侵权行为的种类

商标侵权行为，是指侵犯他人注册商标专用权的行为。主要表现为：

（1）未经商标注册人的许可，在同一种商品或者类似商品上使用与其注册商标相同或者近似的商标的。

（2）销售侵犯注册商标专用权的商品的。

（3）伪造、擅自制造他人注册商标标识或者销售伪造、擅自制造的注册商标标识的。

（4）未经商标注册人同意，更换其注册商标并将该更换商标的商品又投入市场的。

（5）给他人的注册商标专用权造成其他损害的。

（二）商标侵权行为的法律责任

因侵权造成的注册商标纠纷，由当事人协商解决；不愿意协商或协商不成的，可以向人民法院起诉，也可以请求工商行政管理部门处理。商标侵权行为的法律责任包括民事责任、行政责任、刑事责任。

1. 民事责任

民事责任主要包括：停止侵权、消除影响、赔偿损失等。

2. 行政责任

行政责任主要包括：责令立即停止侵权行为；没收、销毁侵权商品和用于制造侵权商品、伪造注册商标标识的工具；罚款。

3. 刑事责任

侵犯他人注册商标专用权，情节严重的，处 3 年以下有期徒刑或者拘役，并处或者单处罚金；情节特别严重的，处 3 年以上 7 年以下有期徒刑，并处罚金。

六、驰名商标

（一）驰名商标的概念

驰名商标，是指在市场上享有较高声誉并为相关公众所熟知的商标。《巴黎公约》规定的驰名商标包括注册商标和未注册商标，在我国，驰名商标只包括注册商标。

认定驰名商标应当考虑下列因素：

（1）相关公众对该商标的知晓程度。

（2）该商标使用的持续时间。

（3）该商标的任何宣传工作的持续时间、程度和地理范围。

（4）该商标作为驰名商标受保护的记录。

（5）该商标驰名的其他因素。

（二）驰名商标的保护

为了保护驰名商标所有人的合法权益，商标法对驰名商标规定了一些有别于一般商标的特殊保护规定，具体表现在：

（1）就相同、类似商品申请注册的商标是复制、模仿、翻译他人未在中国注册的驰名商标，易导致混淆的，不予注册，并禁止使用；就不相同、不相类似商品申请注册的商标是复制、模仿、翻译他人已经在中国注册的驰名商标，误导公众，致使该驰名商标注册人的利益可能受到损害的，不予注册，并禁止使用。

（2）将与他人驰名商标相同或者近似的商标在非类似商品上申请注册，且可能损害驰名商标注册人的权益，商标局驳回其注册申请；已经注册的，自注册之日起 5 年内，驰名商标注册人可以请求商标评审委员会予以撤销，但恶意注册的不受时间限制。

（3）驰名商标所有人认为将其驰名商标作为企业名称登记，可能欺骗公众并对公众造成误解的，可向企业名称登记主管机关申请撤销该企业名称登记。

（4）为商业目的，将他人驰名商标注册为域名，应认定为商标侵权。生产、经营者不得将"驰名商标"字样用于商品、商品包装或者容器上，或者用于广告宣传、展览以及其他商业活动中。

将他人注册商标、未注册的驰名商标作为企业名称中的字号使用，误导公众，构成不正当竞争行为的，依照《中华人民共和国反不正当竞争法》处理。

☞【案例延伸】

深圳唯冠公司与苹果公司 iPad 侵权案

唯冠科技（深圳）有限公司（以下简称"深圳唯冠公司"）是唯冠集团最大最核心的研发生产基地，公司于 1991 年落户深圳，是深圳高新技术企业及中国外贸出口百强之一。而 2008 年以后，受到金融危机的影响，由于资金问题深圳唯冠公司深陷债务泥潭。当时，在中国内地英文商标 iPad 的申请人众多，但是，深圳唯冠公司对 iPad 品牌的专用权期限仍显示至 2021 年 6 月 20 日前有效。

2001 年，深圳唯冠公司在中国内地取得"iPad"的注册商标专用权。此后的 2001 年到 2004 年，同属于唯冠集团子公司的台湾唯冠公司分别在世界各地共计获得 8 个"iPad"相关注册商标专用权。

2009 年 8 月 11 日，一家英文名称为 IP Application Development Limited(以下简写为 IP)的公司在英国伦敦注册成立。2009 年 12 月 23 日，唯冠国际 CEO 和主席杨荣山授权麦世宏签署了 IP 公司与台湾唯冠公司的相关协议。协议约定：台湾唯冠公司以 3.5 万英镑对价向 IP 公司转让包括涉案商标在内的共 10 个商标。2010 年 4 月 7 日，IP 公司与苹果公司签署协议，以 10 英镑的象征性的价格转让所有其取得的"iPad"商标相关权益。同时，苹果公司和 IP 公司向中国商标局申请大陆 iPad 商标的转让过户，被中国商标局驳回。然而，就在按照中国法律 iPad 商标权属并未发生转移的情况下，苹果公司在其生产的平板电脑产品上使用"iPad"商标，并向包括中国大陆在内的市场销售了上述商品。

2010 年 4 月，深圳唯冠公司获悉苹果公司销售标有"iPad"商标的平板电脑的消息后，向苹果公司提出深圳唯冠公司为涉案商标的真正权利人，并要求苹果公司停止侵权、赔偿损失。他们认为，深圳唯冠公司才是 iPad 商标权在中国内地的拥有者，台湾唯冠公司没有出售权利，所以 iPad 的中国内地商标权不属于苹果公司。

2010 年 6 月，苹果公司、IP 公司向深圳中级人民法院提起诉讼，认为苹果公司依法取得了涉案商标的专用权，要求确认其为涉案商标专用人，并以此为由申请查封保全了涉案商标。

2011 年 11 月 17 日，深圳中院一审判决驳回苹果公司诉讼请求，商标归属深圳唯冠公司。2012 年 2 月 17 日，惠州市中级法院已经判当地苹果公司经销商构成侵权，禁止其销售苹果公司的 iPad 相关产品。这是国内法院首次认定苹果公司商标侵权。

经过长时间的诉讼历程，苹果公司与深圳唯冠公司最终达成和解，苹果公司支付给深圳唯冠公司 6000 万美元，同时获得在中国注册的"iPad"商标。

第四节 著 作 权 法

一、著作权与著作权法的概述

著作权，又称为版权，其对象是作品，是指文学、艺术和科学领域内具有独创性并能以某种有形形式复制的智力成果，主要分为著作人身权与著作财产权。

著作人身权是指作者通过创作表现个人风格的作品而依法享有获得名誉、声望和维护作品完整性的权利。该权利由作者终身享有，不可转让、剥夺和限制。作者死后，一般由其继承人或者法定机构予以保护。根据中国《著作权法》的规定，著作人身权包括：

发表权，即决定作品是否公布于众的权利；署名权，即表明作者身份，在作品上署名的权利；修改权，即修改或者授权他人修改作品的权利；保护作品完整权，即保护作品不受歪曲、篡改的权利。

著作财产权是作者对其作品的自行使用和被他人使用而享有的以物质利益为内容的权利。通过以下方式获得经济效益：复制、翻译、改编、表演、广播、展览、拍制电影、电视或录音等。

著作权法则是为了保护文学、艺术和科学作品作者的著作权，以及与著作权有关的权益。

二、国际著作权法

1886 年 9 月在瑞士伯尔尼签订的《伯尔尼公约》是世界上第一个著作权国际保护方面的多边公约。1952 年通过的《世界版权公约》同时兼顾了欧洲大陆法系和美洲国家的立法习惯。1996 年 2 月 20 日由世界知识产权组织主持在外交会议上缔结了《世界知识产权组织版权条约》，主要为解决国际互联网络环境下应用数字技术而产生的版权保护新问题。

《伯尔尼公约》界定了"文学艺术作品的范围"并确立了如下原则：为一切文学、科学与艺术作品提供保护，作品的表现形式或方式不影响对该作品的保护。公约规定，受保护的作者在成员国至少应享有的经济权利有翻译、复制、表演、广播、公开朗诵和改编等权利。享有的精神权利包括作者身份权和维护作品完整权。

《世界版权公约》确定了成员国至少保护其中的具体作品，即文学作品、音乐作品、戏剧作品、电影作品、绘画作品、雕刻作品和雕塑作品。其基本原则包括国民待遇原则、附条件的自动保护原则和独立保护原则。一般情况下，受公约保护的作品的保护期限不得少于作者有生之年及其死后 25 年。

《世界知识产权组织版权条约》规定，版权保护的客体主要包括计算机程序和数据或数据库编程两个方面。该条约新增加了向公众传播的权利，作者有权许可将其作品以有线或无线方式向公众传播，包括将其作品向公众提供，使公众中的成员在其个人选定的地点和时间可获得这些作品。条约要求缔约各方应在法律中规定，未经权利人许可或法律准许，规避由权利人为实现版权保护而采取的技术措施为侵权行为。

三、《中华人民共和国著作权法》

《中华人民共和国著作权法》于 1990 年 9 月 7 日第七届全国人民代表大会常务委员会通过，1991 年 6 月 1 日开始实施，此后经过 2001 年和 2010 年两次修正。2012 年 3 月 31 日，国家版权局在官方网站公布了《中华人民共和国著作权法（修改草案）》，并征求公众意见。下面简要介绍《中华人民共和国著作权法》（以下简称《著作权法》）的内容。

（一）总则

为保护文学、艺术和科学作品作者的著作权，以及与著作权有关的权益，鼓励有益于社会主义精神文明、物质文明建设的作品的创作和传播，促进社会主义文化和科学事业的发展与繁荣，根据《宪法》制定《著作权法》。中国公民、法人或者其他组织的作品，不论是否发表，依照《著作权法》享有著作权。《著作权法》所称的作品，包括以下列形式创作的文学、艺术和自然科学、社会科学、工程技术等作品：文字作品；口述作品；音乐、戏剧、曲艺、舞蹈、杂技艺术作品；美术、建筑作品；摄影作品；电影作品和以类似摄制电影的方法创作的作品；工程设计图、产品设计图、地图、示意图等图形作品和模型作品；计算机软件；法律、行政法规规定的其他作品。

（二）著作权

著作权人包括：作者及其他依照《著作权法》享有著作权的公民、法人或者其他组织。著作权包括发表权、署名权、修改权、保护作品完整权、复制权及发行权等。作者的署名权、修改权、保护作品完整权的保护期不受限制。《著作权法》还规定了可以不经著作权人许可，不向其支付报酬，但应当指明作者姓名、作品名称且不得侵犯著作权人依照《著作权法》享有的其他权利的情况。

（三）著作权许可使用和转让合同

使用他人作品应当同著作权人订立许可使用合同，《著作权法》规定可以不经许可的除外。以著作权出质的，由出质人和质权人向国务院著作权行政管理部门办理出质登记。许可使用合同和转让合同中著作权人未明确许可、转让的权利，未经著作权人同意，另一方当事人不得行使。

（四）出版、表演、录音录像、播放

图书出版者出版图书应当和著作权人订立出版合同，并支付报酬；且对著作权人交付出版的作品，按照合同约定享有的专有出版权受法律保护，他人不得出版该作品。使用他人作品演出，表演者(演员、演出单位)应当取得著作权人许可，并支付报酬。演出组织者组织演出，由该组织者取得著作权人许可，并支付报酬。

（五）法律责任和执行措施

《著作权法》对著作权侵权行为作出了规定，若侵权，应当承担停止侵害、消除影响、赔礼道歉、赔偿损失等民事责任。著作权纠纷可以调解，也可以根据当事人达成的书面仲裁协议或者著作权合同中的仲裁条款，向仲裁机构申请仲裁。当事人没有书面仲裁协议，也没有在著作权合同中订立仲裁条款的，可以直接向人民法院起诉。

第十章　国际技术贸易法

☞【学习目标】
1. 掌握国际技术贸易法的概念、特征和主要法律规范
2. 了解国际技术许可合同的主要条款及其基本内容
3. 了解国际技术贸易合同中的限制性商业条款及其法律规定
4. 掌握《中华人民共和国技术进出口管理条例》的基本内容

第一节　国际技术贸易概述

一、国际技术贸易的概念和特征

(一)国际技术贸易的概念

国际技术贸易是指不同国家的企业、经济组织或个人之间，按照一般商业条件有偿转让技术的一种贸易行为。它由技术出口和技术引进这两方面组成。简言之，国际技术贸易是一种国际间的以纯技术的使用权为主要交易标的的商业行为。技术贸易既包括技术知识的买卖，也包括与技术转让密切相关的机器设备等货物的买卖。

(二)国际技术贸易的特征

国际技术贸易的特征主要有以下几点：

第一，国际技术贸易的标的是无形的技术知识。技术知识相对于有形资产而言，是非物质的、无形的。技术是一种看不见摸不着的知识性东西，有些存在于人的语言之中，有些存在于人的行为技能之中。

第二，国际技术贸易是货物、资本、劳务与生产相结合的有偿技术转让。国际技术贸易又称为"商业性的技术转让"，是指技术供应方将技术越过国境转让给技术取得方时，取得一定的支付对价。

第三，国际技术贸易标的的价格较难确定。技术作为一种特殊的"商品"在技术市场上进行交易的过程中，其价格不仅仅要受到该技术发明所需的个别劳动时间所决定。同时由于新技术具有先进性、新颖性、垄断性、独占性的特点，这就决定了技术商品作价原则的特殊性，技术商品价格构成也复杂得多。

第四，国际技术贸易通常不改变技术所有权的归属。在技术转让的过程中，转让的内容仅仅是技术的使用权而非所有权，技术的所有权仍为技术供应方所有，而且技术的使用权还可以多次转让。

第五，国际技术贸易往往是一种合作与矛盾并存的长期关系。技术贸易是一种长期的合作关系：一项技术从一方转移到另一方，往往须经过提供资料、吸收技术、消化投产，最后才完成技术贸易行为。因此，技术交付不是双方关系的终结，而是双方关系的开始，技术贸易双方通常是"同行"，所以能合作，但也会存在潜在利益冲突和竞争关系。

第六，国际技术贸易涉及的法律问题较为复杂。国际技术贸易不仅要受到技术供应方国家的法律制约，还要受到技术受让方国家的法律制约，同时还要受到一些国际公约、国际商业惯例的国际公法的制约，因此涉及的法律问题比较复杂。

二、国际技术贸易的标的和形式

(一) 国际技术转让的标的

国际技术贸易是以无形的技术知识作为主要交易标的的，这些技术知识构成了国际技术贸易的内容，它主要包括专利技术、专有技术、计算机软件、集成电路布图设计和公开技术等。

1. 专利技术

专利是一国政府主管部门根据申请人的申请，进行审查后授予发明创造人或合法申请人在一定期限内对其发明创造享有独占的权利，未经权利人许可，他人不得使用该专利。专利技术主要包括：发明专利技术、实用新型专利技术和外观设计专利技术等。

2. 专有技术

专有技术，又称秘密技术或技术诀窍，是指从事生产、管理和财务等活动领域的一切符合法律规定条件的秘密知识、经验和技能，其中包括工艺流程、公式、配方、技术规范、管理和销售的技巧与经验等，具有实用性、保密性、非保护性和可转让性等特点。

3. 计算机软件

计算机软件是指计算机程序及其有关文档，它不同于传统的技术产品，计算机软件相对于其他技术产品来说更容易被盗用和复制，因此所有权人在转让技术时更需要订立一些特殊的保护条款。

4. 集成电路布图设计

集成电路布图设计实质上是一种图形设计，但它并非是工业品外观设计，不能适用专利法保护，同时它既不是一定思想的表达形式，也不具备艺术性，因而不在作品之列，不能通过《著作权法》加以保护。因此世界许多国家就通过单行立法，确认布图设计的专有权，即给予其他知识产权保护。

5. 公开技术

公开技术转让的标的主要不是技术本身，而是与公开技术有关的咨询与服务等。

(二) 国际技术转让的形式

国际技术转让的具体形式主要包括以下几种：

1. 国际技术许可贸易

国际技术许可贸易，是指知识产权或专有技术的所有人作为许可方，通过与被许可方(引进方)签订许可合同，将其所拥有的技术授予被许可方，允许被许可方按照合同约定的条件使用该项技术，制造或销售合同产品，并由被许可方支付一定数额的技术使用费的技术交易行为。

2. 国际技术转让贸易

国际技术转让贸易，是指不同国家的企业之间进行的有偿技术转让或技术使用权许可行为。

3. 国际技术咨询与服务

国际技术咨询与服务，是指独立的专家或专家小组或咨询机构作为服务方应委托方的要求，就某一个具体的技术课题向委托方提供高知识性服务，并由委托方支付一定数额的技术服务费的活动。

4. 国际技术工程承包

国际工程承包通常通过国际间的招投标方式由中标人为招标人承建相关的工程项目。由于国际工程承包设计咨询、勘探、评估、技术设备的提供、人员的培训、设备的调试、试生产等技术性服务，国际工程承包已经成为国际技术贸易的重要形式。

5. 国际合作生产

国际合作生产，是通过双方的合作，利用各自拥有的技术共同完成有关的生产项目或共同开发有关的生产计划。发展中国家通过这种形式在引进外资的同时，也同时引进了经济发展所需的有关技术和技术设备。

6. 特许经营

特许经营，是指由一家已经取得成功经验的企业，将其商标、商号名称、服务标志、专利、专有技术以及经营管理的方式或经验等全盘地转让给另一家企业使用，由后一企业(被特许人)向前一企业(特许人)支付一定金额的特许费的技术贸易行为。

7. 补偿贸易

补偿贸易，是指买方在信贷的基础上，从国外厂商进口机器、设备、技术，以及某些原材料，约定在一定期限内，用产品或劳务偿还的一种贸易方式。对缺乏技术和外汇的国家，利用这种贸易方式可以用外资买进先进技术和设备，以加速国家的经济发展，增强出口能力。

三、国际技术贸易法

国际技术贸易法是指调整跨国技术有偿技术转让关系的法律规范的总和。国际技术贸易法的范围主要包括国内法规范和国际法规范。

调整国际技术贸易的国内法规范主要包括以下三类：一是保护工业产权和保护专有技术的法律；二是关于技术转让合同的法律；三是关于技术转让管制的法律。总的来说，在国际技术贸易法律制度尚不完善的情况下，国内立法成为国际技术贸易的主要形式。

调整国际技术贸易的国际公法主要内容包括：相关的国际公约、国际商业惯例以及国际组织内部决议等。

四、我国技术进出口管理的法律规定

我国的国际技术转让贸易是在 20 世纪 70 年代末确立对外开放基本国策以后发展起来的。在我国，有关技术进出口的法规首先是 1985 年《中华人民共和国技术引进合同管理条例》和《中华人民共和国技术引进合同管理条例施行细则》，但是已于 2002 年 1 月 1 日废止，由根据 2011 年 1 月 8 日《国务院关于废止和修改部分行政法规的决定》修订的《中华人民共和国技术进出口管理条例》取代。此外，还有 2004 年 4 月 6 日修订通过、2004 年 7 月 1 日生效的《中华人民共和国对外贸易法》，以及 2009 年根据《中华人民共和国技术进出口管理条例》公布修订的《禁止出口限制出口技术管理办法》、《技术进出口合同登记管理办法》等。

(一)《中华人民共和国技术进出口管理条例》

为了规范技术进出口管理，维护技术进出口秩序，促进国民经济和社会发展，根据《中华人民共和国对外贸易法》及其他有关法律的规定，制定了该条例。该条例明确规定，技术进出口是指从中华人民共和国境外向境内，或者从境内向境外，通过贸易、投资或者经济技术合作的方式转移技术的行为。其中包括：专利权转让、专利申请权转让，专利实施许可、技术秘密转让、技术服务和其他方式的技术转移。

该条例要求引进的技术必须先进、适用，并且应当符合下列一项以上的要求：能发展和生产新产品；能提高产品质量和性能，降低生产成本，节约能源或材料；有利于充分利用本国的资源；能扩大产品出口，增加外汇收入；有利于环境保护；有利于安全生产；有利于改善经营管理；有利于提高科学技术水平。属于禁止进口的技术，不得进口。属于限制进口的技术，实行许可证管理；未经许可，不得进口。该条例鼓励成熟的产业化技术出口。属于禁止出口的技术，不得出口。属于限制出口的技术，实行许可证管理；未经许可，不得出口。

《中华人民共和国技术进出口管理条例》明确了双方当事人的权利义务，供方的主要义务是保证所提供的技术或者文件资料完整、准确、有效，能够达到合同规定的技术目标。保证自己是所提供技术的合法拥有者，或者保证自己有权转让或者许可该项技术。受方使用转让或者许可的技术生产或者销售产品如被第三方指控侵权，应当由供方负责应诉；如被第三方指控的侵权成立，受方的经济损失由供方负责赔偿；供方应当按我国税法相关的规定纳税。

受方的主要义务为按照合同的规定支付技术的价款或报酬；对供方提供或者传授的专有技术和有关技术资料，受方应当按照合同约定的范围和期限承担保密义务。在受方承担保密义务期限内，由于非受方原因技术被公开，受方承担的保密义务即行终止。合同规定供方在合同有效期内向受方提供其发明和改进技术的，受方可以在合同期满后维续承担保密义务，保密期限自供方提供该项技术之日起计算，但该期限不得超过原合同规定的期限。

进口或者出口属于禁止进出口的技术的，或者未经许可擅自进口或者出口属于限制进出口的技术的，擅自超出许可的范围进口或者出口属于限制进出口的技术的，伪造、变造或者买卖技术进出口许可证或者技术进出口合同登记证的，以欺骗或者其他不正当

手段获取技术进出口许可的，以欺骗或者其他不正当手段获取技术进出口合同登记的，均应追究法律责任。

（二）《禁止出口限制出口技术管理办法》

该办法旨在规范我国技术出口的管理。列入《中国禁止出口限制出口技术目录》（另行发布）中禁止出口的技术，不得出口。国家对列入《中国禁止出口限制出口技术目录》的限制出口技术，实行许可证管理，凡出口国家限制技术出口的，应按本办法履行出口许可手续。核技术、核两用品相关技术、化学两用品相关技术、生物两用品相关技术、导弹相关技术和国防军工专有技术的出口不适用此办法。

限制出口技术的贸易审查应包括以下内容：是否符合我国对外贸易政策，并有利于促进外贸出口；是否符合我国的产业出口政策，并有利于促进国民经济发展；是否符合我国对外承诺的义务。

限制出口技术的技术审查应包括以下内容：是否危及国家安全；是否符合我国科技发展政策，并有利于科技进步；是否符合我国的产业技术政策，并能带动大型和成套设备、高新技术产品的生产和经济技术合作。

（三）《技术进出口合同登记办法》

本办法旨在规范自由进出口技术的管理，建立技术进出口信息管理制度，促进我国技术进出口的发展。技术进出口合同包括专利权转让合同、专利申请权转让合同、专利实施许可合同、技术秘密许可合同、技术服务合同和含有技术进出口的其他合同。自由进出口技术合同登记的主要内容为：技术供受方及技术使用方、合同名称、金额、有效期和支付方式等。

第二节　国际技术许可合同

一、国际技术许可合同的概念和种类

（一）国际技术许可合同的含义

国际技术许可合同是国际技术贸易的一种最主要形式。所谓"国际技术许可合同"，又称许可协议，是指技术所有人作为许可方（出让方），签订许可合同。将其所拥有的技术授予被许可方，允许被许可方按照合同约定的条件使用该项技术，制造或者销售合同产品，并由被许可方支付一定数额的使用费的技术转让行为。它是国际技术转让主要和基本的形式，是平等当事人之间的一种授权协议，而非代表法律所赋予某个当事人为某种行为的资格。

（二）国际技术许可合同的分类

国际技术许可合同根据不同的划分标准可以分为以下几个不同的种类：

1. 根据具体合同客体的不同，分为专利许可合同、商标许可合同、专有技术许可合同和混合许可合同

（1）专利许可合同，这类许可合同的目的是许可使用专利保护的发明。

（2）商标许可合同，即以使用商标和商标项下的技术作为合同的标的。在国际许可证贸易中，商标许可证协议包含一定的技术贸易内容，假冒商标，一般都不能达到原商标的质量标准。

（3）专有技术许可合同，实践中，专有技术在很多情况下被采用。故在引进专利技术的同时，一起引进专有技术。技术专利人往往保留了关键性的技术。凭专利公开的说明书，并不能使采用该技术的人顺利使用。所以只有引进专有技术，才能真正把生产需要的各项先进技术、经验和知识引进来，达到预期目的。

（4）混合许可合同，是指包含以上技术转让许可标的的两项以上的合同。应当指出，在国际技术许可合同中最常见的就是这种混合许可合同。

2. 根据被许可方对许可方的技术使用权所享有的专有程度和范围，可分为独占许可合同、排他许可合同、普通许可合同、交换许可合同

（1）独占许可合同，是指许可方许可对方在约定的某一地区内和合同有效期间，对许可项下的技术享有独自占有和使用权。在签订这种协议的情况下，不论任何第三者还是许可方都不得在该许可证有效期内，在该地区内使用该项技术制造或销售产品，尽管工业产权的属于许可方。此合同可使受让方以合同项下技术产品垄断市场，故售价较高。

（2）排他许可合同，又称独家许可证，是指被许可方合同约定的某地区和合同有效期内，对许可证项下的技术享有独占的使用权，许可方在合同期间不再允许任何第三者拥有使用权，但许可方自己仍可在该地区使用该项技术制造或销售产品。由于被许可方通过该合同所获得的该技术的使用权利比独占许可证要小，因此其技术使用报酬比独占许可低。

（3）普通许可合同，其主要特点是，第三方可以取得许可证项下的技术使用权，因此它是指除了合同双方在约定地区内，对许可项下的技术享有使用权外，许可方还有权将该合同许可项下的技术使用权再卖给第三者。该许可证的价格一般要比前两种低。

（4）交换许可合同，双方可以按价值相等的技术，交叉取得双方的技术使用权，因此，在使用该许可证时，可以根据以上四种许可证的许可权限，明确约定各方的责任范围和权利范围。

此外，根据被许可方是否将许可方使用的技术进行再次转让，划分为可转让的许可合同和不可转让的许可合同两种。

二、国际技术许可合同的主要条款

订立国际许可合同，是一项意义重大的法律行为，因为合同的内容和条款，是确立合同当事人之间权利义务关系的依据。订立国际许可合同，与订立其他国际经济合同一样，也要遵循有关国家的合同立法，在合同订立过程中充分体现平等互利的原则。由于国际许可合同有多种类型，不同类型的合同所涉及的问题也各有特点，因此合同的内容必然存在着许多差异。但无论是哪一种类型的国际许可合同，都会对一些国际许可合同共同性的问题作出规定，这些规定便构成了国际许可合同的主要条款。一般的说，国际许可合同的条款包括商务性条款、技术性条款和法律性条款这三大类型。

（一）商务性条款

商务性条款主要包括合同名称、当事人、签约时间与地点、序言、定义、合同价格、支付方式等几项内容。由于这几项内容偏重于商务方面的问题，与国际商务惯例有直接关系，因此称其为商务性条款。

1. 合同名称与当事人条款

合同名称必须明确且确切反映合同的性质、特点与内容，并注明编号，便于归档和查阅。当事人条款须写明双方当事人的全称、法定地址、法律地位以及经营业务范围。

2. 签约时间与地点条款

该条款是决定有关合同生效与否、合同履行的时间地点与是否违约、争端解决的司法管辖权与法律适用、诉讼时效的重要条款，必须明确真实地写明签订合同的时间、地点。

3. 鉴于条款（Whereas Clause）

一般在该条款中开宗明义地阐明交易双方订约的目的、愿望以及转让技术的合法性和是否具有实际生产经验等。鉴于条款在许可合同中十分重要，它的作用主要在于：

第一，要双方作出某些保证和背景说明，一旦日后发生争议而提交仲裁或诉讼时，法院可据此判定和解释双方进行交易的关系和意图的真实性，或解释某些条款。

第二，说明转让方是否拥有或控制所转让的技术，这直接与转让方承担的责任和保证有关；同时，也用以说明引进方接受技术的愿望。

第三，如果在合同中签约公司与履约公司不同，则应该说明其关系；如与其他合同有联系，则应说明各合同间的关系。

4. 定义条款

在国际许可合同中会涉及许多关键性的词语，由于当事人所处的国家不同，对这些词语的理解往往不同，所以在此条款中应对合同中所涉的名词、术语进行明确的定义，尤其对一些容易引起争议的、比较含混、模糊的和不同于一般使用意义上的名词术语，应作出共同的解释，且双方对此应该达成一致的理解，以免日后发生因对这些关键词语定义的理解分歧而影响双方的合作。

5. 合同价格条款

价格是许可合同的重要内容，价格条款一般应包括计价的方法、合同的金额、使用的货币等主要内容。在实践中，计价方式一般分为以下几种：

（1）统包价格，是指在签订合同时，将各项技术项目应该支付的一切费用，包括技术转让费、技术资料费、人员培训费以及技术服务费等一次算清，并根据其总额约定一个固定金额。付款时这笔使用费可以一次付清，也可以分期支付。这种计价方式中受方风险很大，即使引进技术投产后效益不佳，仍然要按合同约定支付全部使用费。

（2）提成价格，是指在合同中并不规定合同的总价，而是规定计算技术使用费的方法。通常是在技术投入使用后，按每年生产产品的产量、销售价格或销售产品所获得的利润来确定应支付的技术使用费。这种计价方式供方具有较大的风险，如果技术引进投产后效益不佳，其所得的技术转让费将会直接受到巨大影响。

（3）入门费加提成费，是指合同签订后，受方按照约定付给供方一笔数额固定的费用，然后在项目投产后的一定年限内支付约定的提成费。这种支付方式供方和受方的权利和义务相对较为平衡，兼顾了两者的利益，因此是国际许可合同中常用的付费方式。

6. 支付条款

支付条款包括支付货币、支付方式、付款单据等内容。通常情况下，付款使用的货币与计价货币是同种货币；若两者不相同时，一般应在合同中规定兑换率或兑换依据。支付方式通常是汇付、托收、信用证。付款单据一般有商业发票、即期汇票、提单、银行保函等。

(二)技术性条款

技术性条款一般包括合同的标的、授权范围、技术资料的交付、技术服务与人员培训、保证与索赔等具体内容。

1. 合同标的条款

在合同中要明确，转让方向受让方转让的是专利技术、专有技术、商标还是计算机软件等技术，还必须明确规定转让方在合同中对技术、商标、软件等所承担的责任与义务。具体应该包括：(1)合同标的名称、规格与型号、生产规模、产品种类与质量；(2)主要经济技术指标、原材料消耗定额(如对水、电、煤等的要求)；(3)转让方提供的设计图纸和数据、生产工艺的资料与说明；(4)合同标的为专利技术时，列明专利批准的时间、批准机关、专利编号、专利的范围、保护地区和有效期；(5)转让方提供技术服务时，要明确技术服务的项目与内容。

2. 授权范围条款

在此条款中应该明确规定转让方授予受让方的基本权利，具体包括：(1)授权的性质，也就是要明确转让方授予受让方的使用权是独占许可、排他许可还是普通许可；(2)授权的期限，也就是要明确转让方对合同标的行使使用权以及相关权利的时间范围；(3)授权的范围，也就是要明确受让方可以将许可合同项下的技术、商标或者软件用于何种目的以及其适用范围，并明确受让方对合同标的享有使用权、制造和销售合同产品的权利以及在何种地域范围内享有这些权利；(4)再转让的权利，也就是要明确受让方是否享有对技术、商标或软件使用权再转让的权利；如果其享有此项权利，还应明确受让方与转让方对再转让收益的分配方式。

3. 技术资料交付条款

技术资料交付是国际技术贸易的重要环节。技术转让方出让技术，要靠技术资料来表达和说明；技术受让方获得技术，也要靠吸收和消化技术资料来实现。因此，在许多国际许可合同中把技术资料的交付作为一项独立的条款，明确规定技术转让方交付技术资料的具体责任。在订立这一条款时，应注意明确技术资料支付的时间、地点和条件；技术资料的包装要求；技术资料短损的补救方法；技术资料使用的文字、技术参数的度量衡制度等。

4. 技术服务与人员培训条款

技术受让方仅仅获得一些技术资料往往还是不够的，因为技术资料不可能将制造产品的全部技术包罗进去，大量的实际操作经验，很难完全用技术资料表达出来。要真正掌握被许可技术，受让方还需要转让方的技术指导和服务以及对受让方人员的培训。人员培训通常有两种方式：一是将自己的人员派往转让方的工厂或车间等场所实习培训；二是转让方派有关的技术人员到受让方处讲课，指导实际操作，进行现场培训。无论采取何种方法，在合同条款中，都要把人员培训的目的、范围、内容、方法、人数、专业、工种、时间和实施的条件规定清楚，明确双方的责任，以免影响培训的效果。

5. 保证与索赔条款

在国际许可合同中，受让方使用的技术和资料都是转让方提供的，能否达到预期的技术效果，主要取决于转让方提供的技术是否成熟可靠，资料是否详细和完整，技术服务和人员培训是否认真和适时。因此，应该在合同中要求转让方作出一定程度的保证。保证主要有以下三种：

（1）对技术资料的保证。转让方应保证按合同规定的时间和内容交付资料；保证提供的资料是转让方实际使用的最新技术资料；保证提供的资料是完整、可靠、正确和清晰的；保证向受让方及时提供任何改进和发展的技术资料。转让方还要保证如果交付的资料内容上有错误或数量上有短缺时，要按期更换和补齐。

（2）对合同产品性能的保证。转让方对产品性能承担的保证责任主要是保证受让方在正确使用转让方提供的技术资料后能生产出符合合同规定的产品；保证向受让方提供合同产品考核验收时所需要的资料和标准；保证在产品达不到合同规定时能与受让方友好协商，共同分析原因，采取措施，争取再次考核时能达到合同要求。

（3）对技术服务和人员培训的保证。转让方应保证按照合同规定派出合格的、有能力的人员为受让方提供技术服务，保证其技术人员在技术服务过程中能认真地传授技术、耐心地回答受让方提出的技术问题；保证向受让方的培训人员提供合同规定的培训内容和培训过程中需要的有关资料。

以上就是合同中的保证条款，如果这些条款未能履行，在法律上就构成违约，受损害的一方就有权要求违约的一方承担赔偿责任，所以在合同中还要规定具体的索赔条款。索赔的主要方式是罚款。罚款一般可分为对技术转让方迟交技术资料的罚款和对合同产品达不到性能指标要求的罚款两种。但在拟定该条款时，技术受让方要注意要求转让方所作的技术保证要合理，以保证受让方获得可靠、适用的技术和按时获得技术资料为限，罚款额也不宜规定得过高，否则转让方承担的风险较大，自然会把这部分风险转嫁到技术使用费中，从而提高技术使用费的报价。

（三）法律性条款

法律性条款主要包括侵权和保密、不可抗力、争端解决、合同生效、合同的续展和终止以及其他几个方面的内容。这些条款不仅要遵守本国法的规定，还要遵守一些国际条约的规定，所以人们习惯上称其为法律性条款。

1. 侵权与保密条款

国际许可合同中的侵权行为主要有两种情况。第一是转让方转让技术的行为可能引发侵权行为，受让方利用转让方的技术制造出产品后，受到第三人的指控认为侵犯其专有权利。因此，在签订许可合同时，一定要把此种侵权责任划分清楚。通常在侵权的条款中规定，转让方的专利技术、资料或服务等一旦发生侵犯任何第三方的专有权利的情况，转让方应该负责与侵权有关的一切谈判事宜，并承担由此引起的一切法律诉讼费用和经济责任，受让方对此不承担任何责任。第二是在合同期间，第三人的行为侵犯了转让方的专有权利。一般来说转让方负有保护和维持技术权利合法的义务，是提起侵权诉讼的主要主体。但如果转让方和受让方对第三人的行为是否构成侵权的认识不一致，或者转让方因为其他原因不愿意起诉时，在独占许可的情况下，受让方有权自行起诉并承担全部法律后果；在普通许可的情况下，转让方仍与受让方一起负有制止第三人侵权的义务。

在许可合同中，保密条款是另一个双方都十分关心的问题。在以专利技术为标的的许可合同中，技术转让方在申请专利时往往对该技术的一些关键性诀窍加以保密，以增强其对该专利技术的控制；在专有技术的许可合同中，保密更是技术转让方所关心的问题。因此，保密问题在转让方和受让方进行磋商时就开始出现，通常在实践中双方都是在谈判前先签订一项保密协议，这样即使谈判失败，受让方也有保密的义务。保密条款一般包括保密对象、保密期限、保密责任等。

2. 不可抗力条款

不可抗力是指合同签订后，不是由于转让方和受让方的过失，而是由于发生了双方都无法预见和无法预防的意外，致使合同不能执行或不能按期执行。在这种情况下，遭受不可抗力的一方可免除责任，另一方亦无权提出索赔。这是国际贸易中的惯例。

不可抗力条款中一般应说明不可抗力事件的范围，即哪些事件属于不可抗力。一般常见的有战争、严重的火灾和水灾、台风、地震等。不可抗力条款还应注明发生不可抗力事件时，当事双方应采取的行动和措施，例如遭受不可抗力事件的一方应履行及时通知和提供证明的义务，允许遭受不可抗力事件的一方延迟履行合同的最长时间限度等。

3. 争端解决条款

在合同中应明确规定一旦发生争议，将如何解决。在当前的国际贸易中，争端解决的办法通常有三种：一是双方友好协商解决或通过第三者调解解决，二是提交仲裁机构裁决，三是通过司法诉讼手段解决。友好协商和调解是不拘形式的，可由当事双方临时决定，不需要在合同中专门规定程序，比较适合一些小的争议。而司法诉讼途径由于国际许可合同涉及不同的国家不同的法律体制，因此很难在合同中达成一致意见。而仲裁由于其具有保密、快捷、灵活、公正等特点，在国际贸易中受到越来越广泛的应用。

若在合同中双方约定将可能产生的争议提交仲裁解决，则同时也应明确规定仲裁的地点、机构、程序、裁决的效力和仲裁费用的负担等问题。当前国际上从事经济贸易仲裁业务的专门机构很多，例如我国的国际经济贸易仲裁委员会、瑞典商会仲裁院、瑞士商会、日本的国际商事仲裁委员会等都是在国际上享有盛名的仲裁机构。关于仲裁地点的选择，可根据合同的具体情况来决定。一般在合同的仲裁条款中还应明确规定，仲裁裁决是终局裁决，对双方均有约束力，必须立即执行。

4. 合同生效条款

目前，国际上大多数国家的法律都规定，国际许可合同必须经过国家有关主管机构的审查批准才能生效，因此，合同的生效时间和签署的时间往往并不一致。通常，在签署合同之后法律规定的若干时间内，由当事人将合同呈报政府主管部门批准之日方为合同的生效之日。自合同生效日起，双方当事人才开始享受权利和承担义务。

5. 合同的续展和终止

合同有效期临近届满之前，当事人可根据双方在合同有效期内合作的情况、技术发展的趋势、专利保护的期限等协商延长合同的有效期。合同续展有两种处理办法：一是在合同中订立专门的续展条款，规定合同延长的条件；二是在合同中不作明确规定，届时双方根据实际需要进行协商。值得注意的是，合同的当事人协商续展合同后，按照规定需要审批的仍需要报请政府有关部门批准才能生效。

合同的终止有两种情况，一种是合同有效期满或自然终止，另一种是合同有效期未满，因一方违约或其他原因造成的中途终止。自然终止，双方履行了合同规定的权利和义务，交易即告成功；中途终止需要根据其原因进行善后处理，此时就涉及合同的保证、索赔、不可抗力等条款中的具体内容。

第三节　国际技术贸易合同中的限制性商业条款及其法律规定

一、限制性商业条款的概念和特征

(一)限制性商业条款的含义

限制性商业条款(Restrictive Business Clauses)也称限制性条款，目前国际上对其还没有统一、明确的定义，主要是发达国家与发展中国家之间存在分歧。发达国家认为凡是在国际许可合同中出现的构成或导致市场垄断、妨碍自由竞争的条款都属于限制性商业条款。发展中国家则认为不仅构成或导致市场垄断、妨碍自由竞争的条款属于限制性商业条款，有些条款虽然不一定导致垄断、削弱竞争，但显然不利于技术接受方经济、技术发展的也应属于限制性条款。

1980 年，联合国制定的《一套多边协议的控制限制性商业惯例的公平原则和规则》指出，限制性商业惯例是指企业的下述行动和行为：通过滥用或谋取滥用市场力量的支配地位，限制进入市场或以其他方式不适当地限制竞争，对国际贸易，特别是发展中国家的国际贸易及其经济发展造成或可能造成不利影响；或通过企业之间的正式或非正式、书面或非书面的协议或其他安排造成了同样的影响的一切行动或行为都称为限制性贸易做法。这些限制性贸易做法被订进合同中则是限制性条款。

综上所述，所谓的限制性商业条款，是指在国际技术贸易合同中，许可方以谋取高额利润为目的，通过滥用专利等知识产权或以其他不正当竞争关系等方式，不合理地利用谈判中的优越地位，对被许可方施加的不合理的权利限制条款。

(二)限制性商业条款的特征

限制性条款实际上是以保护行使专利、商标等合法权利为借口，以获取高额利润为目的，而不合理地滥用市场力量的支配地位，限制竞争，向其潜在竞争对手提出的一种单向权利限制。因此，具有如下三个特征：

1. 不合理性

限制性条款不适当地扩大独占权范围，构成权利的滥用，表现为超越了工业产权等权利保护范围、进行不合理的或没有有正当理由的限制。

2. 不平等性

限制性条款是一种主要由许可方对被许可方施加的单方面权利限制的行为，因此具有不平等性。

3. 不合法性

限制性条款是一种违反有关法律规定的行为，因而具有违法性。

二、限制性商业条款的种类

一般认为，以下做法或约定应视作限制性条款：

(一)不竞争条款

许可方要求被许可方只能通过许可方获得所需技术，限制被许可方通过其他渠道获得与许可方类似的技术，或者从许可方的竞争者获得与许可方同样的技术。甚至有的还限制被许可方与许可方的竞争者或者其他第三者签订有关产品销售、原材料购买等协议。

这类条款违反了缔约自由的原则，限制了被许可方获得所需技术的选择自由，进而也限制了被许可方与许可方之间的竞争。

(二)搭售条款

许可方在合同总规定被许可方在取得所需技术的同时，必须同时接受已经过时的工艺、设计，或者被许可方并不需要的设备、零部件和服务等。

这种一揽子交易的限制性规定，剥夺了被许可方选择交易标的的权利，具有硬性搭售的不合理性质。

(三)限制研究和发展条款

许可方在合同中规定被许可方只能使用转让技术，但不得对转让的技术进行改进和更新，使之更好适应被许可方的生产需要；也不得从事新产品、新工艺的研究和发展。

这类条款阻碍了技术的进步，具有明显的不合理性。

(四)回售条款

许可方要求被许可方将取得技术后作出改进的技术无偿的或者非互惠的提供给许可方；而许可方并没有将其自己改进的技术提供给被许可方使用的义务。有的甚至还会规定，被许可方改进的技术的所有权属于许可方所有，被许可方只享有使用权。这类条款是典型的不平等条款。

(五)限制生产能力和产品价格条款

许可方在合同中规定被许可方利用转让技术的生产产品的数量及价格。这类条款已经超出了技术独占性范围，如无正当理由，原则上属于不合理的限制。

(六)不合理的出口限制条款

出口限制条款的形式主要有：(1)在无正当理由的情况下，许可方在合同中规定被许可方出口使用转让技术生产的产品必须经许可方同意；(2)或者对出口合同产品施行地区、数量或出口渠道的限制；(3)或者通过规定出口合同产品的价格必须事先取得许可方统一的方法，间接限制被许可方出口合同产品；(4)或者规定合同产品的包销权或独家代理权必须授予许可方等。出口限制条款是我国技术引进中最常见的一种限制性条款。

(七)经营管理限制条款

许可方要求被许可方提供合股资本，共同经营，或者由许可方委派若干人员参与被许可方的经营管理，以此作为转让技术的先决条件。这显然超出了技术独占性范围。

(八)对技术人员使用限制条款

许可方要求被许可方不得使用当地的技术人员，或者在一些关键性生产部门必须使用许可方指定的技术人员而不得任用受让方自己的技术人员，但许可方为了保证技术转让的质量和开始使用时的效率而有此需要的除外。

(九)技术适用范围限制条款

许可方在合同中规定被许可方使用转让技术的范围和合同产品的范围。这一规定限制了被许可方将引进技术运用到其他领域，造成人为的障碍。

(十)工业产权失效后支付条款

许可方要求被许可方在其引进的专利技术期满后或专有技术失效后还要继续承担支付义务，或者禁止被许可方继续使用上述技术。

(十一)不质疑条款

许可方要求被许可方对所转让的专利或者其他工业产权的有效性不得提出异议。

三、关于限制性商业条款的法律规定

(一)限制性条款产生的原因

国际技术贸易中存在着各种限制性贸易的做法，其产生的原因是多种多样的。有的是出于正当的动机，如出于维护产品的质量和声誉的考虑；有的则是利用经济地位的不平等，甚至是利用对方的无知，通过不合理的合同条款谋取更大的商业利润。

(二)各国对待限制性条款的态度

各国法律并非一概禁止限制性，而都以禁止或限制不合理的技术贸易为限。但由于各国在经济、政治和法律等方面存在差异，因此在评判限制性条款的规定方面也存在分歧。

1. 发达国家坚持竞争标准

即以对竞争是否具有限制作用作为衡量限制性条款的标准，如果合同条款对竞争起着限制作用，就属于限制性条款。

2. 发展中国家则主张发展标准

即以是否不合理阻碍技术进口方所在国的经济与技术发展作为衡量限制性条款的标准，如果合同条款中存在不合理限制进口方所在国的经济、技术的发展，就属于限制性条款。

(三)限制性条款的认定

世界知识产权组织(WIPO)在20世纪80年代初提出的《技术转让合同管理示范法》

第 305 条列出了以下 17 种限制性交易条款，并规定如果技术引进合同包含其中的任何一条款，该国主管机关就可以要求当事人修改，否则对有关合同不予登记。

（1）要求受方进口在本国即能够以相同或更低代价取得的技术；

（2）要求受方支付过高的使用费；

（3）搭卖条款；

（4）限制受方选择技术或选择原材料的自由（但为保证许可证产品质量而限制原材料来源的情况除外）；

（5）限制受方使用供方无权控制的产品或原材料的自由（但为保证产品质量而实行这种限制的除外）；

（6）限制受方把按照许可证生产的产品大部或全部出售给供方或供方指定的第三方；

（7）条件不对等的反馈条款；

（8）限制受方产量；

（9）限制受方出口自由（但在供方享有工业产权地区不在此列）；

（10）要求受方雇佣供方指定的、与实施许可证中技术无关的人员；

（11）要求受方研究与发展所引进的技术；

（12）限制受方使用其他提供的技术；

（13）把许可协议范围扩大到与许可证目标无关的技术，并要求受方为这类技术支付使用费；

（14）为受方的产品固定价格；

（15）在受方或第三方因供方的技术而造成损害时，免除或减少供方的责任；

（16）合同期届满后限制受方使用有关技术的自由（但未到期的专利除外）；

（17）合同期过长（但只要不超过所提供的专利的有效期，即不能认为是"过长"）。

上述 17 种条款都不同程度地反映了反垄断法领域所要规制的各种限制竞争行为，包括固定价格、划分市场、维持转售价格、搭售、不公平定价、超高定价、掠夺性定价、选择性交易等。

我国《技术进出口管理条例》限制性贸易条款包括：

（1）要求受让人接受并非技术进口必不可少的附带条件，包括购买非必需的技术、原材料、产品、设备或者服务；

（2）要求受让人为专利权有效期限届满或者专利权被宣布无效的技术支付使用费或者承担相关义务；

（3）限制受让人改进让与人提供的技术或者限制受让人使用所改进的技术；

（4）限制受让人从其他来源获得与让与人提供的技术类似的技术或者与其竞争的技术；

（5）不合理地限制受让人购买原材料、零部件、产品或者设备的渠道或者来源；

（6）不合理地限制受让人产品的生产数量、品种或者销售价格；

（7）不合理地限制受让人利用进口的技术生产产品的出口渠道。

☞【案例】

　　1991 年 8 月，我国某技术设备公司（受让方）与德国某有限公司（转让方）签订了一份引进新型液压泵生产设备和制造该新型液压泵专有技术的合同，主要有以下规定：

　　1. 转让方在 1992 年 5 月前将受让方所需的一整套新型液压泵生产设备装船运至中国大连港。

　　2. 在受让方收到约定设备后，转让方将派遣技术人员指导中方人员对该设备的操作，并负责培训中方人员掌握合同技术。

　　3. 技术资料随进口的液压泵设备一起交给受让方。

　　4. 只有与转让方的利益无冲突时，受让方可以向总部在中国以外的液压泵用户销售液压泵；是否与转让方的利益存在冲突，由转让方单方决定。

　　5. 受让方应付引进设备的费用总额为 36.75 万亿元，技术资料及人员培训费 19.35 万元，合同价格共计 56.1 万元。

　　受让方在签订合同前对合同条款没有进行认真审查，到合同实际履行过程中才发现，上述第四项合同内容几乎将受让方出口该合同产品的权利剥削殆尽。受让方要出口合同产品，都必须得到转让方的同意，而转让方为了维护己方的国际市场，必然会以该项出口与转让方的利益冲突为由，拒绝同意受让方出口该合同产品，即使同意，也会借机索取高额补偿费用。

　　于是受让方试图与转让方磋商，以求修改合同中这一不公平条款，遭到转让方拒绝。受让方遂诉至法院，以显失公平和转让方有益欺诈意图为由，请求法院认定该合同无效。

　　在法院审理过程中，经过长时间的谈判，双方最后达成庭外和解：转让方同意取消该争议条款，受让方向转让方支付 12 万元的补偿金。

　　本案主要的争议为：合同中有关产品出口的条款是否为不合理的限制性条款。

第十一章　票　据　法

☞【学习目标】
1. 掌握票据的概念和特征、票据法律关系、票据责任
2. 掌握票据的种类、票据行为
3. 运用《票据法》理论知识指导、解决票据纠纷

第一节　票据法律制度概述

一、票据与票据法

(一)票据的概念、特征、功能

1. 票据的概念

票据，是商业活动中广泛使用的一种重要支付工具。"票据"一词，有广义、狭义之分。

(1)广义的票据，泛指所有商业上的凭证，如股票、债券、发票、提单、仓单、保单等。

(2)狭义的票据，仅指出票人依据《中华人民共和国票据法》(以下简称《票据法》)签发的、由本人或委托他人在见票时或者在票载日期无条件支付确定金额给持票人的有价证券。《票据法》所称的票据是指狭义的票据。根据《票据法》的规定，票据是指汇票、本票和支票。

2. 票据的特征

票据作为有价证券的一种，与其他有价证券相比，具有如下法律特征：

(1)票据是设权证券。设权证券是指持票据者凭票据上所记载的权利内容，来证明其票据权利以取得财产。票据做成前，票据权利不存在，票据权利是依票据的做成同时发生的。票据权利随票据的转移而转让。没有票据，就没有票据上的权利。票据的作用在于创设一定的权利。因此，票据为设权证券。

(2)票据是流通证券。票据具有流通性，票据在到期前，可以通过背书和交付而转让，并可以在市场上自由流通。

(3)票据是要式证券。票据必须根据法律规定方式做成才能有效。票据上必须载明名称、金额、收付款银行、支付日期等，否则票据无效。票据行为还必须按一定的程序进行，并办理必要的手续。

(4)票据是文义证券。票据上的权利义务必须以票据上的文字记载为准。有关债权人或票据债务人，均应当对票据上所记载的文义负责，不得以任何方式和理由变更票据上文字记载的意义。

(5)票据是无因证券。票据根据一定的信用行为等原因而产生，它的设立是有因的。但是，票据的流通是不问其产生的原因的，它在流转过程中只要具备要式，票据权利人行使权利时无须证明其取得票据的原因，票据债务人无条件支付即可。票据上的法律关系只是单纯的金钱支付关系，至于票据设立的原因及其是否有瑕疵，对票据上的法律关系没有任何影响。因此，票据一经转让，持票人可不问前手当事人之间有无契约纠纷，即有权要求付款人按期无条件付款。

(6)票据是债权证券。根据证券上的权利所表示的法律性质的不同，证券分为物权证券、股权证券和债权证券三种。物权证券是证明物权的，如提单、仓单等；股权证券是证明股东权利的，如股票；债权证券是证明债权的，票据权利人对票据义务人行使付款请求权和追索权。

3. 票据的功能

(1)支付功能。票据可以通过背书作多次转让，是市场上一种流通的支付工具。票据作为支付工具，可以减少现金的使用。以票据作为支付工具，代替现金支付，可以达到迅速、准确、安全的目的。

(2)信用功能。票据是建立在信用基础上的支付凭证，由于《票据法》规定了对票据债务人抗辩的种种限制和对票据债权人的严密保护，票据成为一种可靠的信用工具，在商品交易中被广泛地运用。

(3)汇兑功能。在商事活动中，商人之间的结算主要是凭借票据的汇兑功能，以解决异地之间现金支储在空间上的障碍，用以了结相互之间的债权债务。

(4)融资功能。票据的融资作用主要通过票据贴现来实现。票据贴现是以未到期票据向银行售换现金。银行按市场利率，先行扣取现日至到期日的利息，而后以票面金额付给持票人。银行以贴现方式收下票据，可再向中央银行或其他银行贴现以取得资金，称为"再贴现"。票据贴现，解决了资金流转的困难，使票据持有人的资金从票据债流的形式转变为现金形式，从而加速资金周转，促进经济的发展。

(二)票据法的概念及我国的票据立法

票据法也有广义、狭义之分。广义的票据法，是指一切有关票据的法律规范的总称。除包括狭义的票据法外，还包括民法、刑法、民事诉讼法、破产法、银行法以及其他法律法规中有关票据的具体规定。狭义的票据法，是指专门调整票据关系的法律，它是规定票据的种类、形式和内容，明确票据当事人之间的权利义务，调整因票据而发生的各种社会关系的法律规范。

20 世纪 80 年代票据的使用开始在我国有了较大的发展。1988 年 12 月中国人民银行颁布了《银行结算办法》(现已废止)，规定全面推行银行汇票、商业汇票、银行本票、支票，并规定了个体工商户和个人可以使用支票。1993 年 5 月中国人民银行发布了《商业汇票办法》(现已废止)，从而使我国的票据立法渐入正轨。1995 年 5 月 10 日第八届全国人民代表大会常务委员会第十三次会议正式通过《票据法》，于 1996 年 1 月 1 日起施行，2004 年 8 月 28 日第十届全国人民代表大会常务委员会第十一次会议对《票据法》进行了修正。

二、票据的当事人

票据的当事人可以分为两类：基本当事人和非基本当事人。基本当事人即在票据做成和交付的时候就已经存在的当事人。非基本当事人是指在票据做成并交付后，通过一定的票据行为加入到票据关系而享有一定权利、承担一定义务的当事人。

票据的基本当事人包括出票人、收款人和付款人；非基本当事人包括承兑人、背书人、被背书人和保证人等。

三、票据行为

(一)票据行为的概念

票据行为，是指票据当事人以发生票据债务为目的的、以在票据上签名或盖章为权利与义务成立要件的法律行为，包括出票、背书、承兑、保证和付款。

(二)票据行为的法律特征

1. 要式性

票据行为的要式性，是指票据行为均具有法律规定的行为方式与效力，不允许行为人任意选择或变更。票据行为要式性的目的在于使票据的款式明确统一，易于当事人辨别票据上的权利与义务，从而促进票据的流通。

2. 无因性

票据行为的无因性，是指票据行为具备法定形式有效成立后，即与其基础关系相分离，即使基础关系存在瑕疵或无效，对票据行为的效力均不产生影响。

3. 文义性

票据行为的文义性，是指票据行为的内容及效力范围，由票据上所记载的文义构成并加以确定，即使票据记载与实际情况不符甚至出现错误，也不允许当事人以票据外的证明方法来变更或补充。

4. 独立性

票据行为的独立性，又称票据行为独立原则，是指同一票据上如有数个票据行为时，各票据行为均依其票据上所载文义，分别独立发生效力，其中一个行为无效，不影响其他行为的效力。

(三)票据行为的要件

票据行为是《票据法》上的要式行为，除应具备民法上规定的一般法律行为的要件外，还应当具备《票据法》规定的要件。这些要件分为实质要件和形式要件两种。

实质要件包括：(1)行为人须具有票据行为能力。《票据法》规定，无民事行为能力人或者限制民事行为能力人在票据上签章的，其签章无效。(2)行为人的意思表示须合法、真实。以欺诈、偷盗或者胁迫等手段取得票据的，或者明知有前述情形，出于恶意取得票据的，不得享有票据权利。

票据行为除具备实质要件外，还要符合《票据法》规定的形式，才能产生《票据法》

上的效力。这些形式要件主要包括：（1）票据行为必须以书面形式和法定格式做成方得发生效力。票据凭证的格式和印刷管理办法由中国人民银行规定。票据当事人应当使用中国人民银行规定的统一格式的票据，未使用按中国人民银行统一规定印制的票据，票据无效。（2）票据的记载事项要符合法律规定。按票据记载事项的效力不同，将其分为应记载的事项、得记载的事项、不产生票据法效力的记载事项和不得记载事项四类。

票据签章是各种票据行为的共同要件。任何一种票据行为都必须由行为人在票据上签章方为有效。签章是指签名、盖章以及签名加盖章。法人或其他单位使用票据时，签章为该法人或该单位的盖章加其法定代表人或得其授权之人签章。另外，票据上的签名，须为该当事人的本名。

四、票据权利

（一）票据权利的概念

票据权利，是指持票人向票据债务人请求支付票据金额的权利，包括付款请求权和追索权两种。其中，付款请求权是第一次请求权，追索权是第二次请求权。持票人必须首先行使付款请求权，只有在付款请求权不能实现时，才能行使追索权。

（二）票据权利的内容

1. 付款请求权

付款请求权，是指票据债权人请求票据主债务人或其他付款人按照票据所载金额支付金钱的权利。付款请求权是第一次请求权。

2. 追索权

追索权，是指当持票人的第一次请求权不能实现，即债权人行使付款请求权而遭拒绝或者因其他法定原因而不能实现时，在保全票据权利的基础上，向除主债务人以外的前手（包括出票人、背书人、保证人）请求偿还票据金额及其损失的权利。如经持票人追索，被追索人作了清偿，那么他对另外的相对人可再行使追索权，这种权利被称为再追索权。

追索权一般应在票据到期不付款时才能行使。但根据《票据法》规定，票据到期日前，有下列情形之一的，持票人可以行使期前追索权：汇票被拒绝承兑；承兑人或者付款人死亡、逃匿；承兑人或者付款人被依法宣告破产或者因违法被责令终止业务活动。

追索人请求的债权金额包括被拒绝付款的票据金额、票据金额自到期日或者提示付款日至清偿日止的利息以及取得有关拒绝证明和发出通知书的费用。再追索权请求的债权金额包括已清偿的全部金额、该金额自清偿日起至再追索清偿日止的利息以及发出通知书的费用。

（三）票据权利的取得与限制

1. 票据权利的取得

票据权利一般可从以下三个途径取得：一是从出票人处取得；二是被背书人从背书人处取得，因为票据经背书可以转让他人，所以，只要背书连续，被背书人取得了票据，即取得了票据权利；三是依照法定方式，如因税收、继承、赠与、投资分红等原因取得。

2. 票据权利取得的限制

占有票据是取得票据权利的标志，因而为了防止通过不合法手段占有票据的行为，我国《票据法》对票据权利的取得有两项限制：（1）以欺诈、偷盗或者胁迫等手段取得票据的，或者明知有前列情形，出于恶意取得票据的，或者有重大过失取得票据的，不得享有票据权利。（2）以无偿或者不以相当对价，取得票据的，不得享有优于其前手的票据权利。

3. 票据权利时效

时效是指法律所确认的某种权利取得以行使的时间范围。为了有利于票据的有序流通，《票据法》对票据权利的行使时间作了规定，如果持票人在法定时间内不行使票据权利，时间届满，其票据权利即告消灭。具体规定如下：

持票人对票据的出票人和承兑人的权利，自票据到期日起2年。见票即付的汇票、本票，自出票日起2年。

持票人对支票出票人的权利，自出票日起6个月。

持票人对前手的追索权，在被拒绝承兑或者被拒绝付款之日起6个月。

持票人对前手的再追索权，自清偿日或者被提起诉讼之日起3个月。

（四）票据丧失与补救

1. 票据丧失的概念

票据丧失，是指持票人非依本人意愿而失去对票据的占有，包括绝对丧失（如毁灭、焚毁等）与相对丧失（如遗失、被窃等）。

2. 票据丧失的补救方式

（1）挂失止付。失票人将丧失票据的情况通知付款人或代理付款人，并由接受通知的付款人暂停支付的临时性救济措施。《票据法》规定，未记载付款人或者无法确定付款人及其代理付款人的票据是不可作挂失止付的。已承兑的商业汇票、支票填明"现金"字样并填明代理付款银行的银行汇票、填明"现金"字样的银行本票可以挂失止付。但挂失止付是失票人在丧失票据后可以采取的一种暂时的预防措施，以防止票据被冒领或骗取。因此，失票人既可以在票据丧失后先采取挂失止付，再申请公示催告或提起诉讼；也可以直接申请公示催告，并由法院受理后发出止付通知；或直接向法院提起诉讼。

（2）公示催告。失票人在丧失票据后，向法院提出申请，请求法院以公告的方法通知不确定的利害关系人申报权利，逾期未申报者，则权利失效，而法院通过除权判决宣告丧失的票据无效的一种制度。

（3）普通诉讼。丧失票据的失票人可直接向人民法院提起民事诉讼，要求法院判令付款人向其支付票据金额的活动。这一票据丧失补救措施属于一般民事诉讼范畴，所以被称为普通诉讼。其具体操作方法与一般民事诉讼是相同的。

五、票据伪造和变造

（一）票据伪造

1. 票据伪造的概念

票据伪造，是指假冒他人名义而实施的票据行为，包括假冒出票人的名义签发票据的行为，以及假冒他人名义而为的背书、承兑、保证等其他票据行为。票据伪造的行为特征是行为人不以自己的名义，而是假冒他人的名义进行票据行为。

2. 票据伪造的法律后果

（1）伪造人的责任。由于伪造人是以他人的名义伪造签章，而不是以自己名义进行的，因此不属于票据行为人，不承担票据上的责任；但必须承担侵权的民事责任、行政责任以及刑事责任。

（2）被伪造人的责任。被伪造人由于自己并未在票据上签章，因此也不负《票据法》上的责任。此项抗辩事由，被伪造人可以对抗一切持票人，为了保护合法持票人的合法权益，被伪造签章的人应当负举证责任，证明该伪造的签章并非自己所为。

（3）其他真实签章人的责任。由于票据行为具有独立性特点，因此，一票据行为的无效不影响其他真实签章的效力。《票据法》规定，票据上有伪造、变造的签章的，不影响票据上其他真实签章的效力。

（4）持票人和付款人的责任。票据伪造如果是出票伪造时，持票人直接从伪造人手中取得票据的，则持票人不能对被伪造人和伪造人行使票据权利，而只能依照民法上的规定请求伪造者赔偿；如果持票人的前手有在票据上真实签章的人，则持票人可以向其行使追索权。对付款人来说，如果其发现票据是伪造的，有权拒绝承兑或拒绝付款；如果付款人没有辨认出持票人所持的是伪造票据（既无恶意也无重大过失时）而对此票据付了款的，付款人的付款行为有效。付款人由此遭受的损失只能向伪造人请求民法上的损害赔偿。

（二）票据变造

1. 票据变造的概念

票据变造，是指无变更权的人对票据上除签章以外的有关记载事项进行变更的行为。

2. 票据变造的法律后果

《票据法》规定，票据上其他记载事项被变造的，在变造之前签章的人，对原记载事项负责；在变造之后签章的人，对变造之后的记载事项负责；不能辨别是在票据被变造之前或者之后签章的，视同在变造之前签章。据此规定，票据变造的法律后果主要有以下内容：

（1）变造人的责任。如果变造人属于票据行为人，则应承担票据上的责任。同时，变造人不论是否承担了票据责任，均需为变造行为承担刑事责任和民事赔偿责任。

（2）被变造人的责任。这时的被变造人就是指变造前已经在票据上签章的所有票据行为人。被变造人只对变造前的记载事项承担责任。

（3）变造后真实签章行为人的责任。票据中记载的事项已作了变更记载，在此之后的票据行为人在票据上签章的，因此，在变造后签章的人，即应对变造后的记载事项负责。

（4）其他签章人的责任。主要是指不能辨别其签章是在变造前还是变造后的签章人。根据《票据法》的规定，在这种情况下，一律推定为是在变造前进行的签章行为，行为人只对变造前的记载事项负责。

(5)持票人的责任。对持票人来讲，主要是其票据权利的大小及性质问题。持票人如果向变造前的票据行为人主张权利的，那么，只能就变造前的记载主张权利，其不足部分的权利只能向变造人行使民事权利；持票人如果是向变造人或变造后的行为人主张权利的，则有可能实现票载的全部票据权利。

第二节　汇　　票

一、汇票的概念与种类

(一)汇票的概念

汇票，是出票人签发的，委托付款人在见票时或指定的到期日，向持有票据的人无条件支付确定金额的票据。汇票在出票时有三个当事人：出票人，即签发汇票的人；收款人，即持汇票向付款人请求付款的人；付款人，即受出票人的委托向受款人付款的人。

(二)汇票的种类

1. 按出票人不同，汇票可分为银行汇票和商业汇票

(1)银行汇票，是汇款人将款项交存当地出票银行，由出票银行签发的，由其在见票时，按照实际结算金额无条件支付给收款人或持票人的票据。银行汇票，出票人是银行，付款人也是银行。

(2)商业汇票，是指由付款人或存款人(或承兑申请人)签发，由承兑人承兑，并于到期日向收款人或被背书人支付款项的一种票据。商业汇票，出票人是企业或个人，付款人可以是企业、个人或银行。按付款人的不同，商业汇票又可分为银行承兑的商业汇票和商业承兑的商业汇票。

2. 按付款日期不同，汇票可分为即期汇票和远期汇票

(1)即期汇票，就是见票即付的汇票。

(2)远期汇票，是指约定付款日期，持票人只能在约定的付款日期才能提示付款的汇票，它分为见票即付、见票后定期付款、出票后定期付款、定日付款。

3. 根据汇票上记载收款人的方式不同，汇票可以分为记名汇票、指示汇票和无记名汇票

(1)记名汇票，是指出票人在票面上明确记载收款人的姓名或名称的汇票。

(2)指示汇票，是汇票上除记载收款人的姓名或名称外，还附加有"或其指定的人"字样的汇票。

(3)无记名汇票，是指汇票上不记载收款人的姓名或名称，或只记载"付来人"字样的汇票。

按照我国《票据法》的规定，"收款人名称"属于必须记载事项，由此可见在我国是禁止使用无记名汇票的。

4. 根据是否附有包括运输单据在内的商业单据，汇票可以分为光票汇票和跟单

汇票

（1）光票汇票，是指不附带商业单据的汇票。银行汇票多是光票汇票。

（2）跟单汇票，是指附有包括运输单据在内的商业单据的汇票。跟单汇票多是商业汇票。

☞【知识拓展】

本票与汇票的区别

本票是出票人签发的，承诺自己在见票时无条件支付确定的金额给收款人或者持票人的票据。我国的《票据法》所称本票，是指银行本票，不承认商业本票。汇票是出票人签发的，委托付款人在见票时或者在指定日期无条件支付确定的金额给收款人或者持票人票据。二者之间有许多共同之处，汇票的出票、背书、付款、拒绝证书以及追索权等规定，基本上可适用于本票。

二者的区别主要有：

1. 证券性质和当事人个数不同

汇票为委付证券，本票为自付证券。本票是出票人自己付款的承诺，汇票是出票人要求他人付款的委托或指示。因此，汇票有三个当事人，即出票人、付款人与收款人；而本票只有两个当事人，即出票人（同时也是付款人）与收款人。

2. 主债务人不同

汇票为委付证券，经过承兑后，主债务人承兑人，出票人则居于从债务人的地位；本票为自付证券，出票人始终居于主债务人的地位，自负到期偿付的义务，不必办理承兑手续。

3. 有无承兑不同

本票无须承兑，汇票除见票即付的汇票外均可以或应当请求承兑；见票后定期付款的本票也无须承兑；见票后定期付款的汇票必须请求承兑，以确定汇票的到期日。

4. 有无资金关系不同

在票据的基础关系中，由于汇票为委付证券，所以一般都必须有资金关系；本票为自付证券，一般都不需要有资金关系。

5. 出票人和背书人责任不同

汇票的出票人应负担保承兑和担保付款的责任，本票的出票人应负绝对付款责任；汇票的背书人也应负承兑和付款的担保责任，本票的背书人仅负付款的担保责任。

6. 付款人的责任不同

汇票的付款人不在承兑时，可以不负任何票据责任，只有经承兑而成为承兑人后，才负付款责任；本票的出票人即为付款人，自出票之后即应负绝对付款责任。

7. 票据种类不同

在我国现行《票据法》中，本票仅指银行本票，而汇票包括银行汇票和商业汇票两种。

8. 付款方式不同

本票仅限于见票即付，而汇票可以见票即付、定日付款、出票后定期付款、见票后不定期付款。

9. 付款期限不同

本票的付款期限，自出票日起不得超过 2 个月；而汇票的付款期限无此特别限制。

10. 金额固定与否不同

本票的金额是固定的，而汇票的金额不固定。

二、汇票的出票

汇票的出票，是指行为人做成汇票并将其交给他人的一种票据行为。汇票出票必须记载的事项包括：表明"汇票"字样；无条件支付的委托；确定的金额；付款人名称；收款人名称；出票日期；出票人签章。汇票未记载上述事项之一的，汇票无效。

三、汇票的背书

背书，是指持票人依法定方式在票据的背面或者粘单上记载有关事项并签章，以实现转让票据权利或法律允许的其他目的的票据行为。背书的行为人称为背书人，接受其交付的人称为被背书人。

(一)背书的种类

1. 转让背书与非转让背书

转让背书，是指以转让票据权利为目的的背书；非转让背书，是指不以转让票据权利为目的的背书。非转让背书依其目的的不同，又可分为设质背书和委托收款背书两种。

2. 一般转让背书与特殊转让背书

一般转让背书，是指在被背书人、背书时间等方面不存在特殊情形的背书，绝大多数背书都属于此。特殊转让背书，是指在被背书人、背书时间等方面具有特殊性的背书，一般有回头背书、期后背书、限制背书三种。回头背书，是指以票据上的原债务人为被背书人的背书，回头背书的特点在于原票据债务人因背书而持有票据，成为票据权利人，因此回头背书的追偿权受到限制；期后背书指在票据被拒绝承兑、被拒绝付款或超过付款提示期限后所为的背书，《票据法》对期后背书未做规定，但期后背书的效力较弱，它没有担保效力；限制背书是在背书中附加某些特别的记载，从而对转让的票据权利给予一定限制的背书，如在背书中记载"不得转让"。其后手若再背书转让的，原背书人对后手的被背书人不承担保证责任。

3. 完全背书与空白背书

完全背书又称正式背书或记名背书，是指背书人记载背书旨意、背书人的名称并签章的背书；空白背书又称略式背书或无记名背书，是指背书人不记载被背书人的名称，仅由自己签章的背书。依据《票据法》的规定，被背书人名称是绝对应当记载的事项，如有欠缺，背书行为无效，因此我国不承认空白背书的效力。

（二）背书的记载事项

1. 应记载事项

根据《票据法》的规定，背书应记载背书人签章、被背书人名称和背书日期。背书未记载日期的，视为在汇票到期日前背书。背书在粘单上进行的，粘单上的第一记载人，应在汇票和粘单的粘接处签章。

2. 可记载事项

根据《票据法》的规定，汇票上可记载"不得转让"字样。背书人记载"不得转让"字样的汇票，不得转让，其后手若再背书转让的，原背书人对后手的被背书人不承担保证责任。

3. 不得记载事项

根据《票据法》的规定，背书不得附有条件，附有条件的，所附条件不具有汇票上的效力，但背书转让仍然有效。此外，将汇票金额的一部分转让或将汇票金额分别转让给两人以上的背书无效。

（三）背书的连续

背书的连续，是指在票据转让中，转让票据的背书人与受让票据的被背书人在票据上的签章依次前后衔接。背书连续对持票人产生权利证明的效力，持票人无须另外举证即可行使票据权利。如背书形式上不连续而实质上连续，票据并非无效，仅背书间断后的持票人不得主张票据上的权利，若持票人能以实质连续证明背书的连续，则可行使票据上的权利。就付款人来讲，对背书连续的票据进行付款的，为《票据法》上的有效支付，付款人可因此免责。

☞【思考】

2017 年 3 月，广州某公司业务员李某到河北省购买钢材，经申请开户银行开具以王某为收款人、以河北某银行为兑付行的银行承兑汇票。到河北后中间介绍人燕某称发运钢材需要以其汇票作抵押，李某遂将汇票交于燕某，之后燕某将该汇票交给钢材公司赵某作抵押。赵某得到该汇票后，将其背书给某运输公司，运输公司持该汇票到上述河北某银行要求付款，因背书不连续遭到拒绝。请问：

1. 该汇票在流转过程中背书是否连续？

2. 河北某银行是否可以拒绝付款？

四、汇票的承兑

（一）承兑的概念

承兑，是指远期汇票的付款人在票据的正面记载有关事项并签章，然后将票据交付请求承兑之人，承诺在汇票到期日支付汇票金额的票据行为。承兑是汇票上特有的制度，其意义在于确定汇票上的权利义务关系。

（二）汇票承兑的原则

1. 自由承兑原则

汇票的付款人可以依自己独立的意思，决定是否进行承兑，不受出票人指定其为付款人的限制。具体来说，自由承兑原则体现在：一是汇票上记载的付款人是否对汇票承兑，由其自由决定；二是是否将汇票提示承兑，由持票人自由决定，即持票人将汇票提示承兑是其权利，而不是义务。

2. 完全承兑原则

付款人在对汇票承兑时，应该对全部汇票金额进行承兑，而不能仅就其中部分金额承兑。我国现行《票据法》规定在持票人依法提示付款时，付款人必须当日足额付款。

3. 单纯承兑原则

付款人对汇票承兑时，完全按照汇票所记载的文义实行，不得附加条件或者改变汇票上的已有记载事项。《票据法》规定，付款人承兑汇票，不得附有条件，承兑附有条件的，视为拒绝承兑。

(三) 承兑的程序

1. 提示承兑

汇票的持票人在应进行承兑的期限内，向付款人出示票据，并要求付款人承诺付款的行为。提示既是持票人行使票据权利的表现，也是其保全票据权利的手段。提示必须依法定提示期限进行，定日付款或出票后定期付款的汇票，持票人应当在汇票到期日之前向付款人提示承兑，见票后定期付款的汇票，持票人应当自出票日起 1 个月内向付款人提示承兑。

2. 承兑或拒绝承兑

承兑与否系付款人的权利，可以承兑，也可以拒绝承兑。如付款人拒绝承兑，持票人可据此行使期前追索权；如愿意承兑，则应自收到提示承兑的汇票之日起 3 天内作出。

3. 交还汇票

付款人为承兑的意思表示一旦完结，应立即将汇票交还持票人。承兑自付款人交还汇票与持票人后即产生效力。

(四) 承兑的效力

承兑的效力在于确定汇票付款人的付款责任。一经承兑，承兑人于票据到期日必须向持票人无条件地支付汇票上的金额。承兑人的票据责任不因持票人未在法定期限提示付款而解除，承兑人仍要对持票人承担票据责任。

☞【思考】

甲公司在与乙公司的交易中获得面额为 100 万元的商业汇票一张，付款人为丙公司。甲公司请求丙公司承兑时，丙公司在汇票上签注，承兑，待账上有资金时支付。

请问：丙公司的行为是否属于承兑？

五、汇票的保证

(一) 保证的概念

保证，是指票据债务人以外的第三人，以担保因票据行为所产生的债务为目的而进行的一种附属票据行为。按照《票据法》的规定,保证只适用于汇票和本票,支票不适用保证。原因在于我国支票的付款提示期限过短。

(二)票据保证的记载事项

保证人必须在票据或者粘单上记载下列事项:表明"保证"的字样;保证人名称和住所;被保证人的名称;保证日期;保证人签章。

(三)保证的效力

1. 对保证人的效力

保证人负有与被保证人相同的责任。保证人履行保证责任后,保证债务消灭,被保证人后手的票据债务也随之消灭,保证人取得持票人对被保证人及其前手的追索权。承兑人、被保证人及其前手,不得以对抗持票人的事由来对抗保证人。

2. 对持票人的效力

持票人在条件具备时,可以直接向保证人行使付款请求权或行使追索权。对被保证人及其前、后手的效力。如果保证人清偿了持票人的追索,被保证人的后手即可免责,但对被保证人及其前手来讲,仍然负有对保证人清偿的责任。

☞【思考】

甲公司向乙公司开出见票即付的商业汇票一张,偿付货款。乙将票据背书与丙,丙提出应提供票据保证人。经甲、丁两公司同意,两者为此票据提供保证,并办理了相关手续。在一定期限内,丙公司向银行提示付款时,银行以甲公司即将破产为由,拒绝付款。请问:

1. 甲公司是否承担保证责任?
2. 丁公司是否承担保证责任?
3. 甲、丁两公司各自承担责任的性质如何?

六、汇票的付款

付款,是指汇票的债务人承担票据责任对持票人所作的给付。付款人依法足额付款后,全体汇票债务人的责任解除。汇票到期被拒绝付款或汇票到期日前出现特有的法律规定情形的,持票人可以对背书人、出票人以及汇票的其他债务人行使追索权。

☞【延伸阅读】

飞 钱

飞钱是中国历史上早期的汇兑业务形式。《新唐书·食货志》记载:商贾至京师、委钱诸道进奏院及诸军、诸使、富家,经轻装趋四方、合券乃取之,号飞钱。在商业异常发达的唐代,各地商人运货到京城出售,售货得的大量钱币要带走既不安全又不方便,因此商人们就将钱币交给各地驻京的进奏院(类似于驻京办事处)和有关机构,或交给各地设的分支机构的富商,由这些单位发给半联凭证，另半联凭证寄回各地的相应单位。商人回本地区后，经验证相符，便可取款。这些凭证叫"飞钱"。主要特征为：一地出钱并取得有关证明，在异地凭证明取得钱款，类似今天的汇票。飞钱的产生，与当时商业贸易发达有关。唐代内地与边远地区、外国通商日盛，许多商人奔波于崇山峻岭、戈壁沙砾之间，铜钱面值既小又重，运输很不便利，又常遭人抢劫，飞钱应运而生。

唐代的飞钱实际上是一种票证，它本身不介入流通，类似于今天的银行汇票，不行使货币的职能，不是真正意义上的纸币。

第三节 本 票

一、本票的概念

本票，是由出票人签发的，承诺自己在见票时无条件支付确定的金额给收款人或者持票人的票据。我国《票据法》所指的本票仅指银行本票，不包括商业本票和个人本票。

本票，是一种自付票据。汇票与支票实际上是委托银行付款，而本票是由出票人本人对持票人付款。本票的当事人也相对简单，只有出票人和收款人两种。

二、本票的分类

（一）银行本票和商业本票

按出票人的不同，分为银行本票和商业本票。由银行签发的本票为银行本票，我国现行结算制度又将银行本票分为定额银行本票和不定额银行本票两种，定额银行本票由中国人民银行发行，各银行代办签发和兑付，我国定额银行本票的面额有 1000 元、5000 元、10000 元和 50000 元四种；不定额银行本票由经办银行签发和兑付，面额按照当事人约定确定。

（二）即期本票和远期本票

按照付款期限的不同，分为即期本票和远期本票。即期本票是指见票即付的本票；远期本票则是指持票人只有在票据到期日才能行使票据权利的本票。我国的《票据法》只承认即期本票。

（三）记名本票和无记名本票

按照记载收款人方式的不同，分为记名本票和无记名本票。我国的《票据法》只承认记名本票。

（四）现金本票和转账本票

本票按照付款方式的不同，分为现金本票和转账本票。用于支取现金的本票为现金本票，用于转账的为转账本票。

三、本票的出票

（一）本票出票的概念

本票的出票，是指出票人按照法定方式做成本票，并将票据交付给收款人的基本票据行为。《票据法》规定，本票必须记载以下事项：表明"本票"的字样；无条件支付的承诺；确定的金额；收款人名称；出票日期；出票人签章。本票上未记载上述事项之一的，本票无效。

（二）本票出票的效力

本票出票的效力，是指出票人签发本票后承担的责任以及收款人因此享有的权利。对出票人来说，出票必须承担对本票持票人的付款责任。出票人的这种付款责任是一种无条件的责任，本票到期，出票人必须对持票人付款，对此不得附加任何条件。这种付款责任也是一种绝对责任。出票人的付款义务不因持票人对其权利的行使或保全手续的欠缺而免除。

四、本票的付款

本票的出票人在持票人提示见票时，必须承担付款的责任。本票自出票日起，付款期限最长不得超过两个月。本票的持票人未按照规定期限提示见票的，丧失对出票人以外的前手的追索权。本票的出票、背书、保证、付款和追索的行使，除适用《票据法》的规定外，还适用《票据法》有关汇票的规定。

☞【知识拓展】

日升昌票号及其诚信故事

票号是清代出现的一种金融机构，开办最早的票号是日升昌票号，其财东是山西平遥县西达蒲村李氏。日升昌票号是中国第一家专营存款、放款、汇兑业务的私人金融机构，开中国银行业之先河。日升昌票号成立于清道光三年（1823年），由山西省平遥县西达蒲村富商李大金出资与总经理雷履泰共同创办。总号设于山西省平遥县城内繁华街市的西大街路南，占地面积1600多平方米；分号达35处之多，遍布全国大中城市、商埠重镇。日升昌票号以汇通天下闻名于世。日升昌的黄金时期年汇兑金额高达3800万两白银，当时可谓日利千金。更让我们叹服的是：票号产生的大环境，外患频频，内乱不断，而日升昌却在风雨飘摇中纵横一百年，并形成了一整套让西方优秀管理学家叹服的管理制度。日升昌票号创立之后，继有祁县、太谷富商大贾竞相效仿；后有南方票号崛起，从而形成了全国性的金融网络，对清末民初商业贸易以及近代工业的发展起到了重大作用。如今的日升昌票号已改为中国票号博物馆，共设有二十余个展厅，大体上分为史料展示和原貌展示两部分，从中可以看出中国民族银行业的发展轨迹。

清末时期，平遥城内一位沿街讨饭数十年的寡妇老太太，有一天持一数额为12000两的日升昌张家口分号汇票，到日升昌总号提取银两。任柜头的一看签发时间在同治七年（1868年），与取款时间相隔了30多年，赶紧跑到后厅询问大掌柜，两人问清了汇票来历，并认真查阅了数十年的账簿，如数兑付了现银。原来，老太太的丈夫早年到张家口经商做皮货生意，同治七年收拾盈余，在日升昌分号汇款12000两白银，起程回籍，不料途中得病身亡。尸体运回家里，妻子哭得死去活来。换完衣服择日出殡后，一个好端端的家庭开始败落。妻子几十年熬过来，一天这位早已沦为乞丐的老妇，拿起丈夫留下的唯一一件夹袄，在衣角摸到一张日升昌汇票，抱着试试看的心理，到日升昌兑取现银。这件事之后，日升昌名声大振，汇兑、存放款业务一天比一天红火。

第四节 支 票

一、支票的概念

支票，是出票人签发的，委托办理支票存款业务的银行或者其他金融机构在见票时无条件支付确定的金额给收款人或者持票人的票据。可见，支票的付款人只能是银行和其他金融机构，其他任何公司和个人都不能成为支票的付款人。而且对开立支票存款账户的人来说，申请时必须使用本名，并提交证明其身份的合法证件。开具支票时，应当有可靠的资信并存入一定的资金。此外，还应当预留其本名的签名样式和印鉴。

二、支票的种类

支票按不同的标准可以作不同的划分：

（一）按用途不同，支票可分为现金支票、转账支票和普通支票

现金支票只能用于支取现金，不得背书转让；转账支票只能用于转账，不得支取现金；普通支票既可以支取现金，也可以用于转账。

（二）按是否记名，支票可分为记名支票和不记名支票

记名支票是在支票的收款人一栏，写明收款人姓名，取款时须由收款人签章，方可支取的支票；不记名支票又称空白支票。支票上不记载收款人姓名，只写"付来人"。取款时持票人无须在支票背后签章，即可支取，此项支票仅凭交付而转让。

三、支票的出票

（一）支票出票的概念

支票的出票，是指出票人做成票据，并将票据交付给收款人的票据行为。根据《票据法》的规定，支票必须记载下列事项：表明"支票"的字样；无条件支付的委托；确定的金额；付款人名称；出票日期；出票人签章。支票的出票人不得签发与其预留本名的签名式样或者印鉴不符的支票。除以上几点必载事项外，《票据法》还规定，支票上的金额可以由出票人授权补记，未补记前的支票，不得使用。支票上未记载收款人名称的，经出票人授权，可以补记。支票上未记载付款地的，付款人的营业场所为付款地。

支票上未记载出票地的，出票人的营业场所、住所或者经常居住地为出票地。出票人可以在支票上记载自己为收款人。支票限于见票即付，不得另行记载付款日期。另行记载付款日期的，该记载无效。

（二）支票出票的效力

出票人做成支票并交付之后，对出票人产生相应的法律效力。依照《票据法》的规定，出票人必须按照签发的支票金额承担保证向该持票人付款的责任。这一责任包括两项：一是出票人必须在付款人处存有足额可处分的资金，以保证支票票款的支付；二是当付款人对支票拒绝付款或超过支票付款提示期限的，出票人应向持票人承担付款责任。

四、支票的资金关系

（一）开立支票存款账户

支票是由出票人签发，委托办理支票业务的银行或其他金融机构向持票人进行支付的票据。当事人为了使用支票，必须先到银行等金融机构开立支票存款账户，具有可靠的资信并在银行或者其他金融机构存入一定的资金，以保证支票存款账户开立以后，其账户上有足够的资金来保证支付其所签发的支票。

《票据法》规定，禁止签发空头支票。出票人的支票金额超过其付款时在付款人处实有的存款金额的，为空头支票。支票的金额，收款人名称可以由出票人授权被记。未被记前，不得背书转让和提示付款。签发空头支票或印章与预留印鉴不符的支票，按票面金额对其处以 5%，但不低于 1000 元以上的罚款；同时处以 2% 的赔偿金，赔偿收款人。

（二）足额付款

出票人与付款人之间的资金关系，可以是支票合同，也可以是透支合同。根据资金关系，一方面要求出票人必须保证在付款人处有足够支付的存款，不得签发空头支票；另一方面，付款人也需要及时支付支票金额。

五、支票的付款

《票据法》规定，支票的持票人应当自出票日起 10 日内提示付款；异地使用的支票，其提示付款的期限由中国人民银行另行规定。超过提示付款期限的，付款人可以不予付款；付款人不予付款的，出票人仍应当对持票人承担票据责任。《票据法》规定，支票的背书、付款行为和追索权的行使，除第四章规定外，适用本法第二章有关汇票的规定。

☞【思考】

甲公司向乙公司购买一批货物，于 9 月 21 日签发一张转账支票给乙公司用于支付货款，但甲公司在支票上未记载收款人的名称，约定由乙公司自行填写，乙公司取得支票后，在支票收款人处填写上乙公司名称，并于当日将该支票背书转让给丙公司。丙公司于 10 月 25 日向付款银行提示付款。丙公司在付款银行的存款足以支付支票金额。

请问：

    1. 甲公司签发的未记载收款人名称的支票是否有效？

    2. 甲公司签发的支票能否向银行支取现金？

    3. 丙公司提示付款的日期是否合乎规定？

第十二章　产品责任法

☞【学习目标】
1. 掌握产品责任的概念和特征
2. 理解美国产品责任法中的重要术语和产品责任理论
3. 理解欧盟产品责任指令的主要内容
4. 掌握产品责任法律适用公约的主要内容

第一节　产品责任法概述

一、产品责任法的产生与发展

产品责任法是 20 世纪以来西方国家新兴的法律部门，它是随着现代工业的发展，新产品不断投入市场，销售者受到的伤害事件日益增多，而由此形成和发展起来，目的是保护消费者的权益。

在 200 多年前，由于当时商品经济尚不发达，生产、销售和消费之间的关系相对稳定，产品的功能和结构比较简单，生产者往往扮演着销售者的角色，产品买卖多数以合同关系为纽带，合同条款是保证产品质量的有效法律手段，有关产品责任法的法律规定主要体现在货物买卖法中，所以，产品消费者只能以买方的身份向卖方提起违反明示担保或存在过错、欺诈之由的民事赔偿诉讼。

但是随着社会分工的发展，一件产品由生产者到消费者手中需要经过生产、运输、销售一系列复杂的过程，一旦发生产品责任事故，在受害人与责任者之间很难找到合同关系，因此，英美法系的国家在二十世纪二三十年代开始使用侵权行为的理论，将产品责任由合同法概念转向侵权行为来加以确定。即以侵权行为法中的疏忽责任原则来作为生产者和销售者承担产品责任的原则，从而形成了现代的产品责任法。

大陆法系国家则到 20 世纪 70 年代之后才开始形成上述转变，形成了大陆法系的产品责任法。

20 世纪 70 年代以来，由于产品制造的高度技术化和产品功能化，以及产销的多层化和产品的国际化，涉外产品责任事件不断出现，因此，各国不仅纷纷制定了国内产品责任法，而且也签订了一些有关的国际条约，使国际产品责任法逐步形成。

二、产品责任构成

(一)产品

欧洲理事会制定的《斯特拉斯堡公约》把产品定义为"一切可移动的产品",不论是未经加工的还是加工过的,天然的还是工业的,甚至组合到另一个可移动或不可移动的东西中的物品。欧共体的《产品责任指令》则把产品限于除初级农产品、狩猎产品以外的所有可移动的产品。基于这一概念,作为产品责任法中的产品必须具备三个要件:(1)必须是由生产者生产的物品;(2)必须是已投入流通的物品;(3)必须是可供使用的物品。

☞【知识拓展】

对于书籍等出版物、计算机软件等特殊产品,是否也构成产品责任法上的"产品",各国立法上多无明确规定,但在实践中不乏这样的判例。美国著名的"弗路尔公司诉杰帕逊公司"案,涉及了一张机场仪表线路图没有标示出一座在本地区内最高的小山,结果导致飞机失事造成伤亡事件。法院判决该航空地图属于《侵权行为重述》第402条所指出的"缺陷产品",其出版商应对因信赖该地图而发生的损害承担严格责任。

☞【案例】

刘某与某机械厂的王某是好朋友,一日刘某到机械厂办事,顺便找王某聊天。刘某走时发现自行车没气了,就问王某有无气筒,王某顺手拿起一个气筒递给刘某说:"这是我们厂新出的一批气筒的样品,你用吧。"当刘某拿起气筒打气时,气筒栓塞脱落,栓塞飞到刘某脸上造成伤害,刘某花去医疗费1600元,要求机械厂予以赔偿。

请问:机械厂是否应当承担损害赔偿责任?

(二)产品缺陷

产品缺陷是指产品未提供使用者有权期待的安全或具有不合理的危险性。缺陷必须在产品离开生产者或销售者的控制以前,即投入流通以前已经存在。根据各国的法律及判例,依产品的生产及制造过程,将缺陷大致分为以下五种。需要注意的是,各个国家认定的生产者或销售者需要承担的缺陷的类型有所区别。

1. 设计上的缺陷

设计上的缺陷,是指由于不适当的设计而形成的缺陷。设计产品时,由于对产品可靠性、安全性考虑不周,如没有设计安全保护装置,往往发生产品责任事故,产品生产者对此应负设计上缺陷的责任。

2. 原材料的缺陷

原材料的缺陷,是指由于制造产品使用的原材料不符合质量、卫生、安全等标准而形成的缺陷。如制药工业中采用不纯原料使药物中含有伤害人体的物质;食品中加入防腐剂、人工色素等；电器产品因材料绝缘性能差而漏电。

3. 制造、装配上的缺陷

制造、装配上的缺陷，是指因产品生产、装配的不当，致使产品质量未达到设计或预期的要求。如有的产品制造粗糙，边缘有锐角、毛刺，容易伤人；有的由于装配不当，一些机器、电器产品及交通工具等的一些零部件会松动、脱落，而造成伤害事故。

4. 指示上的缺陷

许多产品本身并无任何缺陷，但如果使用不当，也会有危险。在这种情况下，生产者或销售者的责任不仅在于保证其产品没有实际缺陷，而且还在于应当对消费者或使用者适当告诫以防止不适当的使用。如果生产者、销售者对可能出现的危险没有提出警告或告知没有说明全部危险，可视为产品有缺陷。

5. 科学上尚不能发现的缺陷

受现有科技水平的局限，产品在投入市场时，该缺陷不能被发现。对此类产品缺陷，生产者是否需要承担责任，各国法律存在着差异。

(三) 产品责任

所谓产品责任，是指由于产品存在瑕疵或缺陷而导致产品消费者或其他第三人遭受人身或财产损害时，该产品生产者或者销售者应当承担的一种损害赔偿责任。产品责任的构成主要有以下三个要件：

1. 产品存在瑕疵或缺陷

对于瑕疵或缺陷的认识，各国法律的规定不同，但一般认为缺陷是指产品欠缺人们有权期待得到的安全感。

2. 给产品的消费者或其他第三者造成人身或财产的损害

这里强调两点：一是有损害的事实，这种事实可以是人身的伤害，也可以是除缺陷产品以外的财产的损失。如果产品有缺陷但没有给人造成损害，也不能要求生产者或销售者承担产品责任。二是损害的承担者应做广义的理解，既包括从生产者或销售者那里购买产品并使用产品的人，也包括虽不购买产品但却使用了产品的人，同时还包括虽非上述购买人或使用人，但却遭受了产品对其损害的人。

3. 消费者或其他第三者所遭受的损害必须与产品的缺陷之间存在因果关系

如果损害是由于消费者或其他第三者的过错造成的，就不存在产品责任的问题。例如，微波炉的说明书声明不可以将金属制品放入其中，但使用者未加注意，结果引起爆炸造成损害，此时不得要求产品生产者或销售者承担产品责任。

三、产品责任法

(一) 产品责任法的概念

产品责任法是调整生产者、销售者和消费者、使用者或第三人之间因产品缺陷而发生的社会关系的法律规范的总和，它是商品经济发达、科学技术加速发展和法律相应发展的产物。制定产品责任法的目的是确定产品的生产者和销售者对其生产或销售的产品所应承担的责任，以保护消费者、使用者或第三人的利益。

（二）产品责任法的特征

1. 调整的范围是消费者因缺陷产品所遭受的人身或除缺陷产品以外的其他财产损害的赔偿关系

这种损害是指因所使用的产品存在缺陷从而造成消费者、使用者或第三人所遭受的人身伤害或财产损失，不包括单纯的产品本身的损失。

2. 产品责任法调整的对象是没有合同基础的侵权关系

即可依据侵权关系使用产品责任法，对于存在合同关系的购买者遭受的损害也可以适用产品责任法，但他也可以根据合同法或买卖法得到救济。

3. 产品责任法调整的手段为强制性

这是产品责任法与买卖法的一个显著区别，产品责任法体现了现代商法法典的发展趋势——具有公法性和强制性，为体现国家对于处于弱势地位的公众消费者的保护意识，产品责任的产生不以约定为先决条件，也不得因为无约定而排除。例如，产品生产者或销售者在出售商品时以店堂告示声称出现任何问题概不负责，即使消费者以默示表示同意，该声明也是无效的。

（三）产品责任法的作用

产品责任法在创设和保护民事权益方面发挥着极为重要的作用，旨在加强生产者和销售者的责任，维护消费者的合法权益，具有重大的社会经济意义。

1. 保护消费者的合法权益

产品责任法从加强经营者责任的角度，使产品的生产者和销售者对于他们提供的缺陷产品给无过失的消费者造成的损害承担赔偿责任。之所以要求产品的生产者和销售者承担这种仅因产品存在缺陷，而并非他们自身存在过错，给他人造成损害的赔偿责任，是因为他们比普通消费者更有能力防止损害的发生并承担因此所造成的损失。因此，产品责任法的这种索赔机制增强了消费者购买产品的安全感，给予消费者更好的保护。

2. 促进企业提高质量管理意识

由于经营者的责任加重，迫使企业为生存考虑，一定要向市场提供优质产品、安全产品，并不断消除自身的生产销售环节存在的各种可能影响产品安全性能的隐患。这样企业就必须建立质量监督体系，以提高产品的质量，促进自身的发展。

3. 有利于建立良好的社会经济秩序

产品在国际和国内的顺畅流通是以产品具有良好性能和品质为保障的。产品责任在国内外立法，对生产者和销售者起到了警戒和惩戒的双重作用，使其尽可能地向市场和广大消费者提供符合消费安全的产品，减少或避免因产品欠缺合理的安全性而发生的索赔，节约了贸易中的机会成本和经济成本。

第二节　美国的产品责任法

一、美国产品责任法概述

根据美国《布莱克法律辞典》的规定，产品责任是指"生产者和销售者对于因其制造和出售有缺陷的产品而使该产品的购买者、使用者及第三者遭受人身伤害或财产损失而进行赔偿的法律责任",调整这种法律责任而引起的权利义务关系的各种法律规范的总称就是产品责任法。

按照有关美国法律的解释,产品责任是一种侵权行为,因此产品责任法是侵权行为法的重要组成部分。然而它又具有不同于一般侵权行为法的特点。由于美国有的州法认为产品责任的承担可以建立在完全独立的严格责任基础之上,这种严格责任既区别于过错责任,也不等同于一般侵权法上的无过失责任,受害人可以仅通过证明产品存在缺陷,并且这种缺陷造成了对受害人的损害,而无须证明生产者或销售者对缺陷的存在具有过失,即可请求他们给予赔偿。因此美国的产品责任法是一种以严格责任为主要归责原则的特殊的侵权行为法。

美国的产品责任的立法表现形式多样,既有习惯法(common law),又有成文法(statute law),包括联邦产品责任法、各州产品责任立法及判例以及适用于各州的有关产品责任的规定、判例,也包括对司法实践有着指导作用的有关产品责任的示范法。为了统一各州产品责任法,美国商务部于1979年1月公布了《统一产品责任示范法》,作为专家建议文本,供各州在立法及司法中参考适用。此外,美国参议院商业、科学和运输委员会下设的消费特别委员会于1982年公布的《产品法草案》以及美国法学会编撰的《第二次侵权法重述》(1965年版)在统一各州的产品责任法方面也起到了重要作用。特别是1997年5月2日,美国法学会通过了新的产品责任法重述——《侵权法重述第三版:产品责任》,标志着美国产品责任法的发展又进入了一个新阶段。

二、美国产品责任法的归责理论

产品责任的归责理论(doctrine of liability fixation)是指产品缺陷的生产者或销售者承担责任的责任基础(basis of liability),从裁判的角度而言,也就是指法官以何种责任理论来认定缺陷产品提供者的法律责任。产品责任的归责理论是产品责任法中的核心制度。相比世界上的其他国家,美国的产品责任归责理论最具代表性,其主要包含以下三种,即疏忽责任理论、违反担保说和严格责任理论。

(一)疏忽责任理论

疏忽责任是指产品的制造者或销售者在生产或销售过程中因主观上的疏忽导致产品有缺陷,而造成产品的消费者或使用者遭受损害应当承担的责任。

它是一种侵权责任,因此,产品缺陷的受害人以疏忽责任为理由寻求法律救济时,应负有举证责任,即受害人必须证明以下事实:

1. 被告负有"合理注意"的义务

根据美国法律对"疏忽"的认定标准,如果产品提供者没有像"一个理智和谨慎的人"那样尽"合理注意"的义务,那么他就是疏忽的,应对这种疏忽造成的损害承担责任。由于这种制造者或销售者的"合理注意"的义务是法律所规定的,因此原告证明比较容易。

2. 被告没有尽"合理注意"的义务,即被告有疏忽之处

根据美国《侵权法重述》的规定,原告在证明这一事实时,可以从以下几个方面举

证：第一，被告对已经预见或可以预见的产品缺陷未给予必要的提醒或警示；第二，被告没有认真充分地检查产品的缺陷和质量，导致产品缺陷的存在；第三，被告的生产或设计不合理或有明显的危险，达不到工业产品的通常标准。

3. 由于被告的疏忽造成原告的损害，即证明损害与使用缺陷产品有因果关系

由于疏忽责任是一种独立的侵权责任，因此它不要求依据疏忽责任提起损害赔偿之诉的原告与作为被告的产品提供者之间存在合同关系，这为非产品买方的受害人提供了法律保护的依据，但是，由于现代科技的发展使产品的生产和销售日益复杂，要求受害人对产品提供者的"疏忽"进行举证也是异常困难的，因此美国法律规定，缺陷产品的受害人可以通过证明产品提供者违反某项关于产品品质、质量、检验、推销等方面的法律或法规来证明其存有疏忽。在一些特殊的案例中，美国法院判决依疏忽责任提起的产品责任之诉适用举证责任倒置，即由被告证明自己对某一损害事实的发生没有过错，否则就承担责任。这样从衡平救济的角度来克服疏忽责任制度本身的缺陷。因此即便是在现今普遍采用严格责任的美国，以疏忽责任为依据进行产品责任诉讼的案件也并没有消失。

(二)违反担保说

违反担保说是指产品存在某种缺陷或瑕疵，卖方违反了明示或默示担保，以致给买方或消费者造成了损害，应承担赔偿责任。

担保责任是合同法上的责任，根据美国《统一商法典》的规定，卖方对其交付的货物的品质负有保证符合合同条款要求的义务。担保义务分为明示担保和默示担保，前者是由订立合同的双方意思表示一致所决定的，后者是由法律所规定的。由于明示担保通常是记载于合同之内，或者记载于产品标签、广告或使用说明之上，特别是后者，给广大的消费者构成了一种广泛的品质担保。

在以违反担保作为责任基础要求产品提供者承担责任时，对受害人的有利之处在于他无须证明产品提供者有疏忽，只需证明产品确有缺陷，而且由于这种缺陷使他遭到损失，他就可以要求产品提供者赔偿其损失。但是他仍然必须以产品提供者对产品作出了某种担保为前提，如果产品的缺陷没有包括在担保之中，但又造成了损害，则受害人无法利用担保责任原则要求损害赔偿。当受损害方为货物买卖合同的对方当事人时，他还可以依据合同上的违约提起赔偿要求，这时就发生了违约与侵权的责任竞合。

美国法律认为如果买方没有在发现或应当发现卖方违反担保义务之后的一段合理时间内就产品有缺陷的情况通知买方，就失去了以担保责任为由向买方索赔的权利；但如果买方这样做了，那么他就拥有了选择权，既可以要求卖方承担违反担保的责任，也可以提起侵权之诉。另外，美国《统一商法典》中并未具体指明受害者可否直接起诉零售商以外的其他当事人，如该产品的批发商或制造商，但多数法院认为可以这样做。事实上许多缺陷产品的受害者都是直接起诉产品的生产者。

(三)严格责任理论

严格责任是指受害人只要能够证明产品有缺陷，产品的制造者或销售者就应承担赔偿责任的法律制度。严格责任最早是由美国创设的。1965年《侵权法重述》第402条A款具体反映了严格责任理论的基本精神，该条规定：

（1）凡销售任何有缺陷的产品而给消费者或使用者带来不合理的危险的人，于下述情况，对因此给消费者或使用者的人身伤害或财产损害负有责任：销售者从事经营出售此种产品；预期转到消费者或者使用者手中时，其销售时的条件没有重大变化。

（2）即使有下述情况，仍适用前款规定：销售者在准备销售和出售其产品时已经尽到一切可能的注意；而且，消费者或使用者没有从销售者手中购买产品以及与销售者没有任何合同关系。

此后的 1979 年《统一产品责任示范法》、1982 年《统一产品责任议案》以及美国《统一商法典》基本上采用了严格责任原则。一般认为严格责任就是侵权法上的无过失责任，但在美国，无过失责任是一种针对汽车、火车、飞机等发生的事故性伤害所采用的特定的责任方式。严格责任也不同于过错推定责任，原因在于后者仍属于过错责任范畴的概念，可在被告证明其无过错时获得免责，而严格责任原则给予被告抗辩的机会很少，并且在无过错的情况下被告也可能被判决承担责任。

但是这并不意味着严格责任原则下，原告就可以轻松获得赔偿，美国法律认为当缺陷产品的受害人以严格责任为基础要求产品提供者承担损害赔偿责任时，他必须证明：

（1）产品存在缺陷。并且根据《侵权法重述》的规定，受害人仅证明产品有缺陷也是不够的，还必须进一步证明产品的缺陷给消费者或使用者带来了不合理的危险，这在一定程度上增加了原告的举证困难，因为危险的"合理"与否是一个复杂的判断过程。

（2）产品出厂时缺陷已经存在。如果受害人无法以有效的方法证明产品的缺陷在出厂时业已存在，那么他也可用自己按照产品的使用说明正确地使用了产品的方法反证缺陷在出厂前已经存在。

（3）损害与产品缺陷之间有因果关系。总的来说，严格责任原则相对于一般的契约责任原则、疏忽责任原则、违反担保责任原则而言，给消费者提供了更充分合理的保护方式。尽管在一些案例中表明适用如违反担保的责任原则更有利于受害人权利的保护，但依旧不能否认严格责任在消费者权益保护方面的意义和作用。

由于产品责任法律制度归责理论的复杂性，因此在美国各个归责理论被并行地由受害人选择适用，受害人可以选择他认为最有利的责任基础进行索赔，同时也意味着他同意使自己处于相应的举证地位，承担举证责任。

三、美国产品责任诉讼中的抗辩

产品责任的抗辩（defense），是指产品责任人主张减轻或免除责任的理由。由于美国各州之间的法律差异，产品责任的抗辩亦不存在统一的规定，一般都由各州的法院根据具体的案件事实、产品的缺陷以及原告的权利主张等因素确定具体适用的抗辩事由。同时在产品责任中，许多抗辩事由的认定亦与产品缺陷的认定有着非常紧密的联系，毕竟对于生产者或销售者而言，"产品没有缺陷"才是最根本的抗辩。在美国立法和司法实践中，常见的抗辩主要有以下几种：

（一）担保的排除或限制

在产品责任诉讼中，如果原告以被告"违反担保"为理由对其起诉，被告如果已经在合同中排除了各种明示或默示担保，他就可以提出担保已排除作为抗辩。但是美国法律规定，为了保护消费者的利益，在消费交易中，卖方如有书面担保，就不得排除各种默示担保。此外，这项抗辩仅能对抗以"违反担保"为理由起诉的被告，而不能用来对抗以"疏忽"为理由起诉的原告。

（二）与有疏忽与相对疏忽

与有疏忽是指原告（受害者）在使用被告所提供的有缺陷的产品时也有疏忽之处，由于双方的疏忽而使原告受到损害。

相对疏忽是指尽管原告方面也有一定的疏忽，但是法院只是按原告的疏忽在引起损害中所占的比重，相对减少其索赔的金额，而不是像与有疏忽那样使原告不能向被告请求任何损害赔偿。

（三）自担风险

自担风险是指：（1）原告已经知道产品有缺陷或带有危险性；（2）尽管如此，原告也甘愿将自己置于这种危险或风险的境地；（3）由于原告甘愿冒风险而使自己受到损害。

（四）非正常使用产品或误用、滥用产品

采用此抗辩时，法院往往对此加以某种限制，即要求被告证明原告对产品的误用或滥用已超过被告可能合理预见的范围。

（五）擅自改动产品

如果原告对产品或其中的零部件擅自变动或改装，从而改变了产品的状态或条件，致使自己遭受损害，被告就可以此为理由提出抗辩，要求免除责任。

（六）带有不安全因素的产品

如果产品即使正常使用，也难以保证安全，而且权衡利弊，该产品对公众社会是有益的，而且利大于弊，则制造或销售这种产品的被告可以要求免除责任。其中，以药物最为典型。

四、美国产品责任的损害赔偿

美国产品责任法中的损害赔偿范围主要由美国各州的判决法所决定，因此损害的具体内容非常繁杂。美国的产品诉讼判决的赔偿金额相当高昂，普通案件动辄几十万乃至上百万美元，个别案例甚至高达上百亿美元。有时一个案例的判决足以构成对涉案企业的致命打击，甚至对整个产业产生重大影响。

美国的产品责任法中的赔偿范围一般包括：

（一）人身损害赔偿（damages for personal injury）

人身损害赔偿一般包括：

（1）受害人过去和将来必要、合理的医疗费用；

（2）受害人生计上的损失以及失去谋生能力的补偿；

（3）受害人肉体及精神痛苦的补偿等。

如果因产品缺陷致人死亡，根据有关法律规定，可由死者的遗嘱执行人或遗产管理人或死者的遗产继承人或受益人向产品提供者主张权利并获得赔偿。在司法实践中，美国法院对受害人人身损害赔偿判定的数额较大，往往大于实际支出的医疗费用及其实际开支，并且对精神损害的赔偿额占赔偿总额的大部分。

（二）财产的损害赔偿（damages for property damage）

产品责任法上的财产损害通常是指缺陷产品之外的其他财产的损坏、毁灭，而对于产品本身，则可依据买卖合同获得赔偿。财产损害的赔偿一般认为只是受到损害财产的直接经济损失，但1981年的《产品责任风险保留法案》已将因间接损坏不能投入运营、因机器设备被损坏不能投入生产等丧失的营业收入，列入财产损害赔偿的范围，并在一些法院的判例中获得支持。

（三）惩罚性损害赔偿（punitive damages）

所谓惩罚性损害赔偿是指侵权行为人恶意实施某种行为，或对行为有重大过失时，以对行为人实施惩罚和追求一般抑制效果为目的，法院在判令行为人支付通常赔偿金的同时，还可以判令行为人支付高于受害人实际损失的赔偿金。惩罚性赔偿制度是美国产品责任法的一项重要制度。《统一产品责任示范法》第120条规定："原告通过明显的令人信服的证据证明，由于销售者对产品使用者、消费者或可能受到产品损害的其他人员的安全采取轻率漠视的态度，致使原告受到损害。原告可以得到惩罚性损害赔偿。"惩罚性损害赔偿在美国被广泛地加以应用，但是由于其对于加害人而言并非一个必须加以给付的赔偿，因此对惩罚性赔偿金的适用，法院要综合考虑一些因素后，才能确定是否给予惩罚性赔偿以及金额是多少，这些因素一般包括：

（1）在相关时间内，产品销售者的不当行为造成严惩损害的可能性；

（2）产品的销售者对上述可能性的认识（察觉）程度；

（3）不当行为对产品销售者盈利的作用；

（4）不当行为持续时间和产品销售者的任何隐瞒行为；

（5）产品销售者在不当行为被发现后采取的态度及行为，以及不当行为是否已停止；

（6）产品销售者的经济条件或财务状况；

（7）产品销售者由于不当行为，已经或可能受到的其他处罚的综合惩罚效果；

（8）原告所遭受的损害是否亦是原告对自身安全采取轻率态度的结果。

第三节　欧洲的产品责任法

欧洲国家产品责任法的发展落后于美国，在20世纪80年代以前，欧洲各国都没有专门关于产品责任的立法，直至1985年7月，欧洲经济共同体理事会正式通过了《产品责任指令》，并要求各成员国通过本国立法程序将其纳入国内法予以实施。随着产品生产和销售的国际化，国家间的产品责任案件频繁发生，由于各国在产品责任的相关规定和做法不尽相同，由此产生了产品责任承担的不确定性。1987年英国率先立法，其后欧盟以及欧洲自由贸易区的一些国家，如比利时、丹麦、卢森堡、葡萄牙、希腊、意大利、奥地利、挪威、荷兰等国也颁布了本国的产品责任法，并采取严格责任原则。

一、产品和产品缺陷

各国对于适用产品责任法产品范围的规定是一致的，都认为任何产品均应在内。不过德国法律将未经初步加工的，包括种植业、畜牧业、养蜂业、渔业产品在内的农产品和猎产品排除在产品责任法之外。

对于产品缺陷，欧洲一些已订立产品责任的国家则在法律中对有关产品缺陷下了明确定义，如英国在其《消费者保护法》第一章中规定："如果产品未提供给人们有权期待安全，该产品即存在缺陷。"产品的"安全"包括组装进该产品的安全和与财产损害、人身伤害风险有联系的安全。

在确定产品是否提供人们有权期待的安全时，应当考虑与产品有关的所有情况，包括产品的外观、产品所使用的标志、产品的出售方式和目的、关于产品的使用说明和警告，可合理期待产品的用途或可合理期待的与产品有关的用途，生产者向他人提供该产品的时间。

二、产品责任主体

产品责任主体是指在产品责任诉讼中承担产品责任的当事人。英国《消费者保护法》对产品责任的主体作出了下列规定：产品的生产者和销售者对全部或部分的由产品缺陷造成的任何损害，应当承担法律责任。产品的责任主体包括产品的生产者；通过将其名字标示在产品上或使用某种商标或其他识别标志，以表明自己是该产品生产者的人；为了在其商业活动中向他人提供产品而将产品从非欧共体成员国进口到欧共体成员国的人；产品的提供者。

德国的《产品责任法》中的产品责任主体有：生产者，包括成品制造者；任何原材料的生产者和零部件的制造者，包括将其名字、商标或其他标识特征标示在产品上表示自己是生产者的人；任何在商业活动中，为销售、出售、租借或为经济目的的任何形式的分销，将产品进口到适用欧共体相关条约的人，也应当视为生产者；在产品生产者不能确认的情况下，供应者应当视为生产者。除非他在接到要求的1个月内将产品生产者的身份或产品供应者的身份告之受害者。

三、产品责任适用原则

产品责任适用原则是指各国在判定产品责任是否成立时所使用的原则，主要包括疏忽原则、违反担保原则和严格责任原则，各国均采取其中的一项或几项作为本国产品责任法的原则，不过各国的规定有所不同，分别介绍如下：

（一）英国法

在英国《消费者保护法》制定之前，英国法院的判例将产品责任分成有合同关系的产品责任和无合同关系的产品责任。对于有合同关系的产品责任，受害方可根据合同法中的有关规定要求对方当事人承担赔偿责任。在无合同关系的产品责任案件中，英国法院采取疏忽原则进行判决。然而，在实践中，由于原告要对被告的侵权行为进行举证，因此，原告的合法权益难以保障。为了更好地保护消费者权益，在《消费者保护法》中明确规定，原告无须证明被告是否存在疏忽，只要是由于产品存在缺陷而使其遭受损害，就可以向被告提起损害赔偿之诉，所以英国法在产品责任法中以严格责任作为其基本原则。

（二）德国法

根据《德国民法典》第463条和第480条的规定，卖方承担产品责任的前提是其对产品缺陷的存在具有过失，或故意隐瞒了产品缺陷。只有当卖方的过失致使产品存在缺陷或卖方有故意隐瞒产品缺陷的意图时，卖方才能提出损害赔偿的请求。因此德国法采取的是疏忽原则。如果卖方没有出现上述过失，即使卖方违反了品质担保义务，买方也不能要求卖方承担产品责任，只能要求对方按违反合同的规定承担违约责任。

德国法对于无合同关系的产品责任问题，主要依据《德国民法典》中有关侵权行为法的条款以及德国法院的判例进行处理。根据《德国民法典》第823条的规定，当发生产品责任事故时，受害人只要能举证证明有关产品存在缺陷，并因此造成了损害，就推定该有关产品的生产者和销售者对产品缺陷的存在具有疏忽。除非生产者和销售者能举证证明他们并没有任何疏忽，否则，要由生产者和销售者依法承担损害赔偿责任。

四、产品责任损害赔偿及其范围

各国的产品责任法的目的是使受害人因缺陷产品而受到侵犯的人身权利、财产权利得以恢复原状。因此，产品责任中责任主体承担责任的方式就是赔偿缺陷产品所造成的损害。

一般产品的损害范围包括人身损害、财产损害、精神损害以及经济损失等。但是各国对损害赔偿的范围的规定又有所不同。各国有关产品责任损害赔偿及其范围的有关规定如下：

（一）英国法

英国法主要在其《消费者保护法》中对损害赔偿的范围作出规定，其规定为：产品责任的损害赔偿范围包括人身伤亡或任何财产的损害，但不包括缺陷产品本身和由缺陷产品组装的任何财产的损失；损害的财产不是通常用于个人使用、占有、消费的产品；遭受损失或损害的人主要不是将产品用于个人使用、占有和消费。

（二）德国法

德国在其《产品责任法》中对损害赔偿范围作出规定，认定损害赔偿应包括：

（1）人身伤亡。包括医疗费用、丧葬费用及经济损失等。

（2）财产损害。仅限于供私人使用或消费者的财产损害，由于财产损害造成的受害人损失不超过一定欧元的不得依该法请求赔偿。

五、责任的减免与抗辩

责任的减免与抗辩是指依据法律规定的事由减轻或者免除责任者的赔偿责任。减免当事人的产品责任，要根据法律的明确规定，而不能依当事人的协议。以当事人的协议减免产品责任是法律明确禁止的。各国法律所规定的减免或抗辩的事由如下：

（一）英国法

根据英国《消费者保护法》，在英国产品责任诉讼中，被告可以提出以下抗辩理由：

（1）缺陷可归因于执行法律的强制规定或履行共同体义务。

（2）被告未向他人供应产品。

（3）被告不是在其商业活动中将产品提供给他人。

（4）在相关的时间里，产品不存在缺陷。

（5）在相关的时间里，科学技术尚未达到这种水平，以致该类产品的生产者不能够发现所控制的产品已存在缺陷。

（6）缺陷是由该缺陷产品组装成的后来产品带来的缺陷，并且完全是由于后来产品的设计而造成的或产品生产者听从了后来产品生产者的指令而造成的。

（二）德国法

根据德国《产品责任法》的规定，生产者不承担责任的事由有：

（1）未将产品投入流通；

（2）产品投入流通时，造成损害的缺陷并不存在；

（3）产品既非为销售或为经济目的的任何形式的分销而制造，亦非在商业活动过程中制造或分销；

（4）产品的缺陷是由于为使产品符合投入流通时的国家强制规定而造成的；

（5）产品投入流通时，依当时的科学技术水平尚不能发现其缺陷。

生产者可减轻责任的事由有：

（1）损害的原因可归因于受害人的过失；

（2）在造成财产损害的情况下，财产的实际控制者的过失应视为相当于人身伤害中受害人的过失。

第四节　关于产品责任法的国际立法

随着国际经济贸易的深入发展以及产品生产和销售的国际化，国家间涉及不同国家当事人的产品责任诉讼案件不断增多，国际性的产品责任事故层出不穷。但是，由于各国的产品责任法不完全相同，对国际商品流通和国际自由贸易的发展是非常不利的。为了统一各国关于产品责任的法律冲突规则，妥善解决在这种法律冲突的情况下所发生的各种国际性的产品责任纠纷，20 世纪 70 年代以来，关于产品责任的国际立法逐渐增多，签订了一系列相关的国际公约，逐渐形成了国际产品责任法律体系。本节主要介绍三部最具有代表性的公约，即《海牙公约》《斯特拉斯堡公约》《产品责任指令》。

一、《海牙公约》

《海牙公约》由海牙国际司法会议于 1973 年 10 月 2 日制定通过，自 1978 年 10 月 1 日起生效。

　　(一)《海牙公约》的适用范围

　　《海牙公约》的宗旨是在国际范围内解决产品责任法律适用的问题。它主要适用于有关产品责任的国际性诉讼案件，而且仅适用于无合同关系的当事人之间所发生的纠纷，即只适用于进口国的产品使用者而非产品购买者，在因所使用产品有缺陷而受到伤害后，依侵权理由起诉出口国的产品制造者或进口国的产品进口商以索取赔偿的情形。

　　1.《海牙公约》对产品的规定

　　根据《海牙公约》的规定，"产品"一词是指一切可供使用或消费的物，包括天然产品和工业产品，而不论是加工的还是未加工的，也不论是动产还是不动产。但它允许公约成员作出该公约不适用于未加工产品的保留声明。可见，《海牙公约》对产品所下的定义比较广泛。

　　2.《海牙公约》对损害范围的规定

　　《海牙公约》规定，所谓损害，是指产品有缺陷，或产品虽然无缺陷，但由于对产品的错误说明或对其适用方法、性质等未作出合适的说明，而致使消费者遭受伤害及损失。这种伤害和损失包括对人身的伤害、对财产的损害以及经济损失。但是，如果与其他损害有关，产品本身的损害以及由此而引起的经济损失，应包含在损害范围之内。反之，则不包括在内。

　　3.《海牙公约》对产品责任主体的规定

　　《海牙公约》规定，下列人员为承担产品责任的主体：成品或零部件的制造者；天然产品的生产者；产品的供应者；在产品准备或销售等整个商业环节中的有关人员，包括修理员及仓库管理员；以上人员的代理人或雇员。

　　(二)《海牙公约》规定的法律适用原则

　　当几个国家对产品责任的准据法有不同的解释时，《海牙公约》采取重叠适用原则。《海牙公约》规定了四个连结因素，且规定不以一个连结因素决定准据法，而是一个法律必须同时具备另一个连结因素时，才能作为准据法使用。具体适用原则有以下三个：

　　1. 以损害地所在国的国内法为基本的适用法律

　　《海牙公约》第4条规定，如果损害地国家同时又是直接受害人的惯常居所地、被请求承担责任人的主营地、直接受害人取得产品的地点，则应适用损害地国家的国内法。

　　2. 以直接受害人的惯常居所地的国内法为基本的适用法律

　　《海牙公约》第5条规定，尽管有上述第4条规定，但是如果直接受害人的惯常居所地国家又是被请求承担责任人的主营业地或者直接受害人取得产品的所在地，则仍应适用直接受害人的惯常居所地国家的国内法。

　　3. 被请求承担责任人的主营业地所在国的国内法

　　《海牙公约》第6条规定，如果上述第4条和第5条指定适用的法律不适用，则除非原告基于损害地国家的国内法提出其请求，应适用被请求承担责任人的主营业地国家的国内法。

二、《斯特拉斯堡公约》

《斯特拉斯堡公约》的全称是《欧洲共同体关于造成人身伤害与死亡的产品责任的欧洲公约》，它由欧洲理事会拟定，于1977年1月27日在斯特拉斯堡正式签订。其主要内容如下：

（一）适用原则

根据《斯特拉斯堡公约》的规定，该公约的成员对产品责任适用严格责任原则。

（二）适用范围

根据《斯特拉斯堡公约》的规定，产品是指所有动产，包括天然动产和人工动产。无论是加工过的还是未加工过的，即使是组装在其他动产之内或组装在不动产之内，也属于产品的范畴。生产者是指成品或零配件的制造商以及天然产品的生产者。消费者是指社会大众，包括产品购买者、使用者和第三人。

（三）关于免责的规定

根据《斯特拉斯堡公约》的规定，对于个人伤害方面的情况，生产者无权用合同条款的方式来限制或免除自己的责任。

（四）关于诉讼时效

根据《斯特拉斯堡公约》的规定，诉讼时效一般为3年，而且任何产品责任的请求应自该产品投入流通之时起10年内提起。

（五）关于损害赔偿的范围

根据《斯特拉斯堡公约》的规定，公约对产品的损害赔偿范围仅限于人身伤亡，不包括财产损失。

三、《产品责任指令》

《产品责任指令》是《欧洲经济共同体理事会关于统一各成员国有关缺陷产品责任的法律、法令及行政法规的指令》的简称，该指令是欧共体理事会为协调欧洲经济共同体各成员国有关产品责任的法律，1985年由欧共体理事会通过，《产品责任指令》的主要内容有以下几点：

（一）《产品责任指令》适用原则

《产品责任指令》规定产品责任适用原则，确定了客观责任原则或无过错责任原则，同时还规定若两个或两个以上生产者对同一损害负有责任，则应负连带责任。

（二）《产品责任指令》的适用范围

1. 产品

产品是指可以移动的产品，不包括初级农产品和狩猎物。

2. 关于生产者的定义

《产品责任指令》中的生产者包括：制成品的制造者；任何原材料的生产者；零部件的制造者；任何进口某种产品在共同体内销售、出租或在共同体内以任何形式经销该产品的人；任何将其名称、商标或其他识别标志置于产品之上的人；如果不能确认谁是生产者，则提供该产品的供应者即被视为生产者。

(三)产品责任关于免责的规定

根据《产品责任指令》的规定，在产品责任诉讼中，被告可以主张以下事由免责：没有把产品投入市场；产品缺陷在产品投入市场时并不存在；制造该产品的目的并非用于经济目的销售；缺陷是由于遵守政府规定而引起的；按照产品投入市场时的科技水平，该缺陷不可能被发现。

(四)《产品责任指令》关于损害赔偿的范围

依《产品责任指令》规定，损害包括：消费者死亡或人身受到伤害；对消费者私有或用于消费的财产的损害；指令并不限制各成员国按照本国法律的规定对非物质损害给予赔偿，但该指令不适用于因核事故导致的损害或伤害。

(五)《产品责任指令》关于诉讼时效的规定

(1)受损害的权利自生产者将引起损害的产品投入市场之日起，10 年届满即告消灭，除非受害者已在此期间对生产者起诉。

(2)损害赔偿诉讼时效为 3 年。

第五节　中国的产品责任法

一、中国产品责任法概述

中国的产品责任法起步较晚，从 20 世纪 80 年代开始，中国才陆续颁布了一些与产品责任相关的法律。中国在产品责任立法上的正式开端是 1986 年制定通过的《中华人民共和国民法通则》中的相关规定，其中第 122 条规定："因产品质量不合格造成他人财产、人身损害的、产品制造者、销售者应当依法承担民事责任。"1993 年 2 月 22 日我国制定通过了《中华人民共和国产品质量法》(以下简称《产品质量法》)，该法自 1993 年 9 月 1 日起生效，并由第九届全国人民代表大会常务委员会第十六次会议于 2000 年 7 月 8 日对其做了第一次修正，由第十一届全国人民代表大会常务委员会第十次会议于 2009 年 8 月 27 日对其做了第二次修正。

《产品质量法》是我国目前关于产品责任的最主要的法律渊源，此外还有其他相关法律法规对产品责任作出规定，如 1993 年 10 月 31 日第七届全国人民代表大会常务委员会第四次会议通过并颁布的《中华人民共和国消费者权益保护法》(以下简称《消费者权益保护法》)，该法自 1994 年 1 月 1 日起正式实施，2009 年 8 月 27 日第十一届全国人民代表大会常务委员会第十次会议对其进行第一次修正，2013 年 10 月 25 日第十二届全国人民代表大会常务委员会第五次会议对其做第二次修正。

二、中国产品责任法的主要内容

(一)产品的定义

《产品质量法》第 2 条规定："本法所称产品是指经过加工、制作，用于销售的产品。建筑工程不适用本法规定；但是，建设工程使用的建筑材料、建筑构配件和设备，属于前款规定的产品范围的，适用本法规定。"根据上述规定可以看出，我国《产品质量法》中产品范围较小，主要是指经过加工、制作等人工处理过的工业品，不包括自然物品，而且是必须用于销售的物品、必须是可移动的物品，不包括土地、房屋等不动产。

（二）产品责任规则原则

目前，我国关于承担产品责任原则的规定主要来自《产品质量法》，在产品责任的认定上，《产品质量法》对生产者和销售者采用了不同的归责原则。该法第 41 条规定："因产品存在缺陷造成人身、缺陷产品以外的其他财产损害的，生产者应当承担赔偿责任。"所以，生产者承担的是严格的无过失责任。

该法第 42 条规定："由于销售者的过错使产品存在缺陷，造成人身、他人财产损害的，销售者应当承担赔偿责任。销售者不能指明缺陷产品的生产者也不能指明缺陷产品的供货者的，销售者应当承担赔偿责任。"所以，销售者的产品责任属于过错责任。

（三）缺陷的定义

《产品质量法》第 46 条规定："本法所称缺陷，是指产品存在危及人身、他人财产安全的不合理的危险；产品有保障人体健康和人身、财产安全的国家标准、行业标准的，是指不符合该标准。"于是，我国对产品缺陷的定义采取双重标准，第一项标准是，产品缺陷是指产品具有不合理的危险；第二项标准是，产品缺陷是指产品不符合法定的安全标准——国家标准或行业标准。

（四）损害赔偿的范围

《产品质量法》第 44 条规定："因产品存在缺陷造成受害人人身伤害的，侵害人应当赔偿医疗费、治疗期间的护理费、因误工减少的收入等费用；造成残疾的，还应当支付残疾者生活自助具费、生活补助费、残疾赔偿金以及由其扶养的人所必需的生活费等费用；造成受害人死亡的，并应当支付丧葬费、死亡赔偿金以及由死者生前扶养的人所必需的生活费等费用。因产品存在缺陷造成受害人财产损失的，侵害人应当恢复原状或者折价赔偿。受害人因此遭受其他重大损失的，侵害人应当赔偿损失。"由此可见，《产品质量法》还对精神损害赔偿做了规定。

（五）产品质量与包装的要求

《产品质量法》第 26 条规定："生产者应当对其生产的产品质量负责。产品质量应当符合下列要求：（一）不存在危及人身、财产安全的不合理的危险，有保障人体健康和人身、财产安全的国家标准、行业标准的，应当符合该标准；（二）具备产品应当具备的使用性能，但是，对产品存在使用性能的瑕疵作出说明的除外；（三）符合在产品或者其包装上注明采用的产品标准，符合以产品说明、实物样品等方式表明的质量状况。"

《产品质量法》第 27 条规定："产品或者其包装上的标识必须真实，并符合下列要求：（一）有产品质量检验合格证明；（二）有中文标明的产品名称、生产厂厂名和厂址；（三）根据产品的特点和使用要求，需要标明产品规格、等级、所含主要成分的名称和含量的，用中文相应予以标明；需要事先让消费者知晓的，应当在外包装上标明，或者预先向消费者提供有关资料；（四）限期使用的产品，应当在显著位置清晰地标明生产日期和安全使用期或者失效日期；(五)使用不当，容易造成产品本身损坏或者可能危及人身、财产安全的产品，应当有警示标志或者中文警示说明。"

(六)免责事项

《产品质量法》第41条规定，生产者免除产品责任的事由，主要有以下三项：

(1)未将产品投入流通。生产者的产品未出厂销售，即使发生了损害，生产者也不承担责任。

(2)产品投入流通时，引起损害的缺陷尚不明显。

(3)将产品投入流通时的科学技术水平尚不能发现缺陷的存在。

生产者能够证明上述情形之一的，不承担赔偿责任。

(七)诉讼时效

在美国，各州对产品责任时效的起算方法有较大差异，故《统一产品责任示范法》建议，一般诉讼时效为2年，从原告发现或者在谨慎行事情况下应当发现产品的损害及其原因时起算。该法还通过规定产品的安全使用期来体现最长诉讼时效，即规定10年为最长责任期限，除非明示了产品的安全使用期长于10年。中国《产品质量法》在借鉴各国经验的基础上，对产品责任诉讼时效作出了与美国《统一产品责任示范法》基本相同的规定。

(八)争议的解决

《产品质量法》第47条规定："因产品质量发生民事纠纷时，当事人可以通过协商或者调解解决。当事人不愿通过协商、调解解决或者协商、调解不成的，可以根据当事人各方的协议向仲裁机构申请仲裁；当事人各方没有达成仲裁协议或者仲裁协议无效的，可以直接向人民法院起诉。"由此可见，《产品责任法》认为产品损害赔偿属于民事责任，相关争议可以通过协商调解、仲裁、诉讼三种途径解决。

第十三章　国际贸易管制法

☞【学习目标】
1. 掌握贸易管制的概念及法律特征
2. 掌握关税的含义及性质
3. 掌握非关税措施的分类及特点
4. 理解反倾销、反补贴和保障措施的必备条件

第一节　国际贸易管制的概述

一、国际贸易管制的概念

国际贸易管制，是指国家或国际经济组织为了特定的经济和政治目的，通过国内立法或缔结国际条约，限制外国或非成员国产品进口或本国产品出口的法律制度。

二、国际贸易管制的法律特征

（1）国际贸易管制就其实质而言体现了国家和国际经济组织对进出口贸易的直接干预。

（2）国际贸易管制是国家或国际经济组织为了特定的政治和经济目的而采取的一种保护性措施。

（3）国际贸易管制的法律依据通常是各国的国内立法和国际条约。

三、国际贸易管制的分类

（1）按管制目的分为进口贸易管制和出口贸易管制。
（2）按管制手段分为关税措施和非关税措施。
（3）按管制对象分为货物进出口贸易管制、技术进出口贸易管制和服务贸易管制。

第二节　对外贸易的管制措施

对外贸易管制，是指一国政府为了国家的宏观经济利益、国内外政策需要以及履行所缔结或加入国际条约的义务，确立实行各种制度、设立相应管理机构和规范对外贸

活动的总称。

一国实行对外贸易的管制措施主要有以下三个目的：一是为了发展本国经济，保护本国经济利益；二是为了达到国家政治或军事目的；三是为了实现国家职能。

下面我们就常见的关税措施和非关税措施进行详细阐述。

一、关税措施

（一）关税的含义

关税是指一国海关根据该国法律规定，对通过其关境的进出口货物课征的一种税收。关税在各国一般属于国家最高行政单位指定税率的高级税种，对于对外贸易发达的国家而言，关税往往是国家税收乃至国家财政的主要收入。政府对进出口商品都可征收关税，但进口关税最为重要，是主要的贸易措施。

（二）关税的种类

1. 按征收方法分类

（1）从价关税，是指依照进出口货物的价格作为标准征收关税。

$$从价税额 = 商品总价 \times 从价税率$$

（2）从量关税，是指依照进出口货物数量的计量单位征收定量关税。

$$从量税额 = 商品数量 \times 每单位从量税$$

（3）混合关税，是指依各种需要对进出口货物进行从价、从量的混合征税。

（4）选择关税，是指对同一种货物在税则中规定有从量、从价两种关税税率，在征税时选择其中征税额较多的一种关税，也可选择税额较少的一种为计税标准计征。

（5）滑动关税，是指关税税率随着进口商品价格由高到低而由低到高设置的税。可以起到稳定进口商品价格的作用。

2. 按商品流向分类

（1）进口税，是指进口国家的海关在外国商品输入时，对本国进口商所征收的正常关税（Normal Duties）。

（2）出口税，是指对本国出口的货物在运出国境时征收的一种关税。征收出口关税会增加出口货物的成本，不利于本国货物在国际市场的竞争。

（3）过境税，是指一国对于通过其关境的外国商品征收的关税。

3. 按货物国别来源而区别对待的原则分类

（1）最惠国关税，最惠国关税适用原产于与我国共同适用最惠国待遇条款的 WTO 成员国或地区的进口货物，或原产于与我国签订有相互给予最惠国待遇条款的双边贸易协定的国家或地区的进口货物。

（2）协定关税，协定关税适用原产于我国参加的含有关税优惠条款的区域性贸易协定的有关缔约方的进口货物。

（3）特惠关税，特惠关税适用原产于与我国签订有特殊优惠关税协定的国家或地区的进口货物。

（4）普通关税，普通关税适用原产于上述国家或地区以外的国家或地区的进口货物。

4. 因某种特定的目的而对进口的货物和物品征收的关税

(1)反倾销税，是针对实行商品倾销的进口商品而征收的一种进口附加税。

(2)反补贴税，是对于直接或间接接受奖金或补贴的进口货物和物品所征收的一种进口附加税。

我国政府规定，任何国家或者地区对其进口的原产于中华人民共和国的货物征收歧视性关税或者给予其他歧视性待遇的，我国海关对原产于该国家或地区的进口货物，可以征收特别关税。

(三)关税的性质

关税作为国家税收的一种，同其他税收一样，是国家凭借政治权利取得财政收入的一种方式，也是管理社会经济和国民生活的一种手段，因此，它具有强制性、无偿性、固定性。

1. 关税具有强制性

关税由国家凭借政治权力和法律强制征收，纳税人必须依法纳税，否则会受到法律制裁。

2. 关税具有无偿性

国家征收关税后即缴入国库，成为国家的财政收入，无须付给纳税人任何补偿。

3. 关税具有固定性

关税是按照国家规定的税则计征缴纳的，税率相对固定，一般不得随意变动和减免。

二、非关税措施

(一)非关税措施的概念

非关税措施(Non-tariff Measures，NTMs)，包括数量限制措施和其他对贸易造成障碍的非关税措施。数量限制措施表现为配额、进口许可证、自动出口限制和数量性外汇管制等；其他非关税措施包括技术性贸易壁垒、动植物检验检疫措施、海关估价、原产地规则，以及当地含量要求、贸易平衡要求、国内销售要求等投资管理措施，等等。

(二)非关税措施的种类

1. 进口配额制

进口配额制(Import Quotas)，就是一国政府在一定时期以内，对于某些商品的进口数量或金额加以直接限制，在规定时间内，超过配额的商品不许进口，或者须被征收较高的关税或罚款才能进口。

2. "自动"出口配额制

"自动"出口配额制("Voluntary" Restriction of Export)，是出口国家或地区在进口国的要求或压力下，"自动"规定某一时期内，某些商品对该国的出口限制，在限定的配额内自行控制出口，超过配额即禁止出口。

例如，日本曾一度在美国的压力下，限制其汽车的对美出口，按每年允许出口的汽车数量(配额)自行限制出口。

3. 进口许可证制

进口许可证制是指商品的进口，事先要由进口商向国家有关机构提出申请，经过审查批准并发给进口许可证后，方能进口，没有许可证，一律不准进口。

例如，我国对汽车的进口实施的是进口配额管理，进口商必须申请并取得与配额相关的进口许可证才能进口。根据有关承诺，我国在 2005 年 1 月 1 日前全部取消对汽车及其关键件、摩托车及其关键件的进口配额许可证管理。

4. 进口押金制

进口押金制又称进口存款制。它要求进口商在进口商品时，必须预先按进口金额的一定比率和规定的时间，在指定的银行无息存放一笔现金。这样就增加了进口商品的资金负担，从而起到限制进口的作用。

5. 外汇管制

外汇管制是指国家根据法令，对外汇买卖所实行的限制性措施。

对外贸易与外汇有密切的关系，出口可收进外汇，进口要付出外汇，因而外汇管制必然直接影响到进出口贸易。进口外汇管制是限制进口的一种手段。

6. 最低限价制

最低限价制是指进口国对某一商品规定最低价格，进口价格如低于这一价格就征收附加税。

例如，规定钢材每吨最低限价为 320 美元，若进口时每吨为 300 美元，则进口国要征收 20 美元的附加税，以抵消出口国可能的补贴或倾销。

7. 海关估价制

海关为征收关税，确定进口商品价格的制度称为海关估价制。有些国家的海关根据某些特殊规定，提高进口商品的海关估价，从而增加进口商品的关税负担，达到限制进口的目的。

8. 苛刻的技术、卫生、检验标准

一些国家为了限制进口，规定复杂、苛刻的工业产品技术标准、卫生检疫规定以及商品包装和标签规定，这些标准和规定往往以维护消费者安全和人民健康的理由来制定。但有些规定十分复杂，经常变化，使外国产品难以适应，从而起到限制进口的目的。我国出口的农产品存在农药残留量超标的问题，出口纺织品也存在有害物质超标现象，而且一些国家还在提高这些含量标准。这些将是我国在今后很长一段时期内面临的主要的非关税壁垒。

(三) 非关税措施的特点

关税措施是通过提高进口商品的成本，提高其价格，降低其竞争力，从而间接地起到限制进口的作用。非关税措施则是直接限制进口，与关税措施相比，非关税措施的特点如下：

1. 非关税措施具有较大的灵活性和针对性

关税税率的制定往往需要一个立法程序，一旦以法律的形式确定下来，便具有相对的稳定性。且受到最惠国待遇条款的约束，进口国往往难以做到有针对性的调整。

非关税措施的制定和实施，则通常采用行政手段，进口国可根据不同的国家作出调整，因而具有较强的灵活性和针对性。

2. 非关税措施更易达到限制进口的目的

关税措施是通过征收高额关税，提高进口商品的成本来削弱其竞争力。若出口国政府对出口商品予以出口补贴或采取倾销的措施销售，则关税措施难以达到预期效果。非关税措施则能更直接地限制进口。

3. 非关税措施更具有隐蔽性和歧视性

一国的关税一旦确定下来之后，往往以法律法规的形式公布于世，进口国只能依法行事。而非关税措施往往不公开，或者规定为烦琐复杂的标准或程序，且经常变化，使出口商难以适应。而且，有些非关税措施就是针对某些国家的某些产品设置的。

第三节　贸易救济的措施

贸易救济措施是为了保护本国贸易安全而制定的措施。中国的贸易救济措施主要包括反倾销、反补贴、保障措施，此外，中国对外贸易法还规定了其他救济措施，如适用服务贸易的保障措施，针对进口转移的救济措施，其他国家未履行义务时的救济措施、反规避措施、预警应急机制等。

一、反倾销措施

《中华人民共和国反倾销条例》(以下简称反倾销条例)于 2001 年制定实施，2004 年3 月修订。该条例将《对外贸易法》中有关反倾销的规定具体化、明确化，确立了反倾销调查和反倾销措施的要求和程序。根据该条例，进口产品以倾销方式进入中国市场，并对已经建立的国内产业造成实质损害或者产生实质损害威胁，或者对建立国内产业造成实质阻碍的，我国应依照该条例进行调查，采取反倾销措施。进口产品存在倾销、对国内产业造成损害、二者之间有因果关系，是采取反倾销措施的必要条件。

(一)倾销与损害的确定

1. 倾销

倾销是指在正常贸易过程中进口产品以低于其正常价值的出口价格进入中国市场。对倾销的调查和确定，由商务部负责。确定倾销的关键是比较正常价值和出口价格。出口价格低于其正常价值的幅度，为倾销幅度。

正常价值按下列方法确定：进口产品的同类产品在出口国(地区)国内市场的正常贸易过程中有可比价格的，以该可比价格为正常价值；进口产品的同类产品，在出口国(地区)国内市场的正常贸易过程中没有销售的，或者该同类产品的价格、数量不足以进行公平比较的，以该同类产品出口到一个适当第三国(地区)的可比价格，或者以该同类产品在原产国(地区)的生产成本加合理费用、利润，为正常价值。进口产品不直接来自原产国(地区)的，按照出口国(地区)的可比价格确定正常价值；在出口仅通过出口国(地区)转运、产品在出口国(地区)无生产或者在出口国(地区)中不存在可比价格等情形下，可以该同类产品在原产国(地区)的价格为正常价值。

出口价格按照下列方法确定：进口产品有实际支付或应当支付的价格为出口价格；没有出口价格或其价格不可靠，使用首次转售给独立购买人的价格推定出的价格为出口价格；未转售给独立购买人或者未按进口时的状态转售的，在合理基础上推定出口价格。

上述得出的正常价值和出口价格并不能直接比较，而应当考虑、调整影响价格的各种可比性因素，进行公平、合理的比较。倾销幅度的确定，应以加权平均正常价值与全部可比出口交易的加权平均出口价格比较，或将正常价值和出口价格在逐笔交易基础上比较。出口价格在不同的购买人、地区、时期之间存在很大差异，不能按前两种方法比较时，使用加权平均正常价值与单一出口交易的出口价格进行比较。

2. 损害

损害是指倾销对已经建立的国内产业造成实质损害或者产生实质损害威胁，或者对建立国内产业造成实质阻碍。商务部负责对损害的调查和确定。涉及农产品的反倾销调查，由商务部会同农业部进行。

在确定倾销对国内产业造成的损害时，应审查下列事项：倾销进口产品的数量；倾销进口产品的价格；倾销进口产品对国内产业的相关经济因素和指标的影响；倾销进口产品的出口国（地区）、原产国（地区）的生产能力、出口能力，被调查产品的库存情况；造成国内产业损害的其他因素。

国内产业是指中国国内同类产品的全部生产者，或者其生产产品的总产量占国内同类产品全部总产量的主要部分的生产者。但是，国内生产者与出口经营者或者进口经营者有关联的，或者其本身为倾销进口产品的进口经营者的，可以排除在国内产业之外。特殊情况下，国内一个区域市场中的生产者，在该市场中销售其全部或者绝大多数的同类产品，并且该市场中同类产品的需求主要不是由国内其他地方的生产者供给的，可以视为一个单独产业（区域产业）。

同类产品指与倾销进口产品相同的产品；没有相同产品的，以与倾销进口产品的特性最相似的产品为同类产品。

在确定倾销对国内产业造成的实质损害时，应当依据肯定性证据。在确定倾销对国内产业造成的实质损害威胁时，应当依肯定性证据，不得仅依据指控、推测或者极小的可能性。

3. 因果关系

倾销进口与国内产业损害间必须存在因果关系。倾销进口必须是造成国内产业损害的原因。在确定倾销对国内产业的损害时，应当依据肯定性证据，不得将非倾销因素对国内产业造成的损害归因于倾销。

4. 累积评估

倾销进口产品来自两个以上国家（地区），并且同时满足下列条件的，可以就倾销进口产品对国内产业造成的影响进行累积评估：第一，来自每一国家（地区）的倾销进口产品的倾销幅度不小于2%，并且其进口量不属于可忽略不计的；第二，根据倾销进口产品以及倾销进口产品与国内同类产品之间的竞争条件，进行累积评估是适当的。

(二)反倾销调查

发起反倾销调查有两种发起方式，主要是基于国内产业或者代表国内产业的自然人、法人或者有关组织向商务部提出反倾销调查的书面申请；特殊情况下，商务部可以自主决定立案调查。

反倾销调查的申请应特别包括下述两个方面：第一，申请调查的进口产品倾销、对国内产业造成损害、二者之间存在因果关系的证据；第二，有足够的国内生产者的支持，在支持申请和反对申请的生产者中，支持者的产量占二者总产量的50%以上，同时不得低于国内同类产品总产量的25%。

商务部调查时，利害关系方(申请人、已知的出口经营者和进口经营者、出口国家(地区)政府以及其他有利害关系的组织、个人)应当如实反映情况，提供有关资料。利害关系方不如实反映情况、提供有关资料的，或者没有在合理时间内提供必要信息的，或者以其他方式严重妨碍调查的，商务部可以根据已经获得的事实和可获得的最佳信息作出裁定，即基于现有事实作出裁定。

反倾销调查分为初步裁定和终局裁定两个阶段。初步裁定倾销、损害和二者之间的因果关系成立的，继续调查，作出终局裁定。下列情形下，终止反倾销调查：申请人撤销申请；没有足够证据证明存在倾销、损害或者二者之间有因果关系；倾销幅度低于2%；倾销进口产品实际或者潜在的进口量或者损害可忽略不计；商务部认为不适宜继续进行反倾销调查。

(三)反倾销措施

反倾销措施包括临时反倾销措施、价格承诺和反倾销税。

初步裁定确定倾销成立并由此对国内产业造成损害的，可以采取临时反倾销措施。临时反倾销措施包括征收临时反倾销税、要求提供保证金、保函或其他形式的担保，其数额不得超过初步裁定确定的倾销幅度。临时反倾销措施实施的期限，自临时反倾销措施决定公告实施之日起不得超出4个月，特殊情形下可延长至9个月。在反倾销立案调查决定公告之日起的60天内，不得采取临时反倾销措施。

倾销进口产品的出口经营者在反倾销调查期间，可以向商务部作出改变价格或者停止以倾销价格出口的价格承诺。商务部可以建议但不得强迫出口经营者作出价格承诺。出口经营者不作出价格承诺或不接受价格承诺建议，不妨碍反倾销案件的调查和确定。是否接受价格承诺，由商务部决定。商务部认为价格承诺能够接受并符合公共利益的，可以决定中止或终止反倾销调查，不采取临时反倾销措施或征收反倾销税。商务部作出初步裁定前不得寻求或者接受价格承诺。应出口商请求，或商务部认为有必要，商务部接受价格承诺后继续进行调查并作出否定的倾销或损害的终局裁定，价格承诺自动失效；作出肯定的倾销和损害裁定的，价格承诺一直有效。出口经营者违反价格承诺，商务部可立即恢复反倾销调查；根据现有最佳信息，可决定采取临时反倾销措施，并可以对实施临时反倾销措施前90天内进口的产品追溯征收反倾销税，但违反价格承诺前进口的产品除外。

终局裁定确定倾销成立并由此对国内产业造成损害的，可以征收反倾销税。征收反倾销税应符合公共利益。反倾销税的纳税人为倾销进口产品的进口经营者。反倾销税税额不得超过终局裁定确定的倾销幅度。

反倾销税对终局裁定公告之日后进口的产品适用，但在特殊情况下也可以追溯征收。追溯条件和追溯时间是特别注意的问题。除上述违反价格承诺的情形外，还包括另外两种情形。终裁决定确定存在实质损害或实质损害威胁，并且在此前已经采取临时反倾销措施的，反倾销税可以对已经实施临时反倾销措施的期间追溯征收。对实施临时反倾销税的期间追溯征收的，采取多退少不补的原则。即终裁决定确定的反倾销税额高于已付或应付临时反倾销税或担保金额的，差额部分不予征收；低于已付或应付临时反倾销税或担保金额的，差额部分应予退还或重新计算。

满足下列两项条件时，可以对立案调查后、实施临时反倾销税之日前 90 天内进口的产品追溯征收反倾销税：倾销进口产品有对国内产业造成损害的倾销历史，或者该产品的进口经营者知道或者应当知道出口经营者实施倾销并且倾销对国内产业将造成损害；倾销进口产品在短期内大量进口，并且可能会严重破坏即将实施的反倾销税的补救效果。

终局裁定确定不征收反倾销税的，或者终局裁定未确定追溯征收反倾销税的，应当退还已征收的临时反倾销税、已收取的保证金，解除保函或者其他形式的担保。

（四）反倾销措施的期限和复审

反倾销税的征收期限和价格承诺的履行期限不超过 5 年；但是经复审确定终止征收反倾销税有可能导致损害的继续或者再度发生的，可以适当延长反倾销税的征收期限。

对于反倾销税和价格承诺，商务部可以决定对其必要性进行复审；经利害关系方申请，商务部也可以对反倾销税和价格承诺的必要性进行复审。根据复审结果，商务部作出保留、修改或者取消反倾销税或价格承诺的决定。复审期间，复审程序不妨碍反倾销措施的实施。

二、反补贴措施

2001 年制定、2004 年修订的《中华人民共和国反补贴条例》规定，进口产品存在补贴，并对已经建立的国内产业造成实质损害或者产生实质损害威胁，或者对建立国内产业造成实质阻碍的，依照该条例的规定进行调查，采取反补贴措施。

（一）补贴及专向补贴

补贴是指出口国（地区）政府或者其任何公共机构（以下统称出口国政府）提供的并为接受者带来利益的财政资助以及任何形式的收入或者价格支持。除收入或价格支持外，构成补贴须具备两个要素：政府提供的财政资助和接受者获得的利益。

财政资助包括下述情形：出口国政府以拨款、贷款、资本注入等形式直接提供资金，或者以贷款担保等形式潜在地直接转让资金或者债务；出口国政府放弃或者不收缴应收收入；出口国政府提供除一般基础设施以外的货物、服务，或者由出口国政府购买货物；出口国政府通过向筹资机构付款，或者委托、指令私营机构履行上述职能。

根据《反补贴条例》进行调查、采取反补贴措施的补贴，必须具有专向性。2004 年 4 月修订的《对外贸易法》进一步明确了补贴的专向性，指"进口的产品直接或间接接受出口国家或地区给予的任何形式的专向性补贴"。下列补贴为专向补贴：由出口国政府明确确定的某些企业、产业获得的补贴；由出口国法律、法规明确规定的某些企业、产业获得的补贴；指定特定区域内的企业、产业获得的补贴；以出口实绩为条件获得的补贴，包括该条例所附出口补贴清单列举的各项补贴；以使用本国(地区)产品替代进口为条件获得的补贴。在确定补贴专向性时，还应考虑受补贴企业的数量和企业受补贴的数额、比例、时间以及综合开发补贴的方式等因素。

补贴的调查和确定，由商务部负责。

(二)损害

损害是指补贴对已经建立的国内产业造成实质损害或者产生实质损害威胁，或者对建立国内产业造成实质阻碍。对损害的调查和确定，由商务部负责；涉及农产品的，由商务部会同农业农村部进行。

在确定补贴对国内产业的损害时，应审查下列事项：补贴可能对贸易造成的影响；补贴进口产品的数量，包括补贴进口产品的绝对数量或者相对于国内同类产品生产或消费的数量，是否大量增加，或者补贴进口产品数量大幅增加的可能性；补贴进口产品的价格影响，包括补贴进口产品的价格削减或者对国内同类产品的价格产生大幅度抑制、压低等影响；补贴进口产品对国内产业的相关经济因素和指标的影响；补贴进口产品出口国、原产国的生产能力、出口能力，被调查产品的库存情况；造成国内产业损害的其他因素。

对实质损害威胁的确定，应当依据事实，不得仅依据指控、推测或者极小的可能性。

在一定条件下，对来自两个以上国家的补贴进口产品，可以进行累积评估。其条件主要包括：不属于微量补贴，进口量不可忽略不计；根据补贴进口产品间的竞争条件及补贴进口产品与国内同类产品间的竞争条件，累积评估适当。

《反补贴条例》中国内产业、区域产业、关联企业以及同类产品的概念，与《反倾销条例》中的相应概念类似。在反补贴调查程序中，利害关系方包括申请人、已知的出口经营者、进口经营者以及其他有利害关系的组织、个人。出口国政府为利害关系国。

(三)补贴进口产品与国内产业损害间的因果关系

补贴进口产品必须是国内产业损害的原因。在确定补贴对国内产业的损害时，应当依据肯定性证据，不得将对国内产业造成损害的非补贴因素，归因于补贴进口产品。

(四)反补贴调查及反补贴措施

反补贴调查的程序与反倾销调查的程序基本相同。反补贴措施与反倾销措施类似，包括临时反补贴措施、承诺及反补贴税；其实施条件基本相同。不同的是，出口国政府或出口经营者，都可以作出承诺，分别承诺取消、限制补贴或其他有关措施，承诺修改价格。反补贴税额不得超过终裁决定确定的补贴金额。反补贴税的纳税人为补贴进口产品的进口经营者。

反补贴税只能对终裁决定公告之日后进口的产品适用，但下述情形除外：违反承诺的，可采取临时反补贴措施，并可对实施临时反补贴措施前90天内进口的产品追溯征收反补贴税，但违反承诺前进口的产品除外。终裁决定确定存在实质损害或实质损害威胁，此前已经采取临时反补贴措施，反补贴税可对临时反补贴措施的期间追溯征收。下列三种情形并存的，必要时，可以对实施临时反补贴措施之日前 90 天内进口的产品追溯征收反补贴税：补贴进口产品在较短的时间内大量增加；此种增加对国内产业造成难以补救的损害；此种产品得益于补贴。

三、保障措施

《中华人民共和国保障措施条例》于 2002 年 1 月 1 日起施行，2004 年 3 月进行了修订。

（一）采取保障措施的基本条件

如果根据该条例进行的保障措施调查，确定进口产品数量增加，并对生产同类产品或者直接竞争产品的国内产业造成严重损害或者产生严重损害威胁，可以采取保障措施。进口产品数量增加、国内产业受到损害、二者之间存在因果关系，是采取保障措施的三个基本条件。进口数量增加指进口数量的绝对增加或者与国内生产相比的相对增加。适用保障措施要求的产业损害程度重于反倾销或反补贴要求的损害程度，即严重损害而不是实质损害。

（二）调查的发起

与国内产业有关的自然人、法人或者其他组织，可以依照该条例，向商务部提出保障措施的申请；必要时，商务部在没有收到此类申请时，也可以立案调查。该条例对申请人，不存在《反倾销条例》或《反补贴条例》中的产业支持量的要求。一般保障措施调查，由商务部负责；涉及农产品的，由商务部会同农业农村部进行。商务部根据调查结果，可以作出初裁决定，也可以直接作出终裁决定。

（三）进口产品数量增加

进口产品数量增加，是指进口产品数量与国内生产相比绝对增加或者相对增加。进口产品增加这一条件的关键是增加的确定。国内主管机关应对进口产品增加提供合理的充分说明。由于存在相对增加这一情况，增加并不仅仅是一个量的概念。不仅要求证明数量的任何增加，而且还要证明以造成严重损害或威胁的数量和条件进口，这要求必须评估以绝对和相对条件进口增加的比率和数量。用于比较的时间点、调查期间内的增长趋势，都是考虑因素。调查期限内进口数量的暂时下降，对进口产品增加的确定不起决定作用。

（四）损害的调查与确定

在确定进口产品数量增加对国内产业造成的损害时，应当审查下列相关因素：进口产品的绝对和相对增长率及增长量；增加的进口产品在国内市场中所占的份额；进口产品对国内产业的影响，包括对国内产业在产量、销售水平、市场份额、生产率、设备利用率、利润与亏损、就业等方面的影响；造成国内产业损害的其他因素。对严重损害威胁的确定，应当依据事实，不能仅依据指控、推测或者极小的可能性。国内产业，是指中国国内同类产品或者直接竞争产品的全部生产者，或者其总产量占国内同类产品或直接竞争产品全部总产量的主要部分的生产者。

（五）进口产品数量增加与国内产业损害间的因果关系

商务部就根据客观事实和证据，确定进口产品数量增加与国内产业损害是否存在因果关系。进口增加以外的因素对国内产业造成的损害不得归因于进口增加。

(六)保障措施的实施

有明确证据表明进口产品数量增加，在不采取临时保障措施将对国内产业造成难以补救的损害的紧急情况下，商务部可以作出初步裁定，并采取临时保障措施。临时保障措施采取提高关税的形式。

终局裁定确定进口产品数量增加，并由此对国内产业造成损害的，可以采取保障措施。保障措施可以采取提高关税、数量限制等形式。保障措施应针对正在进口的产品实施，不区分产品来源国(地区)。采取保障措施应限制在防止、补救严重损害并便利调整国内产业所必要的范围内。终裁决定确定不采取保障措施的，已征收的临时关税应当予以退还。

保障措施的实施期限不超过 4 年。符合法律规定的条件的，保障措施的实施期限可以适当延长，但一项保障措施的实施期限及延长期限，最长不超过 10 年。保障措施实施期限超过 1 年的，应当在实施期间内按固定时间间隔逐步放宽。这些都不同于反倾销措施或反补贴措施。

对同一进口产品再度采取保障措施的，与前次采取保障措施的时间间隔应当不短于前次采取保障措施的实施期限，并且至少为 2 年。符合下列条件的，对一产品实施的期限为 180 天或更短的保障措施，可以不受前述时间间隔的限制：自对该进口产品实施保障措施之日起，已经超过 1 年；自实施该保障措施之日起 5 年内，未对同一产品实施 2 次以上保障措施。

另外，根据修订后的《对外贸易法》，在进口产品增加损害国内产业时，除采取清除或减轻损害的保障措施外，还可以对该产业提供必要的支持。

第十四章　国际商事仲裁与诉讼

☞【学习目标】
1. 掌握国际商事仲裁的含义及特点
2. 掌握国际商事诉讼的含义及特点
3. 理解国际商事仲裁与国际商事诉讼的区别及联系
4. 了解我国的商事仲裁法律

国际商事活动中的争端产生在所难免，而解决国际经济贸易的争端方法也多种多样，概括起来说主要有协商、调解、仲裁和诉讼四种。下面将对国际商事仲裁与国际商事诉讼的相关知识进行详细梳理。

第一节　国际商事仲裁

一、国际商事仲裁的概念

国际商事仲裁，又称对外经济贸易及海事仲裁、涉外仲裁等，是指不同国家的公民、法人将他们在对外经济贸易及海事中所发生的争议，以书面的形式，自愿交由第三者进行评断和裁决。作出仲裁裁决的仲裁机构是民间机构，而非国家法院，这种民间机构一般是国际性的仲裁机构、区域性的仲裁机构、国家性的仲裁机构或专业性机构。尽管仲裁机构具有民间性，但仲裁裁决对争议各方均具有法律约束力和终局性。国际商事仲裁主要运用于下列案件：国际货物买卖合同中的争议；国际货物运输中的争议；国际保险中的争议；国际贸易、支付结算中的争议；国际投资、技术贸易以及合资、合作经营、补偿贸易、来料加工、国际租赁、国际合作开发自然资源、国际工程承包等方面的争议；国际知识产权保护方面的争议；海上碰撞、救助和共同海损中的争议；国际环境污染、涉外侵权行为中的争议等。

二、国际商事仲裁的分类

国际商事仲裁的种类很多，按照不同的分类标准，可作出不同的分类。但一般而言，主要有一般以下三种分类方法。

第一，按照国际商事仲裁协议主体的法律地位的不同，可分为不同国家的国民之间和国家与他国国民之间的商事仲裁。

1. 不同国家的国民之间的商事仲裁

此处的国民，不仅包括自然人、法人，也包括其他法律实体。其特点是，尽管当事双方属于不同的国家，但他们在国际商事交易中所处的法律地位是平等的，因而具有对等的权利与义务。我们平常所说的国际商事仲裁绝大多数属于此类仲裁。

2. 国家与他国国民之间的商事仲裁

此类仲裁的特点是一方当事人为主权国家或政府行政主管部门，他方为另一国家的国民，他们之间的争端一般是由于国家的管理行为而引起的。按照一些国家的法律，此类争端不能通过仲裁方式解决，只能诉诸法院。但也有一些国家的法律或国际公约规定对这类争端也可通过仲裁解决，如世界银行就主持制定了《解决国家与他国国民间投资争端公约》，主张以仲裁方式解决国家与他国国民之间的投资争端。一些双边投资保护协议中，也有通过仲裁解决东道国与对方国家的投资者之间的争端的规定。

第二，根据参与仲裁程序的利害关系人人数的不同，可分为双方和多方当事人仲裁。

1. 争端双方当事人之间的仲裁

仲裁庭的管辖权来源于双方当事人之间的协议，一般情况下的争端均为双方当事人之间的争端。由订立仲裁协议的双方当事人在协议项下的争端发生后将其提交约定的仲裁庭解决。而仲裁庭所解决的争端也仅限于该双方当事人之间的争端，对第三人则无管辖权。即使该第三人对争端的标的具有独立的请求权或者与该仲裁案件审理的结果有着直接的利害关系。

2. 争端多方当事人之间的仲裁

在国际商事合同中，如果争端涉及两个以上的公司或个人之间就同一合同或与该合同有关的含有相同仲裁条款的合同争端，就可能会涉及多方为同一仲裁程序当事人的情况。买卖合同中也有这样的情况，第一个合同的买方为第二个合同的卖方。且两个合同的条款是一致的，如果就合同的履行发生了争端，就可能涉及三方当事人仲裁的问题。但如果不涉及第三方的利益，第三方也无须参与此项仲裁。

第三，根据审理国际商事争端的仲裁机构是否具有固定的名称、章程和办公地，可分为临时仲裁机构和和常设仲裁机构。

1. 临时仲裁机构

临时仲裁机构是根据当事人之间的仲裁协议而临时设立的审理特定案件的机构，即事实上的仲裁庭。当案件审理终结并作出仲裁裁决后，该仲裁机构即行解散。临时仲裁机构的主要优点是程序上比较灵活，可提高工作效率和节省仲裁费用。因为一般情况下常设仲裁机构均收取管理费，此外还要办理其他一些复杂的手续。临时仲裁机构的缺点是当事人得就仲裁所涉及的各种问题都作出约定，因此，其优势的发挥，有赖于当事各方的密切合作。我国仲裁法没有就临时仲裁作出规定，而目前我国设立的诸多的仲裁委员会，均为常设仲裁机构。

2. 常设仲裁机构

常设仲裁机构是依据国际公约或一国国内法设立的审理国际商事仲裁案件的机构。前者如解决投资争端国际中心，后者如中国国际经济贸易仲裁委员会、美国仲裁协会等。这些机构均有其特定的名称、章程和固定的办公地点，多数还有其仲裁规则，许多还有专门的供当事人选择的仲裁员名册。常设仲裁机构一般都比较规范且有专门的秘书处负责管理方面的工作，包括确认收到并转交仲裁申请书和答辩状，按规定收取仲裁费，协助组成仲裁庭，安排开庭等事项，并提供纪录、翻译等方面的服务。在国际商事仲裁实践上，一些重大的仲裁案件，一般均由常设仲裁机构进行仲裁。即便在临时仲裁的情况下，当事人一般也可以请求常设仲裁机构提供某些管理方面的服务，如代为指定仲裁员等。与临时仲裁相比，常设仲裁机构对于保障仲裁程序的顺利进行和仲裁裁决的质量，具有重要的作用。

第四，根据常设仲裁机构的性质的不同，可分为国际性、区域性和行业性仲裁机构。

三、国际商事仲裁的特点

（一）自治性

国际商事仲裁是以当事人的自愿和协议为基础的，在国际商事仲裁中，当事人可以自由地选择仲裁事项、仲裁地点、仲裁机构、仲裁员、仲裁程序以及仲裁庭进行裁决时所适用的法律，等等。仲裁人处理仲裁案件的权利也来自当事人的同意。国际商事仲裁的这一特点是人们愿意采用其解决争议的重要原因。

（二）民间性

国际商事仲裁的仲裁人，特别是仲裁机构，一般都是非国家机关或非官方机构，这种民间性对那些对官方机构不信任的当事人来说，非常有吸引力。

（三）中立性

在国际民商事交往中，不同国家的当事人都力图将其争议提交本国法院依照本国法律解决，因为他们互不信任对方国家法院的公正性。而在国际商事仲裁中，尽管仲裁人或仲裁机构是当事人选定的，但前者并不代表后者，而是居中评判是非，具有中立性。尤其是在国际上有一些仲裁机构本身不隶属于任何国家，仲裁案件可以中立于当事人所属国之外，不受任何一方当事人所属国司法制度和公共政策的影响。

（四）保密性

法院审理案件一般应公开进行，而仲裁案件的审理是不公开的，这有利于争议当事人双方不将其工商业秘密和分歧公布于众。

（五）快捷性

世界上大多数国家都承认国际商事仲裁的一裁终裁制，即使仲裁裁决一经作出便具有法律效力，不得上诉，而国际商事诉讼在很多国家至少是两审终审。因此，国际商事仲裁不仅减少了当事人的时间成本，也减少了当事人的经济成本。

第二节　国际商事诉讼

一、国际商事诉讼的概述

国际商事争议发生后，如果不存在有效的仲裁协议，任何一方当事人都可以向有管辖权的法院起诉，请求司法解决，这就是国际商事诉讼。尽管国际商事诉讼存在程序严格、繁琐，法官专业知识欠缺等不足，但它作为调解或和解与仲裁外的另一种补救手段仍然具有重要意义。下面仅就国际商事诉讼法中外国当事人诉讼地位问题与诉讼管辖权问题作简要介绍。

（一）外国当事人的诉讼地位

外国当事人的诉讼地位是指外国自然人或法人在某一国家境内享有什么样的诉讼权利，承担什么样的诉讼义务，以及具有什么样的诉讼行为能力。外国人在某一国境内具有一定的诉讼地位是国际商事诉讼开始进行的前提，各国的诉讼法及有关国际公约都对此作了明确规定：

（1）规范外国自然人诉讼权利义务的一般原则是国民待遇原则，即规定外国人享有与本国国民同等的民事诉讼权利，承担同样的诉讼义务；

（2）确定外国自然人的诉讼行为能力原则上依属民法，但为保护善意的对方当事人，尤其是本国国民的合法权益，各国又补充规定，如果依法院地方法有关外国人具有诉讼行为能力，即视为有行为能力；

（3）外国法人的诉讼地位一般都由诉讼法作出特别规定。

（二）诉讼管辖权

国际商事诉讼的管辖权是指一国法院有受理——审判具有国际因素或涉外因素的商事案件的权限。它要解决的是某一特定的国际商事案件究竟是哪个国家的法院具有管辖权的问题。由于彼此政治经济利益的不同，各国关于诉讼管辖权的规定各异，故至今国际上尚未形成统一的国际商事诉讼管辖权制度，现将几个主要国家关于诉讼管辖权确定的规定介绍如下：

（1）英美法系国家一般将诉讼分为对人诉讼和对物诉讼。对人诉讼指仅能对特定的债务人提起，以保护特定债权人的诉讼；对物诉讼是指可对任何侵害人提起，以保护物权和身份权的诉讼。英美法国家的法院根据"有效控制原则"分别确定对这两类诉讼是否具有管辖权。在对人诉讼中，只要被告在送达传票时处于本国境内，有关传票能有效送达该被告，本国法院就对此案件具有管辖权；在对物诉讼中，只要有关财产处于本国境内，或有关被告的住所处于本国境内，本国法院就对该案件具有管辖权。

（2）法国为代表的拉丁法系各国一般根据有关当事人的国籍来确定一国法院的管辖权，规定本国法院对有关本国国民的诉讼具有管辖权，即便有关诉讼与本国毫无联系也不例外。

（3）德国、奥地利、日本等国根据被告人的住所来确定本国法院对有关案件是否具有管辖权，同时把依国籍确定管辖权作为例外。比如规定除了如不动产物权诉讼、继承案件等由本国法院专属管辖的案件外，其他案件都依被告的住所地来确定国际商事诉讼管辖权，而有关婚姻案件和各种涉及身份关系的诉讼才由当事人的国籍所属国的法院管辖。

二、国际商事诉讼的特点

（一）案件适用范围具有涉外性

涉外性表现为：诉讼当事人中必须至少有一方为外国人（或当事人的住所、居所或者惯常居所位于外国）；诉讼客体是位于外国的物或导致涉外商事关系产生、变更或消亡的法律事实发生于国外；援用的证据具有涉外因素；法院根据冲突规范的指引，需援引某一外国法作为案件的准据法；诉讼过程中会涉及国际司法协助问题等。

（二）审判机构、适用法律的复杂性

国际商事诉讼的审判机构一般是不同国家的人民法院、司法机构，国际商事诉讼的法律渊源既适用于国内立法与判例，也适用于国际条约与惯例，由于各国的法律环境的不同等导致了在诉讼过程中的复杂性。

（三）诉讼程序的涉外性

商事诉讼程序主要包括：起诉和受理、审理前的准备、开庭审理和宣判、二审程序、审判监督程序、执行程序等，而在国际商事诉讼中是由于不同国家的主体参与的，因此具有涉外性。

三、国际商事诉讼的原则

所谓国际民事诉讼程序的基本原则，是指为世界大多数国家公认的，贯穿于国际民事诉讼的各个领域和各个阶段的，具有普遍指导意义的原则。主要有以下四个原则：

（一）国家主权原则

这是国际民事诉讼程序最根本的原则。在国际民事诉讼程序中，国家主权原则主要体现在四个方面：第一是各国有权确定其司法管辖权的范围；第二是国家享有司法豁免权；第三是诉讼程序依法院地法；第四是任何外国法院的判决，未经本国法院承认，在本国领域内不发生法律效力，得不到执行。

（二）平等互惠原则

平等互惠原则是指在本国公民和法人在外国享受某种民事诉讼权利的条件下，给予该外国公民和法人以同等的民事诉讼权利；如该外国对本国公民和法人的民事诉讼权利予以限制，则本国对该外国公民和法人的民事诉讼权利作对等的限制。

（三）国民待遇原则

国民待遇原则是指一个国家把给予本国公民和法人的民事诉讼权利，也给予在本国境内的外国公民和法人。

（四）信守国际条约和参照国际惯例原则

一国法院在审理涉外民事案件时，应当尊重和信守国际条约的规定。对于国际惯例，只要不危害本国主权和安全，不违背本国的公共秩序，也可参照适用。

四、国际商事仲裁与国际商事诉讼的比较

（一）国际商事仲裁与诉讼的区别

1. 审理机构的性质不同

国际商事仲裁机构，无论是常设仲裁机构还是临时仲裁机构都是民间组织。而国际商事诉讼的审理机构是法院；法院则是由官方设立的，法院作为国家机构的重要组成部分，是国家的审判机关，代表国家行使审判权。

2. 管辖权的来源不同

仲裁机构对案件的管辖权来自于双方自愿订立的仲裁协议和协议约定的仲裁事项，仲裁庭不得对当事人约定范围以外的事项进行仲裁。而法院对案件的管辖主要分为法定管辖和协议管辖。在法定管辖范围内，法院可以审判法定范围内的任何事项，无须当事人的协议。在协议管辖范围内，各国法律允许当事人以协议约定管辖法院。但与选择仲裁机构相比，当事人协议选择管辖法院的权利要受到许多限制。大多数国家都有条件地承认当事人选择管辖法院的权利，如协议选择的法院只限于与合同有联系的第一审法院；协议管辖只限于非专属管辖的案件等。

3. 审理人员的产生方式不同

仲裁机构的仲裁员是仲裁机构聘任的，仲裁具体案件的仲裁员是根据当事人的指定或仲裁协议规定的方式产生的。法院的审判人员是由国家任命或选举产生的，审理具体案件的法官由法院任命，当事人无权指派或选择法官。

4. 审理的程序和效力不同

在仲裁中，当事人可以选择仲裁程序规则，仲裁庭要按照当事人选择或同意的仲裁程序规则进行仲裁。仲裁实行一裁终局制，仲裁庭一旦作出仲裁裁决，即对双方当事人均有约束力。在诉讼中，当事人不能选择程序法，法院只能按照法院所在地国的程序法审理案件。诉讼一般为二审终审制，有些国家甚至实行三审终审制。若当事人对一审法院的判决不服，可以在法定的期限内向上级法院上诉，只有上级法院的判决或被上级法院驳回上诉的判决，才发生效力。

☞【思考】

申请人英国甲公司与被申请人北京乙公司曾经签订一份丝绸买卖合同，其中的仲裁条款规定："与本合同有关的或与执行本合同有关的一切争议应通过友好协商解决，如协商不成的，则应提交CIETAC按其公布的仲裁规则在北京进行仲裁，仲裁委员会的仲裁是终局性的。"争议发生后，CIETAC接受了申请人的申请并受理了此案。被申请人指定了仲裁员并提交了答辩书。在首次仲裁开庭时，被申请人对仲裁委员会的管辖权提出了异议，其理由是双方签订的合同中规定："乙方应用电传或传真确认合同生效。"而甲方至今也没有办理确认手续。因此，合同尚未生效，不能提交仲裁。请问：

1. CIETAC对该合同的争议是否有管辖权？
2. 被申请人的抗辩理由是否成立？为什么？

(二)国际商事仲裁与诉讼的联系

1. 案件受理方面的联系

仲裁机构和法院对案件的受理，以当事人之间是否有仲裁协议为划分依据。凡达成仲裁协议的，当事人只能向仲裁机构申请仲裁。但如果一方仍将案件提交法院要求审理，法院可以根据《承认和执行外国仲裁裁决公约》的规定，对该案涉及的仲裁协议的有效性进行审查。如果法院查明仲裁协议是无效的、未生效的或不能实行的，则法院可以受理该案。否则，法院则应该依另一方当事人的请求，让提起诉讼的当事人把案件提交仲裁。若当事人没有仲裁协议，可以向法院提起诉讼。

2. 财产保全方面的联系

仲裁机构作为民间组织，不享有采取强制措施的权力，无权对当事人的财产作出保全裁定。在仲裁过程中，当事人申请财产保全的，经仲裁庭审查后，还须提交法院裁定，才能采取保全措施。

3. 裁决执行方面的联系

仲裁虽然实行一裁终局制，但仲裁机构对其裁决无强制执行的权力。若一方当事人不履行仲裁裁决所确定的义务，另一方当事人只能向法院申请强制执行。需注意的是，各国法律在保证仲裁裁决独立的同时，也允许法院在一定程度上对仲裁加以监督。有些仲裁裁决，法院可以裁定不予执行。可见，仲裁裁决的正确性和合法性是法院行使强制执行权的基础；仲裁裁决效力的实现，以法院行使强制执行权作为后盾。

五、国际商事仲裁和诉讼的优劣比较

1. 从专业性来看

仲裁员一般是有关方面的专家、学者，熟悉有关的业务、法律、国际惯例、格式合同等。在专业分工越来越细的当今社会，隔行如隔山，选择专业仲裁员，可以迅速、准确地把握争议的实质，提高裁决的质量和速度。

2. 从当事人的自主性来看

仲裁程序的当事人不仅可以选择仲裁地点、仲裁机构、仲裁程序规则、仲裁事项，甚至可以选择仲裁员，当事人享有很大的自主权。但在诉讼中，当事人只能在有管辖权的法院提起诉讼，其他方面则只能由法院决定，当事人的自主性受到很大限制。

3. 从保密性来看

仲裁一般是秘密进行的，除双方当事人和仲裁员外，他人不能旁听，裁决一般不予公布，保密性较强。但诉讼一般公开进行，欢迎旁听，大案则有众多记者采访报道，保密性较弱。

4. 从对双方合作基础的影响而言

仲裁员受雇于争议双方，其收入也来自于争议双方，所以仲裁员一般都友好和善。所以，在仲裁中当事人的对抗性相对较弱，加之仲裁结果不向社会公开，对双方的合作关系损害较小，也有助于败诉方自愿履行仲裁裁决，双方的合作基础能在一定程度上保留。但在诉讼中，严格的诉讼程序、严肃的审判气氛，无形中增加了当事人的对抗性。而公开的审理和旁听者的议论甚至记者的大肆宣扬，又会让败诉方觉得有失尊严，因而双方一旦诉诸法院，往往合作关系破裂。

5. 从纠正错误裁判的机会上看

由于仲裁实行一裁终局制，仲裁庭作出的裁决对双方当事人均有约束力。而且，根据许多国家法律的规定，在仲裁程序中，无论是事实问题还是法律问题均可由仲裁机构作出决定，法院不得干预。即使仲裁机构的裁决有明显的错误，法院也不能予以推翻。虽然各国法院在承认和执行外国仲裁裁决时，有权对仲裁裁决进行监督审查，但这种审查的范围是很小的。所以，采用仲裁方式解决纠纷，当事人请求纠正错误裁决的机会是很小的。但诉讼往往实行二审终审或三审终审制，当事人不服一审法院的判决的，还可以请求上级法院纠正错误判决。

综上所述，仲裁和诉讼各有千秋，但总体而言，仲裁的优越性是显而易见的，因此就更为当事人所欢迎，更为常用。

第三节　中国的仲裁机构与仲裁法

中国现有 180 多家仲裁机构，不以行政区域设置，区县均没有设仲裁机构。国内比较权威的仲裁机构是中国国际经济贸易仲裁委员会(CIETAC)。并根据业务发展的需要，仲裁委员会分别于 1989 年、1990 年、2009 年和 2015 年在深圳、上海、重庆和武汉、杭州设立了中国国际经济贸易仲裁委员会深圳分会(以下简称深圳分会)、中国国际经济贸易仲裁委员会上海分会(以下简称上海分会)、中国国际贸易仲裁委员会西南分会，中国国际贸易仲裁委员会湖北分会和中国国际贸易仲裁委员会浙江分会。下面将具体介绍中国国际经济贸易仲裁委员会(CIETAC)的具体知识。

一、中国国际经济贸易仲裁委员会(CIETAC)

(一)简介

中国国际经济贸易仲裁委员会，是以仲裁的方式，独立、公正地解决契约性或非契约性的经济贸易等争议的常设商事仲裁机构，是中国国际贸易促进委员会根据中央人民政府政务院 1954 年 5 月 6 日的决定，于 1956 年 4 月设立的，当时名称为对外贸易仲裁委员会。中国实行对外开放政策以后，为了适应国际经济贸易关系不断发展的需要，对外贸易仲裁委员会于 1980 年改名为对外经济贸易仲裁委员会，又于 1988 年改名为中国国际经济贸易仲裁委员会，自 2000 年 10 月 1 日起同时启用"中国国际商会仲裁院"名称。

(二)仲裁范围

经过不懈努力，开拓进取，励精图治，仲裁委员会以其独立、公正、高效的仲裁工作在国内外享有广泛的声誉，赢得了中外当事人的普遍信赖，现已成为世界上重要的国际商事仲裁机构之一。

仲裁委员会的受案量自 1990 年以来居于世界其他仲裁机构的前列，案件当事人涉及除中国之外的 45 个国家和地区，仲裁裁决的公正性得到了国内外的一致确认，仲裁裁决在香港的执行率达到了 99% 以上，仲裁裁决可以依据联合国《承认和执行外国仲裁裁决公约》(《纽约公约》)在世界上 140 多个国家得到承认和执行。

二、《中华人民共和国仲裁法》

(一)主要内容

《中华人民共和国仲裁法》(以下简称《仲裁法》)于 1994 年 8 月 31 日第八届全国人民代表大会常务委员会第九次会议通过，1994 年 8 月 31 日中华人民共和国主席令第 31

号公布，自 1995 年 9 月 1 日起施行，共八章 80 条。第一章总则，共 9 条，包括本法的调整范围和仲裁实行制度。第二章仲裁委员会和仲裁协会，共 6 条，包括仲裁委员会的组成和仲裁员应当具备的条件。第三章仲裁协议，共 5 条，包括对仲裁协议内容的要求。第四章仲裁程序，共 37 条，包括申请和受理、仲裁庭的组成、开庭和裁决。第五章申请撤销裁决，共 4 条，包括申请撤销裁决情形和时间要求。第六章执行，共 3 条，包括对申请仲裁裁决执行的要求。第七章涉外仲裁的特别规定，共 9 条，包括适用范围、涉外仲裁委员会的组成和仲裁员条件。第八章附则，共 7 条，包括施行日期等内容。

（二）我国的仲裁制度

根据《仲裁法》第 9 条的规定，仲裁施行一裁终局的制度。裁决作出后，当事人就同一纠纷再申请仲裁或向人民法院起诉的，仲裁委员会或人民法院不予受理。裁决被人民法院依法裁定撤销或者不予执行的，当事人就该纠纷可以根据双方重新达成的仲裁协议申请仲裁，也可以向人民法院起诉。

参 考 文 献

[1]姜作利. 国际商法[M]. 北京：法律出版社，2013.

[2]曲天明. 国际商法教程[M]. 北京：清华大学出版社，2010.

[3]韩玉军. 国际商法[M]. 北京：中国人民大学出版社，2017.

[4]张学森. 国际商法[M]. 上海：上海财经大学出版社，2015.

[5]沈四宝，王军. 国际商法[M]. 北京：对外经贸大学出版社，2016.

[6][美]雷·奥古斯特. 国际商法[M]. 高瑛玮，译. 北京：机械工业出版社，2010.

[7]张文彬. 新编经济法教程[M]. 武汉：武汉大学出版社，2018.

[8]胡开忠. 商标法学教程[M]. 北京：中国人民大学出版社，2008.

[9]魏建，周林彬. 法经济学[M]. 北京：中国人民大学出版社，2008.

[10]刘俊海. 公司法学[M]. 北京：北京大学出版社，2009.

[11]林一飞. 国际商贸法律与诉讼仲裁实务[M]. 北京：对外经济贸易大学出版社，2010.

[12]姚新超. 国际结算——实务与操作[M]. 北京：对外经贸大学出版社，2018.

[13]许南. 国际结算案例与分析[M]. 北京：中国人民大学出版社，2015.

[14]吴庆宝. 权威点评最高法院公司法指导案例[M]. 北京：中国法制出版社，2010.

[15]栗丽. 国际服务贸易[M]. 北京：中国人民大学出版社，2016.

[16]沈大勇，金孝柏. 国际服务贸易[M]. 北京：人民出版社，2010.

[17]李国刚，于治国. 中国反倾销调查规则和实务[M]. 北京：开明出版社，2018.

[18]陈玉祥. 美国反倾销自由裁量权制度研究[M]. 武汉：武汉大学出版社，2011.

[19]周灏. 中国遭受反倾销的影响因素及贸易救济体系研究[M]. 北京：经济科学出版社，2014.

[20]黄海东. 世界贸易组织争端解决机制与中国的战略对策[M]. 北京：对外经贸大学出版社，2016.

[21]吴建功. WTO 体制下的贸易争端预防机制研究[M]. 北京：经济科学出版社，2010.